黎晓宏　总主编

中国人民政治协商会议北京市委员会　组织编写

老北京述闻

李士华　田艳军　主编

田艳军　编著

历史典故 老北京述闻

北京出版集团

北京出版社

图书在版编目（CIP）数据

老北京述闻. 历史典故 ／ 中国人民政治协商会议北
京市委员会组织编写 ； 黎晓宏总主编 ； 李士华，田艳军
主编 ； 田艳军编著. — 北京 ： 北京出版社，2020. 10

ISBN 978-7-200-15944-8

Ⅰ. ①老… Ⅱ. ①中… ②黎… ③李… ④田… Ⅲ.
①文化史 — 北京 — 通俗读物 Ⅳ. ①K291 — 49

中国版本图书馆 CIP 数据核字 (2020) 第196327号

总 策 划	安　东
责任编辑	刘　娜
责任印制	陈冬梅
装帧设计	🌀 合和工作室

老北京述闻　历史典故
LAOBEIJING SHUWEN　LISHI DIANGU

组织编写	中国人民政治协商会议北京市委员会
总 主 编	黎晓宏
主　　编	李士华　田艳军
编　　著	田艳军
出　　版	北京出版集团 北京出版社
地　　址	北京北三环中路 6 号
邮　　编	100120
网　　址	www.bph.com.cn
总 发 行	北京出版集团
印　　刷	河北赛文印刷有限公司
经　　销	新华书店
开　　本	787毫米×1092毫米　1/16
印　　张	17
字　　数	210千字
版　　次	2020年10月第1版
印　　次	2023年7月第2次印刷
书　　号	ISBN 978-7-200-15944-8
定　　价	65.00元

如有印装质量问题，由本社负责调换
质量监督电话：010-58572393

总 序

北京有三千余年建城史，八百余年建都史。古都文化源远流长，京味文化脍炙人口。讲好北京故事，述说风土人情、民间万象、人生百味，是一件非常有意义的事。

《易经·贲卦》之《彖传》有言，"观乎人文，以化成天下"。这是中国古代关于"文化"的最早提法。

文化是非常广泛和最具人文意味的概念，简单来说，文化就是地区人类的生活要素形态的统称，即衣、冠、文、物、食、住、行等。

文化学的奠基者、英国人爱德华·泰勒在 1871 年出版的《原始文化》中，给"文化"下过描述性的定义："文化……是包括全部的知识、信仰、艺术、道德、法律、风俗以及作为社会成员的人所掌握和接受的任何其他的才能和习惯的复合体。"[1]

著名学者钱穆认为，文化这两个字，本来很难下一个清楚的定义。我们说文化是指人类的生活，人类各方面各种样的生活总括汇合起来，就叫它作文化。[2]

2014 年，习近平总书记在联合国教科文组织总部的演讲中指出："中国人民在实现中国梦的进程中，将按照时代的新进步，推动中华文明创造性转化和创新性发展，激活其生命力，把跨越时空、超

1　[英]爱德华·泰勒著，连树声译：《原始文化》，上海文艺出版社1992年版，第1页。

2　钱穆：《国史新论》，生活·读书·新知三联书店2001年版，第346-347页。

越国度、富有永恒魅力、具有当代价值的文化精神弘扬起来，让收藏在博物馆里的文物、陈列在广阔大地上的遗产、书写在古籍里的文字都活起来，让中华文明同世界各国人民创造的丰富多彩的文明一道，为人类提供正确的精神指引和强大的精神动力。"3

《老北京述闻》是为贯彻落实习近平总书记关于文化建设的重要论述和对北京重要讲话精神，以及传承发展北京"四个文化"中心建设要求而策划的系列书。该系列书立足首都全国文化中心定位，着重从古都文化、京味文化等方面，讲述北京人文故事，提炼首都文化符号，探讨首都文化的特点与传承。

此系列书以"亲历、亲见、亲闻"为基本原则，以故事性为特色，行文风格活泼生动，兼顾了知识高度和可读性。

全系列书共十二卷，分别讲述了北京三千余年历史中的历史典故、人文地理、营国故事、古都文脉、戏曲曲艺、风物民俗、胡同街巷、名人故居、京城会馆、饮食名馔、史籍志书、传说故事等方面的内容，涵盖了北京的皇城文化、士大夫文化、市井文化等多方面。

北京地区出现人类活动的迹象最早可以追溯到距今七十万年以前的旧石器时代，"北京人"在这里燃起了生命之火；"东胡林人"的脚步迈入了新石器时代；雪山文化叩开了青铜时代的大门……《历史典故》卷简要、清晰地再现古老北京自有人类以来的演进脉络以及在城市发展过程中产生过重要影响的一些历史事件和人物。

北京城坐落于三面环山的冲积平原上，历史上北京的山水环境和建设哺育、维系了北京城的形成与发展，启示、影响和塑造着北京的人文理念和精神生活，为北京文化提供了丰富而深刻的内涵。《人文地理》卷带您寻找山水之间北京文化脉络的延伸。

3　习近平：《论坚持推动构建人类命运共同体》，中央文献出版社 2018 年版，第 83 页。

北京城市格局和主要建筑体现出非常典型的以"宫苑"为核心、"都城"为肌体、"京畿"为辅弼的三层空间营建重点和结构，是中国传统都城营建理念和特色的集大成者，被梁思成先生称为"都市计划的无比杰作"。《营国故事》卷按照"宫苑—都城—京畿"三大板块，对北京城营建成就给予一个相对宏观的解读，写出了一个或从故纸堆里翻检出，或从师友间听闻过，或自己亲身走访过的，"建筑意"里的老北京！

政治地位的提升，给北京注入了更强的文化凝聚力。尤其成为金中都之后，翰林院、国子监等中央文化机构相继设置，北京逐渐成为北方的文化中心。元朝统一南北，其影响力进一步扩大，来自全国各地的文化精英聚集于此。《古都文脉》卷叙述了幽燕大地上绵延传续的文化底蕴。

鲁迅先生在《论"第三种人"》中曾提道："从唱本说书里是可以产生托尔斯泰，弗罗培尔的。"这说明，戏曲曲艺艺术依着悠久的历史，其内部所蕴含的与民族文化传统一脉相承的人文价值也是不容低估的。作为元、明、清三代的首都，戏曲曲艺在这里有着不曾中断的演出历史。《戏曲曲艺》卷讲述了数百年京城各式各样老北京戏曲曲艺的讲究和旧闻。

"小孩小孩你别馋，过了腊八就是年。腊八粥你喝几天，哩哩啦啦二十三。二十三，糖瓜粘；二十四，扫房子；二十五，做豆腐；二十六，炖大肉……"《风物民俗》卷从腊八这一天讲起，老北京市井生活百里长卷自此慢慢舒展，滋养着乡愁慢慢升腾。

北京城内道路南北交错，宛如棋盘。道路宽广又有统一的标准，"自南以至于北谓之经，自东至西谓之纬。大街二十四步阔，小街十二步阔"。胡同街巷是这个城市的脉搏，是北京历史与文化的载体，亦是联结这座五朝古都过去与现在的桥梁。《胡同街巷》卷用文字丈量着北京城大大小小的胡同街巷。

名人故居是历史名人灵魂的栖居地。自元、明、清以来，作为全国政治中心和文化中心，北京城的名人故居最集中。为让名人故居中蕴含的人文信息不致湮灭，《名人故居》卷带您寻找北京城共同的文化记忆。

在老北京南城的胡同里，深藏着一群特殊的建筑，表面上看，会馆只是一些陈旧的老房子，里面却积淀着非常丰厚的历史文化内涵。近代很多重大历史事件和重要历史人物都与京城会馆有关。会馆成为当时北京与各省、市间交流的重要场所，也为众多文化流派的碰撞提供了历史舞台。《京城会馆》卷本着让历史说话、让文物说话的初衷，把会馆里革命先驱、政坛领袖、仁人志士、文化巨匠的故事整理出来，把隐藏在古都深处的历史挖掘出来，把这些历史人物的人生轨迹和时代的风云变幻讲述给读者。

留住北京味道，传承美食文化。《饮食名馔》卷甄选了具有代表性的六十多种北京小吃和京城百年老店的人文趣事，在博杂中见传统，在粗犷中见讲究，将北京饮食"端"给您，爆肚儿、炸酱面、桃酥、糖耳朵、糖葫芦、干蹦儿、姜豆干、油炸鬼、枣豆腐、羊霜肠儿……北京味道是回忆，更是北京人的情怀、精神和乡愁。

书籍是文化世代传承的重要支撑，关于北京的史籍志书就像时光穿梭机，借此，人们可一览旧京风华。每一部史籍志书的背后，从撰写到刊行，再到流布传播，有许多旧事可言。《史籍志书》卷是老北京的史籍志书掌故的讲述者、内容的介绍者、新发现的引领者。

八臂的哪吒城，永远不旧的"北新桥"，沈万三和什刹海，"暴脾气"火神爷，大火烧鲜鱼口，安定门外的"满井"……北京的山川大地、皇宫王府、坛庙园林、胡同街巷、市肆商铺，无处不流淌着老北京的传说。听，这是《传说故事》卷讲给新北京的故事；听，这是北京讲给世界的故事。

从策划到执行，《老北京述闻》系列书的编写得到了中国国家图书馆、北京大学、清华大学、北京市文化和旅游局、北京出版集团等北京文化建设工作主要承担者的资源支持，各分卷作者多是北京文化建设各领域的专家。

本系列书对北京文化的深层次探索，或可为北京文化建设工作提供新的视野和历史支撑，能够在日后的北京文化发展历程中，真正帮助北京读者、外地读者甚或国际读者找到北京文化的认同感，共同擦亮北京文化这张"金名片"。

目录

前言

北京是中华人民共和国的首都，是全国政治中心、文化中心、国际交往中心、科技创新中心。同时，北京也是一座有着三千余年建城史、八百余年建都史的历史文化名城，其源远流长的历史、博大精深的文化，为世界所瞩目。

北京的地理位置具有天然优势，其位于华北平原、内蒙古高原和东北平原的交接地带，自古以来就是南北交通的枢纽。北京的地势西北高，东南低，西临太行山，北依燕山，面朝渤海，可谓"形胜甲于天下，诚天府之国也"。

北京的历史文化古老悠久，一脉相承，从未间断。各民族文化在这片土地上交流、融合、共生共荣，形成了大一统的中华文明。这在世界其他历史名城中也是极为罕见的。

北京地区出现人类活动的迹象最早可以追溯到距今七十万年以前的旧石器时代，"北京人"在这里燃起了生命之火；"东胡林人"的脚步迈入了新石器时代；雪山文化叩开了青铜时代的大门。公元前1046年，周武王伐纣灭商后，褒封尧帝后裔于蓟，又封召公奭于燕，北京建城史由此开启，同时也标志着北京地区被正式纳入到中原王朝的版图之中。在春秋战国时期，北京作为燕都蓟城，见证了燕王哙推位让国、燕昭王纳贤图强的曲折起伏。从秦统一六国到五代十国，北京在战略位置上的优势尤为明显，因此一直扮演着北方军事重镇的角色。辽朝时，北京成为陪都南京，其地位发生了重大变化——从北方军事重镇开始向国家政治中心转变。金朝时，北京的地位再次上升，金中都成为中国北部半壁江山的统治中心，也奠定了其日后成为全国政治、文化中心的基础。元朝时，统治者定燕京为首都，按照《周礼·考工记》中的"王城规制"兴建大都城，北京由地域性的政治中心正式上升为全国的政治中心，其城市规划和布局也为明清北京城所继承。作为明清两朝的京师，北京的城市规模不断扩大，城市发展也愈加完善。然而到了近现代，北京却经历了长达百年的动荡与艰辛。国门被西方列强的炮火打开，北京逐步沦为半殖民地化的城市，又一度从全国的统治中心降为北方的政治、军事、文化中心。1949 年 10 月 1 日，中华人民共和国成立，古老的北京终于迎来新的曙光，实现了从帝王之都到人民首都的巨大转变。

为了方便读者从不同的角度了解北京、认识北京，我们在前人研究成果的基础上，综合已有史料并结合实地调研，编写了《老北京述闻 历史典故》卷。本书旨在简要、清晰地再现古老北京的城市发展脉络以及在历史演进过程中产生过重要影响的一些历史事件和人物，力求通俗、生动、耐读、有味。面对北京悠久的历史和深厚的文化，受篇幅所限，我们的叙述难以面面俱到、尽善尽美。在此，仅将北京历史长河中波澜壮阔的场景展示一二，冀望能够窥一斑而知全豹，处一隅而观全局，为传承古都文化略尽薄力。

由于我们的水平有限，书中难免存在不妥之处，敬请各位读者批评指正。

周口店遗址第一地点发掘现场

一、"北京人"

北京地区的历史源远流长，考古发现已经证明，在远古时期这里就出现了人类活动的迹象。从旧石器时代的"北京人""新洞人""山顶洞人"，到新石器时代的"东胡林人"、上宅文化遗址和雪山文化遗址，北京远古史亘古绵长，从未间断。我们伟大祖国的首都北京，不仅是孕育国家文明的摇篮，也是世界上重要的古人类发祥地之一。

在"北京人遗址"共发掘出 6 个比较完整的北京猿人头盖骨化石，以及属于 40 多个不同个体的原始人类骨骼化石。在"北京人遗址"还出土了约 10 万件经过简单人工打制的石器，说明当时的"北京人"已经开始制造和使用工具。从发掘出的"北京人"四肢骨骼化石可以看出，"北京人"的手足分工明显，虽然下肢仍然保留了猿的特征，但是上肢已经和现代人比

裴文中抱着"北京人"头骨

较接近，说明"北京人"已经开始从事劳动。能够制造和使用工具，这是人和动物的根本区别。

在"北京人遗址"内还发现了用火的痕迹，包括烧过的石头、骨头、树枝、呈堆状的灰烬等，表明当时的"北京人"已经掌握了火的使用和火种的保存。学会使用火对于人类文明的进步具有重要的意义，"北京人"从此可以战胜严寒，驱逐野兽，加工食物，走出了茹毛饮血的时代。

"北京人"的出现，拉开了北京地区人类历史篇章的序幕，对研究人类的起源和早期文明具有重要的意义，也证明了北京是世界上最早出现人类的地区之一。

二、"新洞人"

1973年，考古工作者在北京周口店龙骨山东南角，距离曾经发现"北京人"化石的洞穴不远处的一个新洞穴中，发现了一颗古人类左上第一臼齿化石和十几种动物化石。因为这个遗址是新发现的洞穴，所以将这种原始人类命名为"新洞人"。经测定，"新洞人"的生活年代距今20万~10万年，属于旧石器时代中期，是早期智人。

三、"山顶洞人"

1930 年，考古工作者在北京周口店龙骨山又发现了一处原始人类遗址，并于 1933—1934 年进行了发掘，发现了古人类化石。因为该遗址位于龙骨山的山顶，所以将这种原始人类命名为"山顶洞人"。经测定，"山顶洞人"的生活年代距今约 2.7 万年，属于旧石器时代晚期，是晚期智人，他们的身体形态和现代人的差别已经很小。

除了古人类化石，在"山顶洞人"遗址还发掘出了一些石器和骨器，其中有一根骨针，制作得十分精致光滑。由此可见，当时"山顶洞人"的打磨技术已经相当成熟，并且开始缝制衣物了。在"山顶洞人"的遗骨化石周围还发现了人为撒落的赤铁矿粉，说明在"山顶洞人"生活的时期，人类社会已经出现了原始的宗教信仰。

四、"东胡林人"

1966 年，考古工作者在北京市门头沟区清水河畔的东胡林村西侧，发现了一座古人类墓葬遗址，遗址中埋葬着两名成年男性，和一名未成年女性。根据发现的地点，将这种原始人类命名为"东胡林人"。和周口店遗址不同，"东胡林人"遗址不在山洞中，而是在河岸旁边的黄土台地上，说明这时原始人类的生活环境已经开始从山洞向平原转移。经测定，"东胡林人"的生活年代距今约 1 万年，属于新石器时代早期，他们的身体形态和现代人基本相同。

在"东胡林人"遗址，发掘出一些工艺精美的装饰品，比如用打过孔的螺壳穿成的项链、用打磨过的牛肋骨制作的骨镯等。说明当时的社会生产力有了很大进步，人类在为生存奔波之余，有了对美的追求。

"东胡林人"遗址的发现对研究人类早期文化具有重要意

义，它衔接了北京地区从旧石器时代晚期到新石器时代早期的人类发展史，"东胡林人"是北京地区新石器文化的开拓者。

五、"上宅文化"遗址

20 世纪 80 年代，考古工作者在北京市平谷区发现了两处新石器时代中期的文化遗址，包括上宅遗址和北埝头遗址，统称为"上宅文化"遗址。

上宅遗址位于平谷区东北部，韩庄乡上宅村西北的一块台地上。考古工作者于 1984—1988 年间，对该遗址进行了发掘，共发掘出 3000 多件石器和陶器。其中发现了石刀、石斧、石磨盘等和农业生产相关的石器，说明在当时已经出现了原始农业的萌芽。

北埝头遗址位于平谷区西北部，大兴庄镇北埝头村西边的一块台地上。该遗址 1984 年被发现，1988—1989 年间，考古工作者在此进行了发掘，发现了 10 座半地穴式房屋的遗迹，和一些与生活有关的石器、陶器，说明当时的原始人类已经过上了比较稳定的定居生活。

经测定，上宅遗址和北埝头遗址的年代距今 7000~6000 年，属于新石器时代中期。这两处遗址的发现填补了北京地区新石器时代中期文化序列的空白，为研究这一时期的文化提供了丰富的实物资料。上宅文化与中原地区的磁山文化，东北地区的兴隆洼文化和赵宝沟文化都有相似之处，说明地处中原和北方交接地带的北京地区，同时受到了中原和北方两大原始文化的影响。

六、"雪山文化"遗址

1961 年，考古工作者在北京市昌平区南口镇的雪山村发现了一处重要的古代文化遗址，称为"雪山文化"。经过一系列的发掘和研究，确认这里的文化遗存可以分为 3 个时期。

雪山一期文化距今 6000~5000 年，属于新石器时代中期。这一时期出土的器物主要是陶器和石器。陶器以红陶为主，有红陶罐、彩陶片等，与中原地区的仰韶文化和东北地区的红山文化都有相似之处，说明中原和北方文化继续影响着北京地区。

雪山二期文化距今约 4000 年，属于新石器时代晚期。考古发掘出了 3 座半地穴式房屋的遗址，出土的器物主要是陶器和石器。这一时期的陶器中出现了黑陶制品，有黑陶罐、黑陶盆等，和中原地区的龙山文化很相似，说明这时候的北京地区进一步受到了中原原始文化的影响。

雪山三期文化属于夏家店下层文化，所处时代比龙山文化晚，而又早于西周，相当于中原地区的夏商时期，这时候的人类文明已经进入到早期青铜时代，出土器物中已经有了铜耳环和金耳环。

生活在北京地区的先民们，创造了优秀的远古文化，奏响了北京历史的序曲。经过几十万年漫长的原始社会时期，北京地区终于叩开了文明的大门，一座伟大的城市即将破地而出。

一、"北京湾"

北京，是中华人民共和国的首都，是全国的政治中心、文化中心、国际交往中心和科技创新中心。北京位于华北平原的北端，中心位置地理坐标为北纬 39度 56分、东经 116度 20分，东面与天津市相连，其余地方被河北省环绕。北京市土地面积 16410.54 平方公里，气候为典型的暖温带半湿润大陆性季风气候，夏季高温多雨，冬季寒冷干燥，春、秋两个季节时间比较短暂。

北京的地势是西北高，东南低。它的西部是太行山余脉，俗称北京西山；北部和东北部是燕山山脉；中部、南部和东部为平原。从地形上看，北京很像是一个半封闭式的港湾，因此又被称为"北京湾"。流经北京境内的主要河流有永定河、潮白河、北运河、拒马河等，大多发源于西北部山地，向东南流经平原地区，最终汇入渤海。

北京位于华北平原、内蒙古高原和东北平原三大地理区域的交接地带，自古以来就是南北交通的枢纽。

明代黄训曾在《读书一得》中这样描述北京地区："幽州之地，左环沧海，右拥太行，北枕居庸，南襟河济，

《读书一得》明嘉靖四十一年（1562）黄子学刻本
中国国家图书馆藏品

诚所谓天府之国者。"（《读书一得》卷三）

在北京湾这个地方孕育出了城市绝非偶然，与此处自然地理因素密切相关。历史上，华北平原并不像今天这样一马平川，无论北上还是南下都畅通无阻。事实上，在北京小平原散布着湖泊沼泽，高山峡谷，如果想从中原腹地北上到达今内蒙古或者东北地区，只能沿着太行山东麓一线的高地而行，在永定河的渡口处分岔，西北方向通往内蒙古高原，东北方向通往松辽平原，正东可直达辽河平原。同样，想从北部地区前往中原腹地，也必须先集中到北京小平原，过永定河渡口后，再沿着太行山东麓一路南下。久而久之，这个南来北往的必经之地，开始有了居民定居，社会经济得到了发展，逐渐具备了城市诞生的条件。

除了自然地理方面的原因，人文方面的影响同样十分重要。就已有的考古成果来看，在北京地区发掘出的新石器时代的出土文物，与中原和北方两大原始文化都有相似之处。不同文化之间的碰撞与融合，点亮了北京城的人文之光，谱写出具有北京特色的历史篇章。

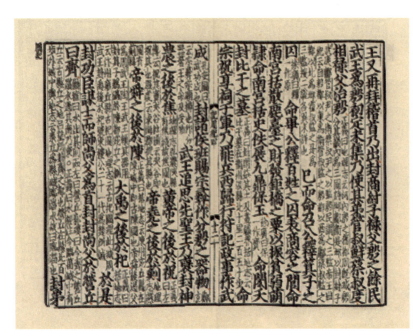

《史记》宋建安黄善夫家塾刻本　中国国家图书馆藏品

二、燕国与蓟国

    根据文献资料记载，在夏、商时期，北京及其以北地区分布着好几个不同的部族和小方国，比如肃慎、燕、亳、孤竹、山戎等，都臣属于当时的商王朝。需要特别说明的是，这里的"燕"和后来西周分封的燕国并没有什么关系，为表区分，称之为"古燕国"。这个古燕国就位于现在的北京地区。《左传·昭公九年》记载道："及武王克商……肃慎、燕、亳，吾北土也。"说明在武王灭商的过程中，古燕国也被西周灭亡了。

    公元前 1046 年，武王伐纣灭商，建立西周，实行分封制，即《左传·僖公二十四年》记载的"封建亲戚，以蕃屏周"。周天子将土地和人民授予子弟、亲戚、功臣和先贤的后裔等，建立诸侯国，来拱卫周王朝的统治。其中在北京地区，封周文

《礼记正义》宋绍熙三年两浙东路茶盐司刻宋元递修本　善本再造本

中国国家图书馆藏品

王之子召公奭于燕，封尧的后裔（一说为黄帝的后裔）于蓟。据《史记·周本纪》记载："武王追思先圣王，乃褒封神农之后于焦，黄帝之后于祝，帝尧之后于蓟……封召公奭于燕。"又《礼记·乐记》记载："武王克殷反商，未及下车而封黄帝之后于蓟。"蓟国当时也是附属于商王朝的一个小方国，后来又臣属于周王朝。周武王分封诸侯于燕、蓟，表明周王朝在名义上认可了商代北方的部族和方国，标志着今北京地区在周代被正式纳入到了中原王朝的版图之中。

现在，一般以"武王灭商，召公封燕"这一标志性事件作为北京建城的开端，即北京的建城史开始于公元前1046年。由于蓟国的分封略早于燕国，因此蓟国的都城"蓟"就是北京地区最早出现的城市。经过一段时间的发展，燕国逐渐强大，蓟国式微，大约在西周晚期或东周春秋初期（公元前 7 世纪），强盛的燕国吞并了弱小的蓟国。后来，燕国将都城迁到了蓟城。

那么，当时燕国都城和蓟国都城的具体位置在哪里呢？考古工作的开展为我们解答这个问题提供了很大的帮助。1962 年，考古工作者在北京市房山区琉璃河镇的董家林村，发现了一座古城遗址，并且在董家林村东南方向不远处的黄土坡村，发现了大型商周墓葬群。

经测定，董家林古城址呈长方形，东西长约 850 米，古城

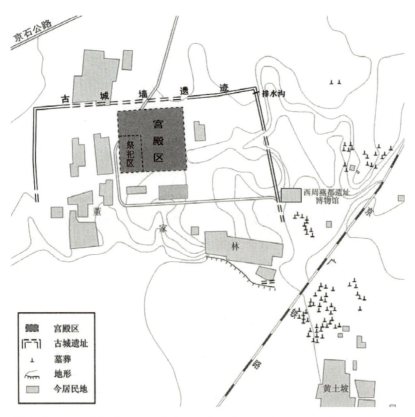

琉璃河西周燕都遗址图（选自《北京历史地图集　政区城市卷》）

南部墙基损毁严重，无法测量准确的南北长度，估计长度可达700米。城墙墙基是用夯土筑成的，城内划分为官殿区、祭祀区、作坊区和生活区。在墙基东北角还发现了用卵石修砌的排水通道，城墙外挖有用于防守的护城河，可见这是一座具有一定规模的古城。

在黄土坡墓葬群共清理出了300多座墓葬和30多座车马坑，还出土了大量青铜器。在这些青铜器中，就有确定董家林古城址为西周初期燕国始封地的有力证据。很多青铜器上都带有"匽侯"铭文，"匽侯"即"燕侯"，就是燕国的国君。在此地发现了大量带有"匽侯"铭文的青铜器，说明这个地方之前就是燕国的封地。据司马贞《史记索隐》记载：召公"以元子（嫡长子）就封。"就是说召公受封后并没有前往燕地，实际上到燕国做封君的是他的长子克，而召公继续留在西周都城辅佐周王室处理政务。在黄土坡西周墓地遗址中出土的青铜盉和青铜罍上，都刻有"令克侯于匽"的铭文。此外，在出土的"堇鼎"

克盉　　　　　　　　　克盉铭文

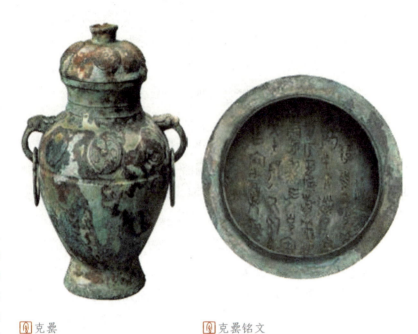

🅐 克罍　　　　　🅐 克罍铭文

上的铭文中，还出现了"太保"二字，记述了匽（燕）侯命堇这个人到西周都城，向太保进献食物的事情。而周初被武王封于燕地的召公奭担任的就是太保一职，铭文中的"太保"即指召公奭。这些青铜器上的铭文正好与文献记载相印证，足以证明，董家林古城址就是西周初年燕国第一个都城的所在地。

　　燕国始封地的位置已经有了答案，那么蓟国的始封地在哪里呢？关于蓟城的定位问题，文献资料中的记载比较少，考古方面也没有特别重大的发现。目前可以证实的是，从春秋战国一直到金代，蓟城的城址基本上没有发生变动。1957年，在今北京市广安门以南700米处，辽、金宫城遗址下方的土层中，

董鼎　　　　　　　　　　　　　董鼎铭文拓片

发掘出了带有饕餮纹的半瓦当，这种设计的瓦屋构件经常用于燕国的宫殿中，说明这一带曾经是春秋战国时期燕都蓟城的遗址。目前，史学界都认为，蓟城的位置在今北京市宣武门至和平门一线以南，即今北京城区西南部以广安门为中心的周围地区。

　　1995年，为了纪念北京建城3040周年，北京市宣武区（现为北京市西城区）人民政府在广安门立交桥东北侧的滨河公园内设立了"蓟城纪念柱"，柱上刻有铭文："北京城区，肇始斯地。其时惟周，其名曰蓟。"纪念柱前立有石碑，在石碑的正面刻有侯仁之先生撰写的《北京建城记》，背面刻有《宣武区人民政府建碑记》。

"蓟城纪念柱"和《北京建城记》碑 （摄影　田艳军　范文博）

三、蓟丘

最早记载"蓟丘"这一地名的典籍是《战国策》："蓟丘之植，植于汶篁。"意思是说，汶水一带的竹子种到了蓟丘。但是，这里没有指明蓟丘所处的位置。北魏的郦道元在《水经注》中对蓟丘的记载就比较详细："昔周武王封尧后于蓟，今城内西北隅有蓟丘，因丘以名邑也，犹鲁之曲阜、齐之营丘矣。"明确地指出，蓟丘在当时蓟城的西北角，蓟城也因此而得名。根据文献记载并结合考古发现，现在史学界普遍认为蓟丘的具体位置在今白云观西侧、会城门东南一带。

蓟丘不但是古代北京重要的地理标志，而且，还有着一定的文学意义。登高望远，赋诗抒怀，是古代文人最喜欢的一种情感表达方式。有着显著地理特点的蓟丘，是古代文人墨客登临赋诗、放怀抒情的理想之地。唐代著名的边塞诗人高适在《酬李少府》一诗中就有"一登蓟丘上，四顾何惨烈"的诗句；高适的另一首诗《蓟门不遇王之涣、郭密之因以留赠》共十四句，

《战国策》宋绍兴刻本　中国国家图书馆藏品

前四句云："适远登蓟丘，兹晨独搔屑。贤交不可见，吾愿终难说。"描写了诗人（因没有遇到王之涣、郭密之）于清晨独自登临蓟丘，在飒飒晨风之中，遥望茫茫原野，不见二位好友，自己的心事无法向人诉说。元代的揭傒斯有《登蓟丘作》："闲登蓟丘望，西北削诸峰。转觉天地肃，因悲霜露浓。云间何处笛，日落满城钟。自笑栖迟者，惟堪学老农。"

唐代诗人中，与蓟丘关系最为密切的是陈子昂。

武则天万岁通天元年（696），契丹首领李尽忠、孙万荣举兵反唐，很快便攻陷了营州，杀死了营州都督赵文翙。武则天得知李尽忠等反叛后，遣多支官军前去讨伐，但都被叛军打败。同年九月，武则天命建安王武攸宜率大军前去讨伐叛军，陈子昂在武攸宜幕府担任参谋，随同出征。此时的陈子昂踌躇满志，自认为这是报效国家、建功立业、一展抱负的大好时机。

万岁通天二年（697）三月，清边道总管王孝杰等率领的先头部队与契丹叛军激战于东硖石谷（今河北迁安东北），官军大败，王孝杰也坠谷而死。此时，"武攸宜军渔阳，闻孝杰等败没，军中震恐，不敢进。"（《资治通鉴》卷二百六）于是，陈子昂慷慨进谏，并提出"乞分麾下万人以为前驱"讨伐契丹叛军。武攸宜认为陈子昂是一介书生，未采纳其建议。数日后陈子昂又进谏，仍遭拒绝，并被贬为军曹。子昂失望至极，报国立功的宏愿化为泡影。这一年，陈子昂出蓟门，游览燕国的旧都城，望着霸业已经荒废的城池，慨然仰叹，想起当年乐毅、邹衍、燕昭王等诸位贤士明君的故事，于是登上蓟丘赋诗数首，这便是著名的《蓟丘览古赠卢居士藏用七首》（并序）。第一首《轩辕台》："北登蓟丘望，求古轩辕台。应龙已不见，牧马空黄埃。尚想广成子，遗迹白云隈。"诗人凭吊古轩辕台，感叹自己生不逢时，无法实现自己的政治理想，遂产生了归隐之意。第二首《燕昭王》："南登碣石阪，遥望黄金台。丘陵尽乔木，昭王安在哉。

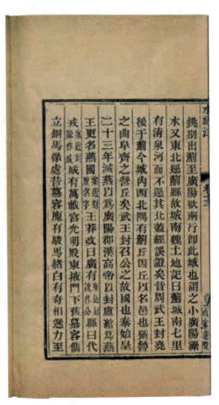

《水经注》清武英殿聚珍本
中国国家图书馆藏品

老北京述闻

016

霸图怅已矣，驱马复归来。"第三首《乐生》："王道已沦昧，战国竞贪兵。乐生何感激，仗义下齐城。雄图竟中天，遗叹寄阿衡。"第四首《燕太子》："秦王日无道，太子怨亦深。一闻田光义，匕首赠千金。其事虽不立，千载为伤心。"第五首《田光先生》："自古皆有死，徇义良独稀。奈何燕太子，尚使田生疑。伏剑诚已矣，感我涕沾衣。"第六首《邹衍》："大运沦三代，天人罕有窥。邹子何寥廓，漫说九瀛垂。兴亡已千载，今也则无推。"第七首《郭隗》："逢时独为贵，历代非无才。隗君亦何幸，遂起黄金台。"这一组怀古诗，借古喻今，感情真挚、深沉。诗人缅怀礼贤下士的古代明君，仰慕古代贤人的丰功伟绩，同时感叹自己生不逢时、怀才不遇、壮志难酬。诗人此时的心情是悲怆、孤寂、苦闷的。

诗人苦闷的心情，在另一首诗《登蓟丘楼送贾兵曹入都》中进一步地表现出来："东山宿昔意，北征非我心。孤负平生愿，感涕下沾襟。暮登蓟楼上，永望燕山岑。辽海方漫漫，胡沙飞且深。峨眉杳如梦，仙子曷由寻。击剑起叹息，白日忽西沉。闻君洛阳使，因子寄南音。"诗中已没有了"以身许国，我则当仁"的壮志豪情，说自己这次从军北征"孤负平生愿"，在冷峻的现实面前，他只能"暮登蓟楼上"，"击剑起叹息"。

四、燕王哙推位让国

虽然在春秋初期，燕国兼并了蓟国，并将都城迁移到了蓟城，但是与中原各诸侯国相比，燕国的国力还是较弱的。据《史记·燕召公世家》记载，"燕外迫蛮貉，内措齐、晋，崎岖强国之间，最为弱小"。到了战国时期，燕国不仅要遭受北方部族和其他诸侯强国的侵扰，国内的政治局势也很不稳定。

公元前320年，燕王哙即位，担任燕国的国君。公元前318年，燕王哙任用子之为燕国国相。子之位尊权重，主决国家大事。子之是一个怀有政治野心、善于权术的人。《韩非子·内储说上七术》记载了一段子之的故事：子之做燕国的国相时，坐着撒谎说："跑出门去的是什么？是白马吗？"左右侍从都说没看见。有一个人跑着追出去察看，回来报告说："是的。"子之用这种方法了解到了自己身边的那些不诚实的人。这个故事，把一个善于权术的人表现得活灵活现。

子之握有一定的权势，怀有篡夺燕国君位的野心。他看到燕王哙对历史上尧舜禅让的故事非常仰慕，同时又急于想通过改革来振兴燕国，于是便联合苏代和鹿毛寿等人，劝说燕王哙禅位。苏代是子之亲家苏秦的弟弟，效命于齐宣王。苏代作为齐国的使臣出使燕国时，为了刺激燕王哙要相信、尊崇子之，便对燕王哙说，齐国肯定不能称霸，因为齐宣王不信任自己的大臣。这样，燕王哙对子之极为信任。事后，子之赠予苏代百金以示感谢。鹿毛寿说得就更加直接了："不如以国让相子之。"说人们称颂尧是贤者，是因为尧把天下让给许由，许由不接受，这样尧既有了让天下的好名声，又"实不失天下"。现在大王您把燕国让给子之，子之一定不敢接受，这样您与尧就有了相同的美好品德而又不失去燕国。公元前316年，燕王哙将王位禅让给子之，子之却接受了。不久，燕王哙又受人鼓动，将朝中俸禄在300石以上官吏的印信都交给子之调遣。子之南面行王事，燕王哙北面称臣，不再过问政事。

燕王哙让位子之的举动，引起燕国内乱。公元前314年，燕国太子平在齐湣王的鼓动下，联合将军市被发动兵变。市被率兵攻打子之，连战数日未能成功，反而转过来攻打太子平。最终市被战败，在混乱中被杀。随后鹿毛寿对子之说，市被之所以作乱，是因为有太子平的缘故。于是子之下令抓捕太子平，太子平乔装逃往无终山，最后也在混战中遇难。燕国在几个月的内乱中，死了好几万人，民众惶恐，百姓离心。在燕国内乱之际，齐湣王接受孟子的建议，攻打燕国，燕国军民痛恨子之，士卒不战，城门不闭，齐军顺利攻占了燕都蓟城。燕王哙在别宫自缢而死，子之被齐军擒获，后被处死。在这次变乱中，齐军占据了大半个燕国，并且"杀其父兄，系累其子弟，毁其宗庙，迁其重器"（《孟子·梁惠王下》），中山国也乘机侵占了燕国数十座城池，燕几近亡国。

五、燕昭王纳贤图强

燕国动荡的局面一直延续到公元前312年，各诸侯国出于自身利益的考虑，联合起来反对齐国，赵武灵王派兵护送早年在韩国做人质的燕王哙的庶子公子职返回燕国继承王位。他就是"励精图治"的燕昭王。

燕昭王在燕国几近亡国的情况下登上了王位，他目睹了燕国的衰落，下定决心要兴燕伐齐，一雪前耻。燕昭王深知燕国弱小，打不过力量强盛的齐国。因此，他向贤士郭隗请教，怎样才能招徕贤才，辅佐自己治理国家。郭隗对他说："大王若真的想吸引人才，不妨从我开始。如果像我这样的人都能备受礼遇，您还担心比我更有贤能的人不来吗？"于是，燕昭王为郭隗改建住宅，并尊他为师，恭敬地服侍他。燕昭王的举动吸引了众多贤士，于是"乐毅自魏往，邹衍自齐往，剧辛自赵往。士争趋燕"。邹衍来到燕国时，燕昭王拿着扫帚在前边为他引路，以防尘土落在他身上，还修建了碣石宫供他居住。燕昭王亲自登门拜访邹衍，并要求坐在学生的座位上向他求教。

燕昭王以谦逊、恭敬的态度和丰厚的待遇招徕贤士，又悼念在战乱中遇难的死者，慰问孤寡人士，与臣民同甘共苦。在燕昭王的苦心经营下，燕国逐渐富强起来，且民心凝聚，士气高昂。终于，在燕昭王二十八年（前284），燕国以乐毅为上将军，率领燕、秦、魏、赵、韩五国联军攻打齐国，在济西大败齐军。随后，乐毅又带领着燕国的军队，长驱直入，攻破了齐国的都城临淄，"珠玉财宝，车甲珍器，尽收入燕"（《战国策·燕策·乐毅报燕王书》）。之后，又接连攻占了齐国72座城池，仅剩莒和即墨二城未攻下，彻底洗刷了先王之耻。

为了加强防御，燕国统治者驱使全国的老百姓修筑了两处长城：一处是西起造阳（今河北省张家口市）、东至襄平（今辽宁省辽阳市）的"北长城"；一处是沿着燕国南疆的易水流域修建的"南长城"，又称"易水长城"。这时，以北京为中心，包括现在的天津市、河北省北部、山西省北部、内蒙古东南部、辽宁省大部以及朝鲜半岛北部等广大区域，都是燕国的疆域，燕国的发展达到了鼎盛。司马迁在《史记·货殖列传》中称赞道："燕亦勃、碣之间一都会也。"

六、燕国的覆亡

公元前279年，燕昭王去世，燕惠王继位。齐国大将田单利用燕惠王与乐毅不和，使用反间计离间二人。燕惠王中计，用骑劫代替了乐毅的位置。乐毅担心被杀，遂逃亡赵国。之后，田单率领齐军攻打燕国，以"火牛阵"大败燕军，骑劫战死。齐军乘胜追击，一举将被燕国占领的70余座城池全部收复，乐毅伐齐之功尽失，燕国从此开始走向衰落。

燕王喜二十八年（前227），秦军攻燕，兵临易水。燕太子丹派壮士荆轲将燕国督亢地区的地图和秦国叛将樊於期的首级献给秦王嬴政，并趁机刺杀秦王。图穷匕见，不料荆轲却没有刺中秦王，行动失败，荆轲被冲上来的侍卫们杀死。秦王大怒，派秦将王翦攻燕，在易水之西击败燕军，占领了燕下都（今河北省易县），并于次年（前226）十月攻占了燕都蓟城，燕王喜出逃辽东。燕王喜三十三年（前222），秦国派王贲攻打辽东，俘虏了燕王喜，燕国灭亡。

一、秦始皇修驰道，筑长城

从秦王政十七年（前 230）至二十六年（前 221），秦国用 10 年的时间，先后灭掉韩、赵、魏、楚、燕、齐六国，结束了自春秋以来长达 500 多年诸侯割据的局面，建立了一个多民族的统一的中央集权的封建国家。蓟城也由诸侯国的都城，变成了统一的中原王朝在北方的军事重镇，"可它仍是旧燕国地区的政治、军事和经济、文化的中心。"（《北京史》）

秦始皇听从丞相李斯的建议，废除分封制，实行郡县制。郡为一级政区，直接受到中央的管理，郡下设县。其中，在蓟城附近设置了广阳郡，以蓟城为治所。

秦始皇为了加强中央对地方的控制，从秦朝建立的第二年（前 220）开始，下令修筑以国都咸阳为中心，通向全国各地的驰道。据《汉书·贾山传》记载，秦驰道"东穷燕、齐，南极吴、楚……道广五十步，三丈而树，厚筑其外，隐以金椎，树以青松"。驰道为帝王专用，普通老百姓是不能随意在上面通行的。其中，向东的一条驰道由咸阳出函谷关（今河南省灵宝市），到达三川郡（今河南省洛阳市）、东郡，再向北经过安阳、邯郸，直达蓟城。

到达蓟城后，向东北方向可延伸到无终、碣石（今河北省秦皇岛市昌黎县）和襄平（今辽宁省辽阳市），向西北方向出居庸关，经过平城（今山西省大同市）可到达九原郡（今内蒙古包头市）。秦始皇还下令拆除原来燕国所修的易水长城，彻底打通了燕地与中原地区的联系。蓟城成为连接中原地区、西北地区和东北地区的交通要地。驰道修筑完成后，秦始皇先后五次沿驰道巡察全国各地，其中在秦始皇三十二年（前215）的时候，秦始皇曾经沿着驰道东巡，到达过蓟城。

秦始皇三十二年（前215），大将蒙恬率兵30万北击匈奴，收复河南之地（今内蒙古河套南鄂尔多斯市一带）。为了防御匈奴南下，秦始皇命蒙恬主持修建长城，在原来秦、赵、燕三国的北长城的基础上，进行修整连接，"因地形，用制险塞。起临洮，至辽东，延袤万余里"（《史记·蒙恬列传》）。这就是举世闻名的万里长城。

二、汉高祖铲除异姓诸侯王

秦朝徭役沉重，刑法严峻，秦末社会矛盾激化，各地纷纷爆发农民起义。秦二世三年（前207），秦朝灭亡。汉高祖五年（前202），刘邦在"楚汉之争"中取得最后的胜利，建立西汉王朝。

西汉实行郡国并行制度，除了郡以外，还封皇室子弟、功臣为诸侯王。汉武帝时期，将全国划分为13个监察区，又称为十三州部，每个州部设有一名刺史负责监察所属的郡、国。西汉时期，蓟城或为诸侯王国的都城，或为郡治首府。根据《汉书·地理志》记载，西汉末年，今北京地区在幽州牧的监察范围内，属于广阳国、涿郡、上谷郡、渔阳郡和右北平郡的管辖。

刘邦在西汉建立之初，一共分封了7位异姓诸侯王，即楚王韩信、梁王彭越、淮南王英布、赵王张耳、燕王臧荼、长沙王吴芮、韩王信。汉高祖五年（前202）七月，燕王臧荼谋反，刘邦亲率大军征讨。叛乱平息后，刘邦封自己的亲信卢绾为燕王，都城设在蓟城。

卢绾和汉高祖刘邦是同乡，两人在同一天出生，又在同一所私塾念书，关系十分亲密。刘邦在沛县起兵时，卢绾就跟随在他的左右，到了楚汉战争期间，卢绾官至太尉。刘邦十分宠信卢绾，甚至准许他可以随时出入皇宫，衣食方面的赏赐更是远超群臣。

由于异姓诸侯王的封地辽阔，且手握重兵，汉高祖刘邦逐渐感到他们对汉王朝的统治构成了威胁。于是，刘邦决定逐步消灭异姓诸王。在吕后的协助下，高祖先后铲除了楚王韩信、韩王信、赵王张敖（张耳之子）、梁王彭越和淮南王英布的势力，异姓诸侯王中只剩下燕王卢绾和实力最弱的长沙王吴臣（吴芮之子）。卢绾感到孤立无援，为求自保，便与叛臣陈豨私下勾结。汉高祖十二年（前195），卢绾和陈豨之事败露，刘邦认定卢绾谋反，派大将樊哙、周勃攻蓟，卢绾不敌，败逃匈奴。同时，刘邦与群臣立下白马之盟，令众人发誓称"非刘氏而王，天下共击之"，以确保只有刘姓才可为王。

刘邦铲除异姓诸侯王之后，开始陆续分封刘氏同姓王。汉高祖十二年（前195）二月，刘邦封皇八子刘建为燕王，仍都蓟城，是为燕灵王。燕灵王在位共十五年，于高后七年（前181）因病去世。

三、燕王刘旦谋反

汉武帝刘彻共有六个儿子，即长子刘据，另外五个儿子是：刘闳、刘旦、刘胥、刘髆和幼子刘弗陵。刘据为卫皇后所生。元狩元年（前122）汉武帝立时年七岁的刘据为太子。元狩六年（前117）四月封刘闳为齐王，刘旦为燕王，刘胥为广陵王（这时刘髆、刘弗陵尚未出生）。汉武帝在封三位皇子为王的同时，还根据他们各自的能力、封地环境和当地百姓的民风习俗，写了三封策书。在给刘旦的策文中写到："於戏，小子旦，受兹玄社！朕承祖考，维稽古建尔国家，封于北土，世为汉藩辅……

悉尔心，毋作怨，毋俷德，毋乃废备。非教士不得从征。於戏，保国艾民，可不敬与！王其戒之。"（《史记卷六十·三王世家第三十》）意在勉励刘旦：把你封在北方地区，希望你能世世代代成为汉朝的拥护者。尽你的心，不要制造怨恨、背弃恩德，不要放松军备。保卫国家、管理民众，应当恭敬谨慎。

燕王刘旦与广陵王刘胥同为李姬所生。刘旦长大后到了封地燕国，燕国的国都仍在蓟城。刘旦博学多识，胸有谋略，能言善辩，并且喜欢招揽人才。元封元年（前110），年少的刘闳在封王后的第八年不幸去世。刘闳为王夫人所生，汉武帝宠爱王夫人，其子刘闳也深受武帝的喜爱，可惜刘闳不幸早夭。征和二年（前91），太子刘据因巫蛊之祸，自杀身亡。

这时刘旦认为依照兄弟排行，自己理应被立为太子。后元元年（前88），武帝病重，刘旦上书请求进京值宿宫卫。汉武帝察觉到刘旦觊觎皇位，十分生气，把来上书的使者关进了狱中。后来又削去了刘旦封地的良乡、安次、文安三个县。武帝渐渐对刘旦心生厌恶，决定立年仅八岁的小儿子刘弗陵为太子，刘弗陵为钩弋夫人所生。

后元二年（前87），汉武帝驾崩，刘弗陵即位，是为汉昭帝。新皇帝继位后分别赐予各诸侯王加盖玉玺的书信。刘旦收到新皇帝所赐的玺书后，觉得装玺书的封袋比平时小，认为京师有变，便派遣心腹近臣寿西长、孙纵之、王孺去京师长安打探消息。王孺等一行人到达京师后打探到，先皇驾崩，新皇帝由几位将军共同拥立，年约八九岁，先皇下葬时并未出来吊唁。王孺等人回到燕国，向燕王刘旦汇报。刘旦听后，怀疑新皇帝得位是朝中大臣操纵的结果。接着刘旦又派人到长安上书，提议要在各个郡国为汉武帝设立祠庙。回报说，皇帝看过了。当时，大将军霍光把持朝政，他赏赐给燕王旦钱三千万，增加封邑一万三千户。刘旦得知后生气地说："我本应做皇帝，说什么赏赐呢！"于是，刘旦勾结中山哀王之子刘长、齐孝王之孙刘泽等人，密谋造反，谎称"以武帝时受诏，得职史事，修武备，备非常。"（《汉书·武五子传》）以此作为招兵买马、扩充军备的理由。又与刘泽等人谋划起草了造谣的文告，声称"少帝非武帝子，大臣所共立，天下宜共伐之"。（《汉书·武五子传》）派人散布到各郡县，以混淆百姓视听。刘泽计划回临淄发兵，和燕王刘旦一同起事。刘旦开始召集人马、武装军队，并在文安县设立围场，进行大规模的打猎，以此来演习兵马，等待起事之日的到来。郎中韩义等人多次谏阻刘旦，刘旦非但不听，还杀了韩义等共十五人。就在这时，鉼侯刘成发现了刘泽等人的阴谋，报告给了青州刺史隽不疑，隽不疑乘其不备，捕获了刘泽及其党羽，立即奏报朝廷。汉昭帝派遣大鸿胪丞审理此事，牵连出了燕王，按律当诛。汉昭帝念及手足之情，下令赦免刘旦，而将刘泽等人正法。燕王刘旦第一次谋反宣告失败。

几年后，刘旦又与其姐姐鄂邑盖长公主、左将军上官桀父子和桑弘羊等人勾结，密谋叛乱。上官桀父子因与大将军霍光争权而产生仇怨，刘旦也怨恨霍光。上官桀等人搜集霍光的过错告诉刘旦，让他上书昭帝告发霍光。刘旦上书昭帝，谎称"霍光擅自调动所属兵力，意欲谋反"，并提议入朝宿卫，以防奸臣变乱。不料年仅十四岁的昭帝察觉燕王有诈，于是亲近霍光而疏远上官桀等人。上官桀等人谋划杀掉霍光，废除汉昭帝，迎立燕王刘旦为帝。

元凤元年（前80）九月，谋反计划败露，上官桀等人都被捕获处死。刘旦得知上官桀等已伏诛，心情极度忧愁愤懑，在万载宫设宴，会集宾客群臣妃妾坐席饮酒。燕王唱道："归空城兮，狗不吠，鸡不鸣，横术何广广兮，固知国中之无人！"华容夫人也起舞唱道："发纷纷兮置渠，骨籍籍兮亡居。母求死子兮，妻求死夫。裴回两渠间兮，君子独安居！"在座的人都泣不成声。（《汉书·武五子传》）

朝廷很快便发下赦令，赦免燕国所有的官吏和百姓，却唯独没有赦免刘旦。刘旦要自杀，被左右随从和后姬夫人们阻拦住。正在这时，昭帝又派专使来赐给燕王玺书，玺书中斥责刘旦"乃与他姓异族谋害社稷，亲其所疏，疏其所亲，有逆悖之心，无忠爱之义。如使古人有知，当何面目复奉齐酹见高祖之庙乎！"（《汉书·武五子传》）刘旦随即用绶带自绞而死。刘旦共做了三十八年燕王，是统治燕地时间最长的地方长官，最终身死国除，谥号"刺王"。燕国再度被废，改置为广阳郡。

本始元年（前73），汉宣帝即位，改广阳郡为广阳国，复立刘旦长子刘建为广阳王，都蓟城。刘建一共在位二十九年，死后谥号"顷王"。

1974年6月初，在北京市丰台区郭公庄西南的葆台村进行

大葆台西汉墓"黄肠题凑"

建筑施工时，发现了两座大型西汉木椁墓。根据墓葬的规制和有关资料，相关学者判断是广阳顷王刘建和其夫人的陵墓。两座墓早期已经被盗并受到严重破坏，但还是出土了大量的陶器、铜器、铁器、漆器、玉、玛瑙、丝织品等珍贵文物，很多器具的工艺水平十分先进，反映出西汉中晚期燕国的政治、经济和社会发展情况。大葆台西汉墓的规格极高，具有"梓官、便房、黄肠题凑"结构，在西汉属于"天子之制"。这些宝贵的实物资料，是我国考古史上的一项重大发现。

四、韩婴与《韩诗外传》

西汉时期，传授《诗经》的有鲁诗、齐诗、韩诗、毛诗四家。毛诗晚出，采用古文传播，属古文经学。鲁、齐、韩三家皆以汉代通行的隶书写成，称为今文经学。此三家在当时被列为学官，又被称为"三家诗"，其中"韩诗"一派的创立者，是燕人韩婴。

韩婴，又称韩生，燕人，其生卒年不详。据史书记载，韩婴在西汉文帝时曾为博士，在社会上有很高的名望。景帝时，任常山王太傅，故世人又称他为"韩太傅"。武帝时，韩婴曾经与大儒董仲舒在武帝面前辩论，不为所屈，史称"其人精悍，处事分明，仲舒不能难也"（《汉书·儒林传》）。由此可知，韩婴经历了西汉文帝、景帝、武帝三朝。

西汉初期，燕、赵地区的人们喜诵《诗经》，韩婴作为当时著名的儒生、今文经学家，在学术上的主要贡献就是传授《诗经》，且著述颇丰。据《史记·儒林列传》记载，韩婴推衍《诗经》的意思，写成了数万字的《韩诗内传》和《韩诗外传》，书中的语言与齐诗学和鲁诗学很不相同，然而它们的归旨是一致的。《汉书·艺文志》也记载，韩婴著有《韩内传》四卷、《韩外传》六卷、《韩故》三十六卷、《韩说》四十一卷，另外还有《易传韩氏》二篇。可惜这些著作大都失传，只有《韩诗外传》留存于世。

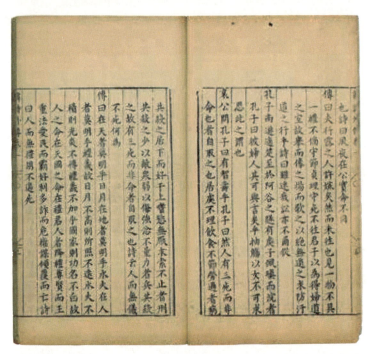

《新刻韩诗外传》胡氏文会堂版　中国国家图书馆藏品

我们现在看到的《韩诗外传》共有十卷三百一十章，据专家们研究、考证已不是原书的旧貌了。一般来讲，"传"是给"经"做注解的。按照司马迁"韩生推《诗》之意而为《内》《外传》数万言"的说法，《韩诗外传》应该是一部阐述、解析《诗》义的书，但从整部书的内容来看，实际情况并不是这样。《汉书·艺文志》也说它"或取《春秋》，采杂说，咸非其本义"，明确指出韩婴所作《韩诗外传》并不是一部专门解析《诗经》本义的书，此后历代研究《韩诗外传》的学者，对这一点都有着较为一致的看法。

　　《韩诗外传》是一部杂编性的著作，它是先讲一个故事，或发一通议论，最后再引《诗经》里的一句或几句诗加以印证。如第一卷第三章，先讲了这样一个故事：孔子率领弟子们南游去楚国，到了阿谷这个地方的时候，看到一位女子正在河边洗衣服。孔子便让子贡前去搭讪、引诱洗衣女。在孔子的授意下，子贡先后去了三次，但都被知礼、守礼的女子拒绝了。故事讲完后，韩婴引用了《诗经·周南·汉广》中的诗句"南有乔木，不可休思。汉有游女，不可求思"，并断定"此之谓也"。这里，韩婴对所引的诗句既没有解析，也没有阐发，而是"引《诗》以证事"——"南有乔木，不可休思。汉有游女，不可求思"说的就是"洗衣女"这件事！再比如，《韩诗外传》第九卷第二章，也是先讲了一个一位贤惠的深明大义的母亲，教诲已做了宰相的儿子，要为官不贪，忠于国家，做臣子对国家不忠，就等于是当儿子的对父母不孝的故事。最后以"《诗》曰'宜尔子孙承承兮'言贤母使子贤"做结语。意思是：《诗经》上说"好好教育你的子孙，谨慎小心啊"说的是贤惠的母亲使子孙贤德。《韩诗外传》引用《诗经》大都如此。所以，明代学者王世贞说，《韩诗外传》是"引《诗》以证事，非引事以明《诗》"。可以说，《韩诗外传》引用《诗经》诗句主要为了佐证作者自己的观点、主张，更进一步是为自己所阐述的政治思想服务。

《韩诗外传》大部分章节是引《诗经》诗句做结尾（有些章节结尾已缺诗句），也有个别章节没有引《诗经》诗句，而是引了《尚书》《老子》《论语》等相应语句做结尾。作为一部杂编著作，《韩诗外传》广泛引用周秦诸子的资料，如《老子》《庄子》《晏子》《孟子》《韩非子》等，而引用内容较多的是《荀子》。《韩诗外传》中有多个章节几乎整篇引用《荀子》，从这一点也可以看出韩婴的思想与荀子学派的渊源关系。

《韩诗外传》具有相当突出的通经致用特征。韩婴作为政府的博士官，当然是儒家思想的忠实维护者和宣扬者，并积极地为封建统治阶级服务。《韩诗外传》中大量的直接转述孔子及其弟子的言行；有关礼仪道德、忠孝仁爱内容的论述更是不胜枚举。《韩诗外传》以儒家思想为主，也包含了重要的道家思想。韩诗对后世影响很大，《史记·儒林列传》载："自是之后，而燕、赵间言《诗》者由韩生。"就是说，从这以后，燕、赵地区讲解《诗经》的人都出于韩婴门下。

五、东汉时期豪强割据幽州

公元 25 年，刘秀称帝，国号仍为"汉"，建元建武，建都洛阳，史称"东汉"。东汉时期的地方行政建置为州、郡（国）、县三级制。建武二年（26），光武帝刘秀复立广阳国，以蓟城为都，属幽州刺史管辖。在这一年，燕蓟地区发生叛乱，同属幽州的渔阳郡太守彭宠起兵造反。次年（27）春，叛军攻占蓟城，彭宠自立为燕王。这场战乱持续了 3 年多，直到建武五年（29）才被平息，长期的战乱使蓟城地区受到了严重破坏，社会混乱，民生凋敝。之后经过几任优秀太守的治理才得以恢复，这其中比较突出的是郭伋和张堪。建武六年（30），郭伋出任渔阳太守，他言而有信，赏罚分明，整顿兵马，防守匈奴。在他任职的 5 年中，百姓安居乐业，当地户口翻了一倍。建武十五年（39），张堪被任命为渔阳太守，他继续沿用郭伋的治理理念，还在狐奴（今顺义东北）兴修水利，发展农业，重视军事，击退匈奴。在他任职的 8 年时间里，社会安定，百姓富有，匈奴不敢来犯。

东汉后期，外戚、宦官专权，政治黑暗，朝廷腐败，百姓生活极其艰难，社会矛盾激化。在"黄巾大起义"和"董卓之乱"的冲击下，东汉政权四分五裂，名存实亡，地方势力割据。献帝初平二年（191），公孙瓒受封蓟侯，都蓟城。初平四年（193），幽州牧刘虞率十万大军，讨伐蓟侯公孙瓒，刘虞兵败被斩于蓟城，公孙瓒顺势占据了幽州。兴平二年（195），刘虞的从事鲜于辅等人为了给刘虞报仇，联合袁绍的部将以及乌桓、鲜卑，出兵攻打公孙瓒，公孙瓒不敌，退守易京（今河北雄县西北）。建安四年（199），易京被袁绍攻破，公孙瓒自焚而死。这时，袁绍占据冀、青、幽、并四州，统一了河北，成为北方最大的割据势力。在第二年（200）的官渡之战中，曹操巧施火攻，以少胜多，重创袁氏集团。建安十二年（207），曹操击败乌桓，消灭了袁氏残余势力，基本上统一了北方。

六、刘靖修建戾陵堰和车箱渠

东汉延康元年（220），曹丕逼迫汉献帝禅让，代汉自立，建国号为魏，建元黄初，定都洛阳，史称"曹魏"。当时的曹魏政权约占据了整个华北地区，今北京地区属于幽州刺史的管辖范围，蓟城仍为幽州的治所。为了更好地控制北方少数民族，曹魏政权在蓟城设立了征北将军府，统领北方军事。

古时候，北京地区的降水十分不均，极易发生旱涝灾害，因此农田灌溉工程就显得十分重要。魏嘉平二年（250），镇北将军刘靖为了解决蓟城地区军民的用粮问题，组织上千名军士修建了较大规模的人工灌溉工程，即戾陵堰和车箱渠。刘靖亲临实地进行考察，勘探水源，查看地形，终于规划出这一伟大的工程，这也是北京最早的大型水利工程之一。

根据《水经注》中的记载，戾陵堰"水北有梁山"。梁山上建有戾陵，"戾陵堰"就是因为靠近戾陵而得名。戾陵据说是汉武帝之子，曾经的燕王刘旦之墓。刘旦因谋反篡权失败，自缢而死，死后谥号刺王。"刺"的意思是"凶残暴戾"，所以他的坟墓就叫作戾陵。结合现在的地形，可以推断出，"梁山"就是现在的黑头山，戾陵堰的位置大概在今黑头山与石景山之间。戾陵堰修建于永定河之上，在干旱期可以蓄水，在洪水期可以泄洪，充分贴合了永定河的水量变化特点。

为了将戾陵堰拦下来的永定河水顺利引入高梁河，刘靖还规划开凿了车箱渠。"车箱渠"因水渠的形状酷似车厢而得名，从此以后，蓟城地区的两千多顷田地得到了有效灌溉。魏景元三年（262），樊晨重修车箱渠的水门，使高梁河的河水可以直通温榆河，再向东汇入古潞河（今潮白河），灌溉面积增加到1万多顷。

西晋元康五年（295），戾陵堰因为年久失修，被洪水冲毁了四分之三，车箱渠的水门也被冲坏。刘靖之子刘弘率领兵士进行了修缮，使蓟城地区的农田灌溉得以恢复。

戾陵堰的修建和车箱渠的开凿，体现了古代北京地区劳动人民的勤劳与智慧，开启了北京地区兴修水利的先河。

七、前燕慕容儁建都蓟城

西晋灭亡后，司马睿在建康（今江苏省南京市）建立东晋。但东晋的疆域仅仅局限在淮河一线以南地区，北方进入十六国、北朝的大分裂时期。蓟城先后被十六国的后赵、前燕、前秦、后燕，和北朝的北魏、东魏、北齐、北周所占据，蓟城是幽州的治所所在。

后赵永宁元年（350），鲜卑慕容儁出兵攻打幽州，攻破并占据蓟城。东晋永和八年（352），慕容儁称帝，国号大燕，建元元玺，史称"前燕"。慕容儁即位后，宣布定都蓟城。前燕光寿元年（357），慕容儁为了便于攻打东晋和前秦，将都城迁到了邺城（今河北临漳）。蓟城作为前燕的国都，共计5年，虽然时间并不是很久，但却是北方少数民族政权第一次在蓟城建都，体现出北京地区在历史上的政治地位。

八、隋炀帝修御道，开永济渠

北周大定元年（581），相国杨坚接受了北周静帝的禅位，建立隋朝，建元开皇，定都大兴城（今陕西西安）。开皇九年（589），隋军南下攻陈，南朝陈灭亡，隋朝统一了南北，结束了自西晋末年以来，持续了将近300年的分裂局面。

隋朝初年，仍然实行州、郡、县三级制。但是由于设立的郡县太过繁多，在开皇三年（583）时，改为州、县两级制。隋炀帝大业三年（607），为了削弱地方行政官的级别，将州改为郡，实行郡、县两级制。幽州被废，改为涿郡，治所设在蓟城。在大业年间，今北京地区属于涿郡、渔阳郡和安乐郡的管辖范围。

为了更好地控制北疆，征伐辽东，隋炀帝十分重视蓟城地区的军事地位。大业三年（607），隋炀帝下令修建了从榆林到涿郡的御道，长3000里，宽百步，连通了涿郡和西北地区。后来隋炀帝东巡时，曾经沿着这条御道到达过蓟城。大业五年（609），隋炀帝在蓟城动工兴建临朔宫，作为自己督战辽东、巡视蓟城时的行宫。除此之外，还有一项更重大的工程，就是隋朝大运河的北段——永济渠的开凿。

大业四年（608），隋炀帝下诏开凿永济渠，南达黄河，北至涿郡，征调了河北地区上百万名民众才得以完工。大运河的开凿耗费了巨大的人力物力，给河北地区尤其是涿郡的人民带来了沉重负担，严重影响了社会的稳定，为后来农民起义的爆发埋下了隐患。但客观长远来看，隋朝大运河南起余杭（今浙江省杭州市），北至涿郡，沟通了钱塘江、长江、淮河、黄河、海河五大水系，全长2000多公里，将南北地区紧密地联系在一起，对南北的政治、经济和文化交流产生了重大影响。

九、唐代的幽州城

隋炀帝在位期间，征战不断、大兴土木，给百姓带来沉重的兵役、徭役负担，激化了社会矛盾。公元618年，李渊逼隋恭帝退位，自己称帝，国号唐，建元武德，定都长安（今陕西西安）。

唐初，涿郡改称幽州，治所仍然设在蓟城。天宝元年（742），改幽州为范阳郡，乾元元年（758），又改称幽州。后来人们习惯上称蓟城为"幽州城"，不再称蓟。为了更好地统治北方少数民族地区，唐朝设置了羁縻州，这些羁縻州县和当地的行政机构共处一地。唐玄宗天宝年间，在幽州的羁縻州达19个之多，其中有14个在今北京市境内，如燕州、顺州等，对北京地区的民族融合产生了深远影响。

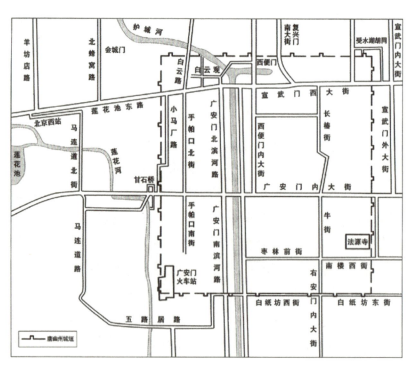

唐幽州城垣位置图

根据《太平寰宇记》引《郡国志》记载，唐幽州城"南北九里，东西七里，开十门"。再结合考古发现，可以推断出唐幽州城四面城垣的大概位置如下：东城垣在今北京市西城区烂缦胡同与法源寺之间的南北一线，西城垣在今北京市西城区白云观西土城台和小红庙之间的南北一线，南城垣在今北京市西城区姚家井以北的里仁街东西一线，北城垣在今北京市西城区白云观至头发胡同一线。唐代城市实行里坊制。"坊"是城市区划的基本单位，又称"里"或"里坊"，坊与坊之间是封闭的，四周筑有围墙，设有坊门供居民出入。坊门早晨开启，夜晚关闭，关闭后实行宵禁，禁止百姓夜间出行。唐幽州城中共划分为 26 个坊，有蓟宾坊、卢龙坊、肃慎坊、铜马坊、蓟北坊等。城北有市，是商业区，城的西南隅还建有子城。

　　贞观十九年（645），唐太宗以幽州为集结地，亲自率兵远征高丽。由于高丽人民的顽强抵抗，加上天气寒冷，粮草供应不足，唐军兵败撤退。为了纪念阵亡的将士，唐太宗下令将部

唐悯忠寺故址 （摄影　贾冬明）

分将士的遗骸葬于幽州城西，称为"哀忠墓"，又下诏在幽州城东南隅建寺。武则天称帝后的万岁通天元年（696），寺庙建成，赐名"悯忠寺"。悯忠寺在今北京市西城区西砖胡同西侧的法源寺前街，清代雍正年间改名为"法源寺"，是中国佛学院所在地。

十、安史之乱

"安史之乱"，是指由唐朝将领安禄山与史思明发起的反叛战争，因爆发在唐玄宗天宝年间，又被称为"天宝之乱"。这场战争发生在公元755—763年之间，历经了唐玄宗、唐肃宗和唐代宗三朝，持续时间长达8年之久。"安史之乱"是历史上非常有名的事件，是唐朝由盛转衰的转折点。这场战争令唐朝的国力受到巨大影响，百姓流离失所，人口急剧下降，唐王朝日渐衰败，再难重现往昔的辉煌。

唐玄宗是一位十分出色的皇帝，统治初期，他选贤任能，励精图治，开创了唐朝的极盛之世——开元盛世。但是在统治的后期，唐玄宗开始纵情声色，生活日益糜烂，逐渐丧失了早期励精图治的精神。他宠幸杨贵妃，终日不理朝政，导致朝政日渐混乱。此外，他重用宦官高力士和奸臣李林甫，导致朝局动荡，群臣不安。李林甫死后，他又重用杨贵妃的堂兄杨国忠，命他为宰相。杨国忠其人飞扬跋扈，独断专行，排除异己，中饱私囊，贪污受贿，无恶不作。此时朝廷上下已变得腐败不堪，尤其是杨国忠与安禄山的争权夺利，更成了安史之乱的导火索。李林甫为宰相时，为巩固自己的权力，他大肆收买人心，声称胡人单纯勇猛，便放任其发展，导致各地将领拥兵自重，不断坐大。此时，国家内部矛盾日益尖锐，朝廷大规模兼并土地导致众多百姓流离失所，无家可归，贫富差距不断加大。朝局的混乱不堪和错综复杂，再加上文武大臣矛盾的不可调和，最终导致安史之乱的爆发。

元杂剧《唐明皇秋夜梧桐雨》插图

　　幽州作为唐王朝北方的军事重镇，在安史之乱前，地位已经上升至整个河北的政治、军事中心。天宝十年（751），安禄山身兼平卢（今辽宁朝阳）、范阳（今北京，天宝元年，幽州改称范阳郡）、河东（今山西省太原市西南）三镇节度使，拥兵20万，手握黄河以北的军政大权，手下有众多骁勇善战的将领。安禄山很擅长阿谀谄媚之事，他为了讨好杨贵妃，甚至主动要求做杨贵妃的义子。他将唐玄宗和杨贵妃哄得十分舒服，因此唐玄宗对他很是信赖。这招致了杨国忠的妒忌，与安禄山明争暗斗，关系日益紧张。而唐玄宗对两人的矛盾不管不问，安禄山逐渐心生造反之意。

　　天宝十四年（755）十一月，安禄山以"忧国之危"、奉密诏讨伐杨国忠为借口在范阳起兵叛乱。由于安禄山蓄谋已久，且兵强马壮，叛军将士们一个个都十分骁勇善战，叛军一路长驱直入，锐不可当。十二月，叛军占领了东都洛阳。天宝十五年（756）正月，安禄山自立为帝，称雄武皇帝，国号大燕，建元圣武，以范阳为东都。同年六月，安禄山攻占了长安。长安城内一片混乱，百姓四处逃散，唐玄宗带着杨贵妃仓皇出逃，奔向蜀中。逃至马嵬驿（今陕西兴平市西北 23 里）时，随行将士饥疲，在愤怒之下杀死了杨国忠，又逼迫唐玄宗赐死杨贵妃，史称"马嵬驿兵变"。在唐玄宗逃往四川的同时，太子李亨逃往灵武。在唐将郭子仪及李光弼等将领的支持下，李亨即位称帝，遥尊唐玄宗为太上皇，这就是唐肃宗。安禄山在攻占长安后并没有乘势追击唐玄宗，而是忙着掠夺城内的金银财宝，导致贻误了战机。后来安禄山因眼疾而双目失明，他的儿子们为了争夺权力出现了严重矛盾。

唐至德二年（757），安禄山集团发生内讧，安庆绪杀其父安禄山，自立为帝。他命令部下史思明守卫范阳，令蔡希德继续领兵围攻太原。但唐军不久后就夺回了长安，安庆绪率领部下逃回范阳，并将众多精锐部下交由史思明统率。结果史思明转而投降唐朝，唐肃宗十分高兴，封他为归义王，兼范阳节度使。然而，史思明名为投降，实则在借机招兵买马，不断扩充势力，这引起了唐肃宗的警觉于是便策划消灭他。但计划泄露，史思明再次发动叛乱，他与安庆绪合力打败了唐朝 60 万大军，唐将郭子仪遭宦官进谗而被召回长安，解除兵权。乾元二年（759），史思明杀死安庆绪，自立为帝，称大燕皇帝，以幽州城为燕京。上元二年（761），史朝义杀其父史思明，自立为帝。

宝应元年（762），唐肃宗驾崩，宦官李辅国拥护太子李豫继位，这就是唐代宗。同年，唐朝依靠回纥的帮助，一举收复了洛阳，叛军部将纷纷降唐。宝应二年（763），史朝义率部逃往范阳，他的部下李怀仙投降唐朝，献出范阳。史朝义走投无路，便在一片树林中自缢而死，这场长达 8 年的叛乱终于被平定下去。

安史之乱给社会带来了严重破坏，北方的生产受到毁灭性影响，田地荒芜，水利失修，百姓流离失所，唐王朝从此由盛世转入衰败，并且一蹶不振。此后，河朔地区形成藩镇割据的局面，幽州地区根本不受中央朝廷的控制。尤其在唐朝末期，国家政权已经四分五裂。天祐四年（907），在梁王朱温逼迫下，唐哀帝李柷禅位，唐朝灭亡。朱温称帝，改国号梁，史称"后梁"，改名朱晃，建元开平，定都开封（今河南开封）。中国历史进入到五代十国的大分裂时期。

十一、石敬瑭割让燕云十六州

唐末五代初，刘仁恭、刘守光父子割据幽州达 19 年之久，为政残酷，民不聊生。后梁乾化元年（911），刘守光自立为帝，定都幽州城，国号大燕，史称"中燕"。中燕政权仅仅存续了 3 年，后梁乾化三年（913），晋王李存勖亲征幽州，刘仁恭、刘守光先后被擒杀，幽州被李存勖占据。后唐同光元年（923），李存勖称帝，定都洛阳，国号唐，史称"后唐"。

后唐清泰三年（936），驻守太原的后唐河东节度使石敬瑭起兵造反，为了获得契丹统治者耶律德光的帮助，石敬瑭承诺爬上皇帝宝座后，就把燕云十六州全部割让给契丹，每年进贡布帛 30 万匹，并且认耶律德光为父，甘做"儿皇帝"。

当时，镇守幽州的是赵德钧，他本是一个颇有才华的将领，在他治理幽州期间，社会比较安定，生产得以恢复。石敬瑭造反之时，后唐末帝命赵德钧前往征讨，然而赵德钧也心生称帝之意，并希望得到契丹的援助，答应和契丹结为兄弟之国。这个条件和石敬瑭给的相比，自然是差了很多。没有得到契丹回应的赵德钧，按兵不动，使耶律德光得以有机会南进。最终，石敬瑭在 5 万契丹骑兵的帮助下，灭后唐，建立起后晋政权，赵德钧父子投降被俘，献出幽州城。后晋天福三年（938），石敬瑭正式向契丹献出燕云十六州图籍，包括幽（今北京）、蓟（今天津市蓟州区）、瀛（今河北河间）、莫（今河北任丘）、涿（今河北涿州）、檀（今北京密云）、顺（今北京顺义）、新（今

河北涿鹿）、妫（今河北怀来）、儒（今北京延庆）、武（今
河北宣化）、云（今山西大同）、应（今山西应县）、寰（今
山西朔县东北）、朔（今山西朔县）、蔚（今河北蔚县）。
幽州地区从此归属在契丹的统治之下。

辽朝的陪都
——南京城

一、辽太宗升幽州为陪都

契丹源于东胡鲜卑族，是我国北方的一个少数民族，长期以来过着畜牧、狩猎为主的游牧生活。史书中最早出现契丹，是在北齐魏收所著的《魏书》中，当时契丹人已经开始与北魏王朝进行交往。唐代时，契丹与中原地区的来往日益密切，贞观年间，契丹曾经依附于唐朝。后来，契丹和唐之间的关系发生恶化，一度关系破裂，直到唐开元年间才得以恢复。

公元907年，唐朝灭亡，中原地区进入五代十国时期。也正是在这一年，耶律阿保机成为契丹部落联盟的首领。按照契丹的制度，部落联盟首领应当三年一换，耶律阿保机却不想让位。他身边的汉人谋士对他说："你可以效仿中原那边，自己当皇帝。这样不仅自己可以一辈子当首领不被换掉，子子孙孙也可以一直做下去。"最终，耶律阿保机凭借强大的军事和经济实力，统一了契丹各部，废除了原始的选汗制度。公元916年，耶律阿保机在龙化州（今内蒙古赤峰市）正式称帝，国号"契丹"，建元神册，定都临潢（今内蒙古赤峰市巴林左旗），他就是契丹历史上的第一个皇帝——辽太祖。

早期的契丹族人只有名字，没有姓氏。相传，辽太祖阿保机十分钦佩汉高祖刘邦，"耶律"的发音和"刘"相近，因此阿保机规定以"耶律"作为皇族的姓氏，兼姓刘氏。阿保机的皇后述律平为人果断善谋，一直陪伴在太祖身边四处征战，太祖将其比作刘邦的宰相萧何，赐"萧"姓作为述律家族的姓氏，并且将追随自己的乙室、拔里也改姓为"萧"，让他们以萧何为榜样来辅佐自己。阿保机还规定耶律氏和萧氏互通婚姻，并且辽朝皇后只能出自萧氏一族。所以我们可以看到，在辽朝虽然也有异姓后妃，但是太后都是"萧"太后。

契丹统治者十分向往中原地区的富庶和先进，希望能够在中原拥有自己的立足之地，于是靠近北边的幽燕地区便成为其首要的战略目标。早期，契丹进攻幽燕地区的主要目的是掠夺物资，耶律阿保机称帝以后，他的目标逐渐由单纯的掠夺向占

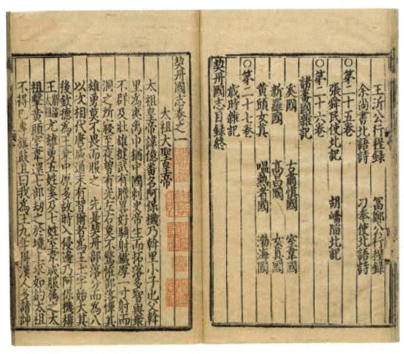

《契丹国志》元刻本　中国国家图书馆藏品

领土地、攻占城池转变。辽太祖耶律阿保机和辽太宗耶律德光都曾试图派兵攻占幽燕地区，但均以失败告终。直到公元936年，石敬瑭起兵反叛后唐，以割让燕云十六州作为条件之一向契丹求助，这对于苦征幽州而不下的契丹来说，是一个绝佳的机会。耶律德光派出5万契丹骑兵帮助石敬瑭灭了后唐，由此得到了燕云十六州的土地。

辽会同元年（938），太宗耶律德光在幽州建立陪都，因为幽州位于辽统治疆域的南部，所以称为"南京"。幽燕地区从中原政权的北方门户，变成了契丹南下的军事前哨。

辽太宗选择在幽州设立陪都，主要出于两方面原因。一是幽州在战略位置方面具有无可替代的优势，北方少数民族想要南下入主中原，必须先要控制幽燕地区。二是幽州经济发达，人口稠密，物产丰富，其发达程度远高于契丹各地。在此建立陪都，既能带动契丹本部的发展，又便于统治汉族人民。契丹升幽州为陪都，使幽州的城市地位和城市性质发生了根本性变化，开始从一个军事重镇向北方的政治、军事、文化中心转变，这对于今天北京地区的发展具有重要意义。

石敬瑭死后，他的侄子石重贵继位。石重贵对耶律德光提出"称孙不称臣"，即按照辈分他可以称耶律德光爷爷，但是后晋不能对契丹称臣。耶律德光对此感到十分不满，趁机率军南下，想要一统中原。公元947年，契丹攻下后晋都城开封府，后晋灭亡。随后，耶律德光下诏将契丹国号改为"辽"，"辽"这一名称实际上从这时才开始使用。

二、五京制度与番汉并行

过着游牧生活的契丹族，原本是由一个个氏族和部落组成的，没有设置地方行政机构。辽太宗占领燕云十六州后，才确立起五京州县制。

辽朝的五京分别是上京临潢府（今内蒙古赤峰市巴林左旗）、

中京大定府（今内蒙古赤峰市宁城县）、东京辽阳府（今辽宁省辽阳市）、西京大同府（今山西省大同市）和南京析津府（今北京市）。其中上京是首都，其他四京是陪都。五京的设立也是为了配合契丹族特有的"四时捺钵"文化。"捺钵"是契丹语，意思是"行宫""行在"。契丹族是游牧民族，不喜欢被困在高高的围墙之中，辽帝经常出去游猎，在捺钵中处理政务，从而形成了一套独具民族特点的四时捺钵制度。

辽朝在地方行政制度上实行道、府、州、县四级制，京是道的首府。具体到辽南京地区，南京道的首府是南京，又称"燕京"，下设析津府。析津府最初名为幽都府，辽圣宗开泰元年（1012），改幽都府为析津府，共辖 6 个州和 11 个直辖县，6个州下面也各自设有数量不等的县。

析津府所辖的 6 个州是：顺州（领怀柔县）、檀州（领密云县、行唐县）、涿州（领范阳县、固安县、新城县、归义县）、易州（领易县、涞水县、容城县）、蓟州（领渔阳县、三河县、玉田县）、景州（领遵化县）。11 个直辖县是：析津县、宛平县、良乡县、潞县、安次县、永清县、武清县、香河县、昌平县、玉河县、潞阴县。此外，南京道还有 3 个直辖州，即平州、滦州、营州，共领 7 个县。

综上，南京道共计统辖 1 府 9 州 32 县。在今北京市境内的有 11 个县，分别为析津县、宛平县、良乡县、潞县、昌平县、玉河县、潞阴县、怀柔县、密云县、行唐县和渔阳县的西北部。其中，析津县和宛平县是两个附郭县（指古代没有独立县城而将县治附设于府城、州城的县）。此外，中京道兴化县的西南部和西京道的缙山县也在今北京市境内。

由于辽南京地区具有重要的战略地位，在南京除了地方行政机构，还有辽廷直接派驻的中央机关，如代表中央权力机构的宰相府、负责军政事务的留守司、负责军事的统军使、负责财政的三司使和转运使、负责治安的警巡院和负责教育的太学等，在派驻机构中任职的官员都属于京官。实际上，南京地区的政治、军事、经济、文化等大权都集中在这些京官的手中，地方官员很多时候只有名义上的统辖管理权。

辽朝建立之初，各个地区的发展水平极不平衡。燕云十六州早已进入到封建社会，而以契丹族为主的中心地区正处在奴隶社会，北部的很多地区甚至还处在原始社会末期。面对如此复杂的情况，辽朝建立起独特的"番汉并行，自成体系"的双轨官制，即"以国制治契丹，以汉制待汉人"（《辽史·百官志一》）。北面官管理契丹人民和北方牧民，南面官管理汉族人民。这种"因俗而治"的政策，稳定了汉族地区民众的情绪，有效避免了社会动荡的发生，体现出契丹族很强的适应能力和灵活机变能力。

三、热闹繁华的辽南京

南京城是辽代五京中最繁华的一座城市，经常有各地使臣来访。辽朝在南京城外修建了一些驿馆，作为来往使臣住宿和就餐的场所。比如，在南墙丹凤门外建有碣石馆，澶渊之盟订立之后改名为"永平馆"，取"永远太平"之意；在南京城的东北郊建有望京馆，这也是现在北京望京地区名称的由来。当时的悯忠寺，不仅是佛教活动的中心，还是接待各地使臣、举办重要活动的场所。南京城的商业经济也十分发达，城北地区设有 3 个市场，在那里可以买到来自各地的货物。

辽南京地区的人口十分密集。据《辽史·地理志》记载，析津府的人口大概有 340 万直辖的 11 个县共有 10 万户左右。若以每户 5 人计算，应有 50 万人口，整个南京道的人口可能达上百万，约占当时辽朝人口总数的一半。南京城的居民以汉族为主，契丹次之，还有奚族、渤海、室韦、女真等少数民族。各族人民友好相处，相互融合，相互影响。一方面，辽朝提出"学唐比宋"的口号，契丹族百姓学习唐、宋的学术文化；另一方面，

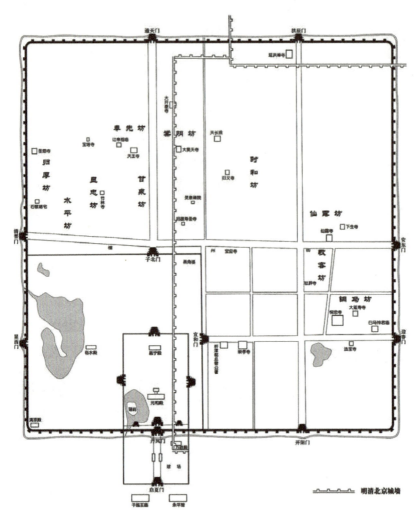

辽南京平面示意图

契丹人民奔放、豪爽的性格和捺钵文化也深深影响了汉族人民，汉族百姓都以外出野游、骑马狩猎为乐。

　　辽南京城是以唐幽州城为基础修建的，城的规模和城内建筑基本上没有发生变化，只是在城的西南隅增筑了一座皇城。由于南京城是一个军事重镇，所以辽朝还对城墙重新进行了加固。

外城

　　根据《辽史·地理志》记载，辽南京城周长 36 里，城墙高三丈、宽一丈五尺。因为后来的金中都城经过扩建后，周长才达到三十五六里，所以《辽史·地理志》的"三十六里"应当是记载有误，南京城的实际周长在二十三里左右。

辽南京城位于今北京市西城区广安门内外一带，外城的东垣在今法源寺以东、烂缦胡同以西的校场五条一线；西垣在今会城门以东、白云观以西的南北一线；南垣在今白纸坊东西街一线；北垣在今白云观以北的东西一线。

外城共有 8 个城门，东、西、南、北四面各设有两个城门。东面是安东门（东北门）、迎春门（东南门）；西面是显西门（西南门）、清晋门（西北门）；南面是开阳门（南东门）、丹凤门（南西门）；北面是通天门（北西门）、拱辰门（北东门）。

皇城

皇城位于南京城的西南角，西墙和外城的西垣南段重合，南墙和外城的南垣西段重合。皇城共有 4 个城门，东面是宣和门，与外城的迎春门相对；西面是显西门，也就是外城的显西门；南面是南端门（后来改称启夏门），与外城的丹凤门相对；北面是子北门，与外城的通天门相对。皇城平时只开东门宣和门，其他三门一般不开。这是因为契丹族十分崇拜太阳，以东为上，因此南京城的外城和皇城都是以东向为正向，到了金代才改为以南向为正向。但是由于受到汉族"面南而王"观念的影响，所以皇城内的宫殿都是面朝南方的。

皇城内的诸多宫殿中，最重要的是元和殿。元和殿是南京城的正殿，辽朝皇帝在这里举行大典、接待群臣、处理政事。据《辽史·圣宗纪五》记载，辽圣宗和萧太后册上尊号的仪式就是在元和殿举行的，这也是在元和殿中举行的最隆重的盛典。辽朝时修建的宫殿，虽然造型朴实无华，但都十分坚固。因此直到 100 多年以后，金朝扩建金中都时，仍然以辽代建筑作为基础。金大定二十八年（1188），金世宗见到仁政殿时不禁感慨道：“辽朝修建的仁政殿，没有任何繁杂华丽的装饰，但是其他的宫殿每年都修修补补，只有仁政殿不改其貌，依然如旧。可见那些虚华无实的东西，是最不坚固持久的。”

二十六坊

辽南京城中，整齐地分布着居民住宅，这些居民区组成了“坊”。和唐幽州城一样，辽南京城内也有二十六坊，每个坊都设有坊门，坊门白天开放夜晚关闭，管理十分严格。

南京城的大多数坊名都沿用了唐代旧称，只有少部分有所改变。根据唐、辽时期的文献记载及考古资料，可以确定二十六坊的名称为：罽宾坊、卢龙坊、肃慎坊、归化坊、隗台坊、蓟北坊、燕都坊、军都坊、铜马坊、花严坊、劝利坊、时和坊、平朔坊、招圣坊、归仁坊、棠阴坊、辽西坊、东通寰坊、遵化坊、显忠坊、永平坊、北罗坊、齐礼坊、归厚坊、大田坊、骏马坊。

有的坊名在一定程度上反映出辽南京城的社会情况。北京地区在历史上一直处于多民族共居的状态，一些坊名就是因为少数民族聚居而得名。比如，“罽宾”是西域某国的名称，“肃慎”是我国东北地区的少数民族，“罽宾坊”和“肃慎坊”很可能就是这两个民族的聚居地。“归化坊”和“归厚坊”则反映出了民族融合的进程。

还有一些坊名反映了辽南京城的历史发展。比如，“燕都坊”是为了纪念辽南京在历史上曾是燕国的都城；“军都”和“蓟北”都是历史上辽南京地区的县治名称；“铜马坊”的得名，则是因为慕容儁建立前燕时，曾经在蓟城设立铜马。

四、开国功臣韩延徽

韩延徽（882—959），字藏明，出生于幽州安次（今河北省廊坊市安次区）。韩延徽是辽朝重臣，他协助耶律阿保机建立了辽朝，建议设立“头下州县”，倡导实行“胡汉分治”政策。

由于韩延徽为辽朝立下了汗马功劳，他的子孙得以世袭崇文令公，在辽世代为官，由此开创了幽州韩延徽家族。

韩延徽出生于官宦之家，早在唐朝末年，他的父亲韩梦殷便在幽燕地区做官，曾先后担任蓟州（今北京市西南部）、儒州（仅北京市延庆区）和顺州（今北京市顺义区）的刺史。韩延徽少年时才华出众，能力非凡，被当时割据幽州的卢龙节度使刘仁恭看中，先后任命他为幽都府文学、平州录事参军、幽州观察度支使。

唐天祐四年（907），刘仁恭被其子刘守光囚禁，刘守光自立为卢龙节度使。刘守光昏庸愚昧，掌权后更加骄奢淫逸，导致实力渐渐衰败，兵马钱粮难以为继。于是，刘守光试图与契丹结交，想要把契丹作为自己的后援。他派韩延徽出使契丹，希望能争取到契丹首领耶律阿保机的支持。由于韩延徽在面见耶律阿保机时，坚决不肯行跪拜之礼，惹得耶律阿保机十分生气，将他扣留下来，不放他回去，还命令他到野外放马。

耶律阿保机的妻子述律平是一位十分有见识的皇后。她听闻此事后向耶律阿保机进言："韩延徽是一个敢于直面权威、具有道德操守的能臣。您为什么要让他做放马这种事情来羞辱他呢？您应该礼贤下士，让他为您效力才对啊！"耶律阿保机听后觉得很有道理，于是便召见韩延徽，与他深入交流了有关治国理政的思想。没想到二人相谈甚欢，韩延徽所说的恰恰也是耶律阿保机所想的。耶律阿保机当即便决定将韩延徽留在身边做谋士，让他直接参与军政要务的讨论。在耶律阿保机四处征战的过程中，韩延徽的出谋划策起到了十分重要的作用，深得阿保机的信任。

韩延徽为辽朝的民族治理做出了极大的贡献。当时的中原地区藩镇割据，很多汉人由于难以承受当地藩王的横征暴敛，纷纷选择向北迁徙，来到地广人稀的契丹境内谋求出路。由于汉族和契丹的文化差异较大，生活习俗上存在很大不同，因此融合难度很高。为了使这些汉人在契丹稳定地居住下来，韩延徽向耶律阿保机建议，在草原上设立"头下州县"。将汉人们集中起来，为他们提供生活和居住的场所，这些汉人的聚居点就是头下州县。为了减轻汉人的思乡之情，头下州县的命名均采用唐代旧名，比如原来居住在顺州的汉人，后来所在的头下州县仍叫"顺州"，原来居住在密云的，后来所在的头下州县仍叫"檀州"。汉人们在头下州县择偶定居，耕田织布，自力更生，很少有逃亡的。韩延徽还大力倡导"胡汉分治"的民族政策，提出将游牧系统和农耕系统分开治理。耶律阿保机接受了他的提议，建立起"番汉并行"的双轨官制。头下州县的设立和胡汉分治政策的实行，吸引了越来越多的汉人进入契丹生活，大大加深了民族融合程度，对于后来契丹仿照中原制定行政制度和管理政策具有十分重要的意义。

韩延徽在契丹居住了很长一段时间，由于思乡心切，便偷偷跑回了中原。当时，晋王李存勖想把他留在自己身边，但是由于韩延徽与掌书记王缄不和，担心自己遭受陷害，于是他决定回到契丹。相传，韩延徽南下回乡之前，耶律阿保机梦到有一只白鹤从帐中飞出；韩延徽决定北上返回契丹时，阿保机又梦见白鹤飞了回来。韩延徽回到契丹后，向太祖解释返乡的原因是因为思念家中老母，之所以又选择回来，是因为割舍不下对契丹的忠心。耶律阿保机听了十分高兴，不但没有因为韩延徽私自回乡而责罚于他，反而更加器重他，将契丹的内外大事都交给他处理。辽天赞五年（926），耶律阿保机病逝。韩延徽感恩太祖的知遇之恩，伤心不已，周围的人都被他这份真挚的情感所打动。

耶律阿保机死后，辽太宗、辽世宗和辽穆宗三代皇帝对韩延徽依然十分器重。韩延徽被封为鲁国公，并先后担任南京三司使、南府宰相等重要官职。应历九年（959），韩延徽因病去世，享年78岁。辽穆宗听闻韩延徽逝世的消息后十分悲痛，追赠韩延徽为尚书令，其后代可以世袭崇文令公。

根据《辽史·韩延徽传》记载，韩延徽死后"葬幽州之鲁郭"。鲁郭就是现在北京市石景山区东南部的鲁谷。20世纪70年代末至80年代初，考古工作者在八宝山南发现了一处很大的辽代墓葬群，其中有韩延徽之孙韩佚、五世孙韩资道等人的墓志，由此确定这片区域就是韩延徽家族的墓地。在出土的墓志上，都刻有"葬宛平县房仙乡鲁郭里"的字样。有学者认为，"鲁"指的就是鲁国公韩延徽，"郭"指的就是墓葬群外围的城墙。从这片庞大的墓葬群可以看出，当时的韩延徽家族是何等的显贵。

五、传奇女子萧太后

萧绰（953—1009），又名"燕燕"，原姓拔里氏，是辽景宗耶律贤的皇后、辽圣宗耶律隆绪之母，同时也是一位杰出的政治家和军事家。

萧氏在辽朝是非常有势力的豪门大族，前面的内容中曾经提到过，辽朝的太后都出自萧氏。其中最有名的，也是老百姓口中经常提到的"萧太后"，就是接下来要讲的萧绰。

萧绰是燕国公主驸马、南京留守萧思温的女儿。她生得落落大方，且自幼聪明伶俐，行事果断，很有耐心。据《辽史》记载，萧绰小时候和姐妹们一起打扫卫生，别人贪玩应付，只有萧绰一丝不苟，收拾得干干净净。萧思温当时就说："我这个女儿将来一定能干出一番大事！"

辽应历十九年（969）二月，穆宗在黑山打猎时被侍卫杀害。萧思温拥戴与自己关系密切的耶律贤登上皇位，这就是辽景宗。辽景宗即位后对萧思温大加封赏，任命其为北院枢密使兼北府丞相，同时将他的女儿萧绰选中入宫为妃。萧绰十分受宠，入宫不到3个月就被册封为皇后。

辽穆宗统治后期，暴虐荒政，辽朝已经呈现出衰败的迹象。辽景宗虽然很想通过自己的努力，带领契丹走向强盛，但是由于他体弱多病，很多事情往往力不从心。萧绰在治国理政方面很有才干，17 岁时就开始协助辽景宗处理军政要事，辽景宗也渐渐地默许她越来越大的权力。

据《契丹国志》卷六记载，"燕燕皇后以女主临朝，国事一决乎其手。大诛罚、大征讨，番汉诸臣集众共议，皇后裁决，报之帝知而已"。就是说，当时辽朝的一切政务基本上都是由萧绰裁决的，辽景宗只是知晓相关情况，很少进行干预。除了治国理政，萧绰还能"亲御戎车，指麾三军"，可谓是文武双全，女中豪杰。

辽保宁八年（976），景宗下令，以后史官在记录皇后言论的时候，也称"朕"或者"予"。这条规定相当于明确了萧绰的地位已经与皇帝等同。在萧绰的不断努力下，辽朝逐渐强盛起来，开始走向繁荣。

辽乾亨四年（982）九月，景宗在外出狩猎的途中病逝，时年 35 岁。他在去世前留下遗言，令年仅 12 岁的梁王耶律隆绪继位，并将军国大事都交由尚不满 30 岁的皇后萧绰决断。新皇即位，萧绰担心母寡子弱，势力庞大的宗室亲王可能会趁机造反，于是她故意在耶律斜轸、韩德让等大臣面前示弱流泪，让他们立下重誓忠心辅佐。随后，萧绰任命耶律休哥为南京（今北京市）留守，总管南疆边防；任命耶律斜轸为北院枢密使，总管内政事务。同时，萧绰采纳南院枢密使韩德让的建议，剥夺了宗室亲王手中的兵权。萧绰在辽圣宗即位之初的一系列安排，稳定了内部局势，消除了宗室夺位的隐患，其卓越的政治才能可见一斑。

辽统和元年（983），圣宗及群臣尊萧绰为"承天皇太后"，萧太后正式临朝称制，总揽大权，开启了她长达 37 年（983—1009）的摄政生涯。在萧太后摄政期间，辽朝的发展达到了鼎盛。

辽统和四年（北宋雍熙三年，986），宋太宗赵光义发动雍熙北伐，萧太后派兵迎战，并亲自上阵指挥。老百姓家喻户晓的"杨家将"故事就发生在这一期间，故事中的杨老令公，就是宋将杨业。当时，杨业在陈家谷口（今山西省朔县南）兵败被俘，但是他拒不投降，绝食而死。萧太后其实十分敬佩杨老令公的英勇和坚贞不屈的精神，但是为了振奋辽军士气，打击宋军，她还是下令将杨业的头颅割下，装在盒子里在将士中传送。最终，雍熙之役辽军大获全胜。后来，萧太后下令在古北口修建"杨令公祠"，一方面是为了纪念杨老令公的忠勇，另一方面也是为了激励辽军将士像杨业那样，英勇奋战，鞠躬尽瘁。这次事件充分显示出萧太后卓越的军事指挥才能和高明的政治手腕。

辽统和二十二年（北宋景德元年，1004），萧太后和辽圣宗亲率 20 万大军攻宋，辽军势如破竹，一路攻至澶州（今河南省濮阳市）。北宋方面，宋真宗也亲自领兵上阵。双方各有胜负，僵持不下。最后，辽、宋双方决定议和，达成"澶渊之盟"。澶渊之盟订立后，辽宋之间很长一段时间内都处于和平稳定的局面。

萧太后像

南京是辽五京中经济实力最为雄厚的一个，人口众多，还设有全套的行政机构。为了保证这样一个庞大城市的正常运行，粮食供应便显得至关重要。当时从辽河平原向南京运送的粮食，需要先经陆运到达天津，再从天津经河运到达潞县（今北京市通州区），然后从潞县通过陆运到达南京城。别看从潞县到南京城仅有几十里的路程，在当时只能全靠人力，尤其到了雨季，道路泥泞不堪，难以通行。这种运输方式不仅耗时费力，而且费用高昂。萧太后抓住澶渊之盟订立后难得的和平发展期，调集兵士修建从南京城到潞县的运河。这条专门为漕运开凿的运河，又称"萧太后运粮河"，西起辽南京城东垣的迎春门，东至通州张家湾，全长20多千米，其遗址至今仍然存在。萧太后运粮河开凿后，漕运畅通，辽河平原运来的粮食可以先通过海运到达天津，再经由运河一路西行直达南京城。萧太后运粮河的修建，是北京历史上第一次专门为漕粮运输而开凿运河，也是萧太后对北京地区的发展做出的一大贡献。

辽统和二十七年（1009）十一月，萧太后为辽圣宗举行了辽国传统的"柴册礼"，宣布正式将皇权交还给辽圣宗。至此，萧太后结束了她在辽景宗、辽圣宗两朝将近40年摄政生涯，准备到南京城安享晚年。但遗憾的是，萧太后在前往南京的途中突然染病。同年十二月，萧太后病逝，在行宫中结束了她传奇的一生，享年57岁。

六、摄政汉臣韩德让

韩德让（941—1011），又名耶律隆运，辽朝著名政治家、军事家。韩德让是辽朝影响力最大、当权时间最长、享受礼遇最高的汉臣，在推进辽朝汉化改革、改善民族关系、领兵作战、与宋朝订立澶渊之盟等方面都发挥了重要作用。

关于辽朝，有句话叫作"二韩佐辽定天下"。这里的"二韩"指的是两个韩氏家族，一个是前面提到过的韩延徽家族，另一个就是韩知古家族。韩知古就是韩德让的祖父，在唐朝末年被辽俘虏。他善谋略、有胆识，深得辽太祖耶律阿保机信任，太祖命他主持制定各种礼仪和法规，契丹这才有了尊卑上下之分。

韩知古之子，也就是韩德让的父亲韩匡嗣，因为擅长医术而得到太祖皇后的喜爱。他英勇善战，极有谋略，先后担任上京留守、南京留守等职。韩德让从小深受祖父和父亲的影响，他本身也是聪慧过人，在长期的耳濡目染中，深谙治国理政之道。韩德让因为做事谨慎细致而闻名，他在辽景宗时期初入仕途，先后担任东头承奉官、枢密院通事、上京皇城使、上京留守等职。

辽乾亨元年（北宋太平兴国四年，979），韩德让代替父亲韩匡嗣镇守南京，担任权知南京留守事一职。五月，宋太宗率兵亲征，灭亡北汉政权，乘胜北上攻辽。六月底，宋军包围了辽南京。面对宋军的连续围攻，韩德让临危不惧，展现出非凡的军事指挥才能。他一方面稳定城内民心，另一方面亲自登上城楼，率领辽军顽强抵抗，直到耶律休哥率领援军赶到。随后，韩德让与耶律休哥、耶律斜轸一起展开反击，辽宋两军在南京城北的高梁河一带展开激战，宋军三面受敌，溃败而逃。韩德让因为护城有功，被辽景宗封为辽兴军节度使。乾亨四年（982），韩德让升至南院枢密使，成为当时辽朝权势最大的汉臣。

辽乾亨四年（982）九月，景宗去世，辽圣宗继位，萧太后摄政。据《辽史》记载，辽圣宗即位之初，主少国疑，皇室宗亲手中都握有重兵。萧太后召集韩德让和耶律斜轸，哭着说道："母寡子弱，族属雄强，边防未靖，奈何？"二人连忙上前答道："信任臣等，何虑之有！"随后，韩德让给萧太后出谋划策，找机会剥夺了宗室亲王手中的兵权，保证了辽内部局势的稳定。韩德让因拥立有功，被批准参与军政要事的决策，地位相当于摄政王。

辽统和元年（983），在韩德让的辅佐与支持下，萧太后在辽推行汉法，进行了一系列大刀阔斧的改革，推进了辽朝的封建化进程。韩德让打破了汉人和契丹人之间的芥蒂,以贤选官,只要是有治国才略的官员,不论是汉人还是契丹人,都能得到重用。另外,他还确立了辽朝的科举制度、清理狱中久滞的冤案、推行减税免税等措施,使辽朝逐步强盛起来,呈现出兴旺繁荣的局面。

辽统和四年(北宋雍熙三年,986),宋太宗发动"雍熙之役",派出 30 万大军攻辽。韩德让陪同萧太后和辽圣宗御驾亲征,大败宋军,回朝后被封为楚国公。统和二十二年(1004),萧太后与辽圣宗亲率大军南下攻宋,韩德让随驾陪同,参与了"澶渊之盟"的订立,宋辽进入和平发展期。不久,韩德让官至大丞相,总领南、北枢密院,集军政大权于一身。萧太后封韩德让为晋王,赐名"德昌",又赐皇族姓氏"耶律",使韩德让从奴隶身份变为契丹贵族。后来,辽圣宗又赐韩德让名"耶律隆运",像侍奉父亲一样对待韩德让,准许他可以上殿不拜,入朝不趋,每次出行都有百余名护卫相随。

统和二十九年(1011),韩德让在跟随辽圣宗征伐高丽的途中病逝。辽圣宗伤心不已,扶着韩德让的灵柩痛哭,下令追封韩德让为尚书令,谥号"文忠",并在辽景宗和萧太后合葬的乾陵旁边,为他建庙祭祀。韩德让成为辽朝唯一一个葬入皇陵的大臣。

七、周世宗北伐

契丹占领燕云十六州后,整个中原地区失去了防御屏障,完全暴露在契丹的军事威胁之下。为了重新收复幽燕地区,中原政权的统治者先后发动了三次攻打辽南京的战争,第一次便是周世宗领导的北伐。

后周显德元年(954),柴荣即位,这就是被称为"五代第一明君"的周世宗。柴荣是一个颇有雄心的皇帝,一心想要统一中原,即位之初便立下"当以十年开拓天下,十年养百姓,十年致太平"的宏伟目标。他在位期间，改革政治，选贤任能，发展经济，西败后蜀，南征南唐。在柴世宗的努力下，后周王朝疆界不断扩大，经济实力不断增强，群臣和百姓都很拥戴他。相比之下，同期辽朝的统治就比较混乱。辽穆宗耶律璟纵酒无度，常常大醉不醒，且昏庸残暴，滥用刑罚，被人们称为"睡王"。周世宗看到了辽穆宗的昏庸无能，认为这是攻辽的绝佳时机，因此他加紧整顿内政，派遣将领守卫边疆，开始为攻辽做准备。

后周显德五年（958），世宗派遣镇宁节度使张永德、成德节度使郭崇两将共同攻辽，形成牵制之效。显德六年（959），周世宗认为时机已经成熟，部署北征计划，命令义武节度使孙行友、侍卫亲军都虞侯韩通分别把守定州、沧州两地，他则亲自率兵北上。辽朝听闻周世宗北伐的消息后，急忙派遣军队进行抵抗。但是面对后周军队的猛烈攻势，辽军毫无斗志，逃跑的逃跑，投降的投降。周世宗仅用了 42 天，便连克益津（今河北省霸州市）、瓦桥（今河北省雄县）、淤口（今河北省霸州市信安镇）三关，收复宁州、瀛洲、莫州三州，"兵不血刃，北举燕南之地"（《五代史平话·周史卷下》）。后周北伐军一路向南京城逼近，南京留守萧思温软弱无能，无力抵抗，上报朝廷请求支援。当时辽穆宗正在山中打猎，听到消息后竟然说："三关以南本来就是汉人的土地，现在他们要收回去，就还给他们吧，这有什么大惊小怪的。"

在这种战况下，周世宗计划乘势攻取南京，并接连攻下了固安（今河北固安）和易州（今河北易县），擒获益州刺史李在钦。此时，后周军队气势正盛，若能继续前进，很有可能一举收复南京城。然而遗憾的是，老天跟世宗开了个玩笑，正当柴荣准备全面向南京城进军时，突然身染重病。当时，士兵们打仗只为领取奖赏，世宗病倒后，后周军队群龙无首，将士们拿不到赏钱，都无意继续进攻。无奈之下，世宗只得派遣将领断后，宣布班师回朝，一次绝佳的收复南京的机会就这样失去了。

同年六月十八日，壮志未酬的柴世宗带着无尽的遗憾在开封去世，年仅 39 岁。

八、宋辽激战高梁河

后周显德七年（960），赵匡胤发动陈桥兵变，黄袍加身，逼迫柴荣之子，后周恭帝柴宗训禅位。赵匡胤登上皇帝位后，以"宋"为国号，定都开封，史称"北宋"，他就是宋朝的开国皇帝宋太祖。宋太祖十分重视幽燕地区的战略地位，认为辽朝的存在是北方的一大威胁。据说他在国库之外设立了"封椿库"，想要用封椿库中的钱财与辽和谈，以期赎回燕云十六州；如果不能和谈，就把封椿库中的钱财作为军费，以战争的方式夺回失地。宋太祖为此准备了很多年，不断发展经济，积攒钱粮。但遗憾的是这一宏伟战略还未实施，在北宋开宝九年（976），宋太祖突然驾崩。

赵匡胤去世后，他的弟弟赵光义继位，就是宋太宗。宋太宗认为，只有夺回石敬瑭割让给辽朝的燕云十六州，才能实现真正意义上的政权稳定。北宋太平兴国四年（辽乾亨元年，979），宋太宗消灭了割据太原的北汉政权，随后挥师东进，想要乘胜攻打辽南京，收复幽燕之地。

初期，宋军行进顺利，接连收复了易州、涿州等地，并且在沙河大败辽将耶律奚底和萧讨古。宋军抵达南京城下，宋太宗在城南宝光寺设立作战指挥部，亲自指挥宋军围攻南京城。辽南京留守韩德让率兵固守城池，稳定局势，安定民心，宋军久攻不克。

宋军包围南京之时，辽景宗正在北方狩猎，面对如此紧急的军情，性格软弱的景宗一时间不知该如何应对，一度打算让辽军向北撤退，放弃燕蓟。然而，皇后萧绰深知南京的重要性，坚持与宋军作战，大将耶律休哥也主动请求带兵驰援南京城。

在南京城被宋军围困 20 多天之后，辽朝的援兵赶到，宋辽两军在城北的高梁河一带展开激战，史称"高梁河之役"。耶律休哥和耶律斜轸从左、右两翼合攻宋军，韩德让也派出守兵进行接应，宋军三面受敌，溃败而逃。耶律休哥在激战中身中数箭，仍然率领辽军一直追击到涿州，宋军死伤一万多人，辽军收回了之前被宋军占领的州县。宋太宗大腿中了两箭，在慌乱中坐上一辆驴车才得以逃脱。

这场战争中，原本是宋朝占据了有利地位，但是宋军却由优势一方转为劣势一方，最后以失败告终。究其原因，一是攻克太原后，众将都认为宋军经过连续激战已经十分疲累，不适合继续作战。只有宋将崔瀚上奏表示，应当借着当前的良好势头，乘胜追击，这样才更容易取得最终的胜利。崔瀚的话正好符合宋太宗的求胜之心，太宗下令继续作战，希望一举攻破南京城。但是，宋太宗在没有正确估计南京城防守力量的情况下，就仓促出兵，导致宋军久攻而不下，加上酷暑难耐，粮草供应也不及时，士兵们怨声载道。二是根据史料记载，当时的宋军内部可能发生了兵变，主要是因为太原一战的奖赏没有及时发放，加上长时间连续作战，军心涣散不听指挥，导致了围而不攻、攻而不克的结果。初期的胜利也使宋军心生骄傲，轻敌冒进，稍有不顺信心就被重挫，难以进行反击。高梁河一战，中原政权再次丧失了收复幽燕的机会。

九、北宋第二次北伐——雍熙之役

辽乾亨四年（北宋太平兴国十年，982），辽景宗亲自领兵南征，在满城（今河北满城）遭遇宋军的伏击，辽军不敌，只好撤兵。撤兵后，辽景宗的心情一直很低落。同年秋，景宗在游猎途中忽然感染恶疾，很快便去世了，年仅35岁。

辽景宗去世后，他的长子耶律隆绪继位，朝廷大事都由太后萧绰决断。与此同时，宋朝的统治相对稳定，文治方面编纂完成《太平御览》，武功方面，朝廷上下都希望夺回燕云十六州，一雪高梁河之战的耻辱。在这种情形下，宋太宗认为，辽圣宗不过是一个 12 岁的孩子，萧太后不过是一名未满 30 岁的妇人，可以说是母寡子弱，辽朝的统治一定不稳。于是，宋太宗准备再次出兵，旨在夺回燕云十六州。

然而，宋太宗错误地估计了辽方的形势。由于辽景宗体弱多病，辽朝的军政大事一直由萧太后协助处理，她不但有政治手腕，还能领兵打仗。朝廷上，文有宰相韩德让，武有大将耶律休哥和耶律斜轸等，大臣们全都忠心耿耿。朝野上下，一派清明。时任南京留守的耶律休哥，治军严明、改革弊政、统一刑罚、鼓励农桑，南京城内一片安定和谐的景象。

北宋雍熙三年（辽统和四年，986），宋太宗派出 30 万大军，分别从陆路、水路向北进发。陆军方面分为东、中、西三路。东路军以曹彬、米信为主将，从雄州（今河北省雄县）出发北上，这是进攻辽南京的主力部队。中路军以田重进为主将，从飞狐口（今河北省蔚县）出发，在军都山附近进行策应。西路军以潘美为主将，以号称"杨无敌"的杨业为副将，进攻云朔地区（今山西省大同市等地），目的是阻截辽朝从大同向南京派出的援军。同时，还有一路水军，负责攻占辽西走廊，防止辽军从榆关南下支援南京。宋太宗进行了严密的部署，在他的计划中，东路主力求稳，让西路先打，三路大军会师后，再一举攻占南京城。这样安排，一是想等西路军取胜后，和中路军一起牵制辽方援兵，二是担心如果东路军入敌太深，粮草可能供应不上。

战事初期，宋军节节胜利。西路军连克寰州、应州、朔州、云州等地，中路军也一路向前，直取蔚州。但是，东路主将曹彬担心西路功劳太大，他急于立功表现，竟贸然进军，攻打涿州。由于辽朝的援军还未赶到，耶律休哥便采取游击战术，与东路军周旋，并截断了宋军粮道。东路军粮草难以为继，被迫退回白沟进行补给。曹彬没有吸取第一次失败的教训，补给完粮草后，再次北上攻打涿州。萧太后和辽圣宗亲自率兵南下支援，同耶律休哥一起，两面夹击宋军，在岐沟关展开激战。东路军死伤数万人，溃不成军。

东路宋军惨败，辽军遂转向西线进行增援。杨业知道西路宋军独力难支，不是辽军的对手，难以扭转败局，因此主张撤退。但是西路主将潘美妄图建立奇功，强行命令杨业继续东进。杨业在朔州中了辽军的埋伏，监军王侁怯阵逃跑。杨业失去支援，孤军奋战，终因寡不敌众，在陈家谷口（今山西省朔州市西南）被俘，绝食而死。

雍熙之役是北宋对辽主动发起的第二次战略进攻。这次战争的失败彻底改变了宋辽两方的军事态势，北宋被迫由进攻转为防御，在对辽关系上"终宋不振"，此后再无机会夺取幽燕地区。

十、澶渊之盟

在雍熙北伐中惨败后，北宋转攻为守，辽朝则开始步步紧逼，频频在宋辽边境制造摩擦。自辽统和十七年（北宋咸平二年，999）起，辽朝不断派兵进行挑衅，抢夺财物，杀害百姓，边境居民深受其苦。杨延昭（杨六郎）和杨嗣等人率领宋军积极抵抗辽兵的侵扰，北宋边防承受了极大的压力。

辽统和二十二年（北宋景德元年，1004），萧太后和辽圣宗以收复瓦桥关（今河北省雄县旧南关）为名，亲率 20 万大军攻宋，一路南下打到黄河边。辽军连破多个城池，并俘虏了宋臣王先知、王继忠等人。战况传来，北宋朝廷大为震动，部分大臣建议宋真宗向南撤退以避强敌。宋真宗本来也想迁都南逃，但是宰相寇准坚决反对逃跑的做法，他力劝皇帝御驾亲征。宋真宗被迫披挂上阵，北上澶州（今河南省濮阳市）进行督战。宋军见皇帝亲自前来，备受鼓舞，士气大增，宋将张环（一说周文质）在澶州城下用弩箭射杀了辽朝大将萧挞凛，辽军颇为受挫。萧太后闻讯痛心不已，辽廷为此辍朝五日。接下来的几次交锋中，双方各有胜负。

其实，宋、辽经过二十几年的对抗，都已经疲于战事，并且从双方的实力来看，谁都不可能彻底打败对方，因此两边均有议和之意。据《辽史》卷八十五记载："将与宋战，挞凛中弩，我兵（辽兵）失倚，和议始定。或者天厌其乱，使南北之民休息者耶！"意思是与宋开战之际，大将萧挞凛中弩身亡，辽军失去了可以倚仗的力量，开始考虑罢兵休战。这或许是老天也厌恶了多年的战乱，想要让南北的百姓都休养生息吧！

辽统和二十二年（宋景德元年，1004）十二月初四，经过多次谈判，宋、辽最终达成协议：双方结为兄弟之国，辽圣宗年幼，称宋真宗为兄长，宋真宗称萧太后为叔母；宋、辽以白沟河为界，辽将涿州、瀛洲、莫州还给北宋，双方撤兵；北宋每年给辽10万两白银和20万匹绢作为岁币，在南京城进行交割；宋、辽之间开展自由贸易。协议在澶州（今河南省濮阳市）订立，澶州在当时也叫澶渊郡，因此历史上称这一和议为"澶渊之盟"。

澶渊之盟的订立，结束了宋、辽之间长达25年的战争，在随后100多年的时间里，双方没有发生大规模的战事，长期处于和平稳定的局面。北宋给辽的岁币只占当时宋对辽军费的大约百分之一，却换来了彼此之间良好的发展环境，对双方的贸易关系、民间往来、民族融合等都十分有利。辽南京成为宋、辽双方经济、文化交流的中心，辽朝的政治中心也逐渐向南京偏移，为南京在金朝时成为正式的都城奠定了基础。

十一、佛教发达的南京城

辽朝时期，佛教十分盛行，尤以南京城的寺庙数量为最多。宋使许亢宗曾说，南京城"僧居佛宇冠于北方"。南京的佛教发展之所以如此兴盛，既有历史因素的影响，也和当时的社会情况密不可分。

首先，晚唐和后周的两次灭佛运动，导致西僧东来，南僧北流，给幽州地区的佛教发展带来了机会。佛教自汉明帝时，从印度东传至我国，经过长时间的发展，在隋唐时期达到鼎盛。到唐晚期，由于出家不用缴纳赋税，以及不用承担徭役，加之大量金属用于铸造佛像，致使国家税收减少、征兵困难，给国家带来了沉重负担。唐武宗即位后，开始对佛教进行大规模整顿，于会昌二年（842）至会昌五年（845）间，发动了灭佛运动。据《旧唐书·武宗本纪》记载，在这次灭佛事件中，共拆毁寺庙4600余所，26万余名僧尼被迫还俗，拆除兰若4万余所，收回耕地数千万顷，没收奴婢15万余名。当时的幽州属于比较偏远的地区，法令的执行没有那么严格，于是很多僧人，尤其是五台山的僧人，都选择向东逃到幽州栖身，使当地的佛教文化得到了很大的发展。到了五代后周时期，世宗柴荣为了发展经济，于显德二年（955）对佛教进行整顿，不允许百姓私自出家，拆除没有登记在册的寺院，没收民间的佛像和法器等来铸成铜钱。在这次法难中，"所存寺院凡二千六百九十四所，废寺院凡三万三千三百三十六，僧尼系籍者六万一千二百人。"（《旧五代史·周书·世宗纪二》）。

南京的佛教兴盛与辽朝的社会情况也有直接关系。契丹政权与中原政权连年征战，幽燕地区处于战略要地，百姓深受战争之苦。辽朝统治者为了稳定统治，缓和矛盾，大力采取佛教保护政策，利用宗教在精神上对民众加以安抚，减轻人民的反抗情绪。

南京城内外建有很多规模宏大、造型优美的佛教建筑。现存最著名的是位于今北京市西城区广安门外天宁寺内的天宁寺塔。天宁寺始建于北魏孝文帝时期，初名"光林寺"，后来名称几经变更，于明宣德十年（1435）改称天宁寺。天宁寺塔位于天宁寺的中心，始建于辽天祚帝天庆九年（1119），初名"天王寺舍利塔"，是一座八角十三层檐密檐式实心砖塔。根据建塔碑上的记载，天宁寺塔高203尺，约合现在的67米，实际测

天宁寺塔 （摄影　贾冬明）

量高 58.42 米。天宁寺塔是北京城区现存最古老的地上建筑，其雄伟的造型和精美的雕刻，充分体现了辽代的建筑风格，被建筑学家梁思成称赞为"富有音乐的韵律，是中国古代建筑设计中的杰作"。1988 年，天宁寺塔被列为全国重点文物保护单位。

位于今北京市门头沟区马鞍山上的戒台寺，是我国北方保存着最多、最完整辽代文物的寺院。戒台寺始建于唐武德五年（622），初名慧聚寺。辽咸雍五年（1069），在寺内建造了一个很大的戒台，故又称为"戒台寺"。这个戒台是我国现存最大的戒台，虽然经历过多次修缮，但是仍然可以看出辽代的建筑风格。戒台寺中保留了很多辽代的佛塔、经幢等珍贵遗存，对研究辽代佛教历史具有十分重要的意义。1996 年，戒台寺被列为全国重点文物保护单位。

除了兴建寺院，辽朝还大规模刻印经书。隋朝僧人静琬曾在涿州白带山（今北京房山）取石刻经，并在山下修建了云居寺。静琬去世后，他的门人弟子继续凿刻石经。到了辽代，佛教发达兴盛，辽帝为了表示对刻经事业的支持，下令由朝廷出钱，并委派官吏专门负责筹办刻经事宜。著名佛教文化典籍《契丹藏》就是辽朝时雕印的，为研究辽南京地区的历史和佛教发展情况提供了宝贵的资料。1974 年，文物工作者在检查山西应县木塔各层塑像的残破状况时，在四层的主像胸中，意外地发现了大量的佛经典籍。这些佛经全部为卷轴装，字体为楷书，结构端正严谨，写、刻俱佳，印刷精美。从经卷的题记看，这些经卷的刊刻地点大部分为燕京。如其中的《上生经疏科文》一卷，卷首镌有"燕台悯忠寺沙门诠明改定"，卷尾镌有"时统和八年岁次庚寅八月癸卯朔十五日戊午故记。燕京仰山寺前杨家印造。所有讲赞功德，迴施法界有情。"三行题记。统和八年即990 年。上述题记准确地标明，此经是 990 年在北京印造的。这件经卷是目前发现的北京地区最早的印刷品。还有一卷是《称赞大乘功德经》，总长为 275.3 厘米。从卷尾的题记中得知，

《称赞大乘功德经》统和二十一年燕京刻本①③②④⑤

《称赞大乘功德经》统和二十一年燕京刻本②

《称赞大乘功德经》统和二十一年燕京刻本③

《称赞大乘功德经》统和二十一年燕京刻本④

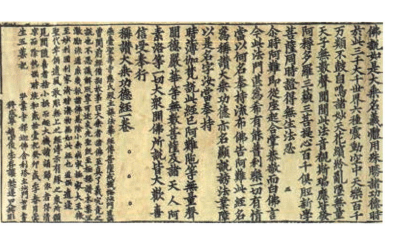

《称赞大乘功德经》统和二十一年燕京刻本⑤

此经是由燕台圣寿寺沙门道讓出资雕印，时间是辽圣宗耶律隆绪统和二十一年（1003）三月五日，弘业寺沙门智云书写上板，穆咸宁等四人雕刻的。此经在发现的经卷中最为完整。这些刻经，真实地反映了当时北京地区印刷业的发展规模与工艺水平。

一、完颜阿骨打建立大金

女真族是生活在我国东北"白山黑水"（指长白山和黑龙江）间的少数民族，祖先是附属于西周的肃慎，汉朝时称为挹娄，南北朝时期称为勿吉，隋唐时称为黑水靺鞨。五代时期，黑水靺鞨附属于契丹，契丹称之为女真。据《金史·世纪》记载，契丹攻占渤海国后，将南方汉化程度较深的女真族收编入契丹籍，称为"熟女真"，而北边不在契丹籍中的女真族，称为"生女真"。

长期以来，女真族深受辽朝统治者的剥削和压迫，他们不但要向辽朝进贡人参、貂皮、名马、北珠等各种特产，还要遭受契丹贵族的奴役。辽朝晚期政治腐朽黑暗，天祚帝贪图享乐，昏庸无能，阶级矛盾和民族矛盾已经十分尖锐。辽天庆三年（1113），完颜阿骨打成为女真部落联盟的首领，他看到辽朝的统治已渐渐走向衰落，于是决定联合女真各个部落起兵抗辽。辽天庆四年（1114），完颜阿骨打率领 2500 余名女真将士，在来流水（今拉林河）进行誓师，正式向辽发起进攻。一开始，天祚帝并不把完颜阿骨打放在眼里，但辽军很快在宁江州（今吉林扶余）被女真打败，死伤惨重。女真乘胜追击，锐不可当，连克数州。

辽天庆五年（1115）夏历正月，完颜阿骨打认为称帝时机已经成熟，正式即皇帝位，国号"金"，建元"收国"，定都上京会宁府（今黑龙江省哈尔滨市阿城区），完颜阿骨打成为金朝第一位皇帝——金太祖。

关于金朝的国号"金"的由来有几种说法：一说女真族源起于按出虎水，"按出虎"在女真语中就是"金"的意思，传说此水可以产出黄金。所以女真人以金为国号，又称"金源"。另一种观点认为，完颜阿骨打建立金朝时，对群臣说道："'契丹'的意思是镔铁，镔铁虽然坚硬，迟早也会生锈变坏，只有金子可以保持永久不变。"于是以"金"作为国号，寓意金能克铁，且金朝的皇位可以永远传承下去。还有一种观点认为，最初金朝并没有确定国号，宋金达成海上之盟后，宋朝认为与自己相配的五行是"火"，于是向女真人提议以"金"为国号，取火能克金之意，希望能够镇压住女真。当时女真人并不了解这些，还以为宋是好意，便欣然接受了宋的建议，以"金"作为自己的国号。

二、宋金海上之盟

相比于快速崛起的金朝，辽朝江河日下，北宋的统治者宋徽宗再次心生收复燕云十六州之意。早在北宋政和元年（辽天庆元年，1111），宋徽宗就曾派使臣童贯前往辽朝以探虚实。生活在辽南京的汉人马植有意投靠宋朝，特来拜见童贯，并献出收复燕云十六州的策略。马植认为，辽天祚帝昏庸无能，统治黑暗，女真饱受欺压，意欲反抗，因此宋朝可以联合女真，共同抗辽。童贯听后大喜，随即将马植引荐给宋徽宗。宋徽宗很是欣赏马植的策略，采纳了他的伐辽之计，并赐马植国姓，从此马植改名为赵良嗣。此后，宋朝多次派使臣从登州（今山东省蓬莱市）、莱州（今山东省莱州市）出发，渡海到达辽东，与女真共商灭辽事宜。

金太祖建立金朝后，便将辽五京作为攻打目标。金收国二年（北宋政和六年、辽天庆六年，1116），金军占领了辽东京（今辽宁省辽阳市）。金天辅四年（北宋宣和二年、辽天庆十年，1120），宋徽宗命令赵良嗣、马政等人假借买马之名，通过海道前往金朝进行商谈，宋金双方最终达成夹攻辽朝的盟约。宋金约定，宋军负责进攻辽南京（今北京市）和辽西京（今山西省大同市），金军负责进攻辽上京（今内蒙古赤峰市巴林左旗）和辽中京（今内蒙古赤峰市宁城县）；灭辽后，双方以长城为界，金朝占据辽朝故地，并将燕云十六州还给宋朝，宋朝将原来每年交付给辽的岁币转纳给金。由于宋金之间被辽阻隔，无法通过陆路直接接触，只能经由渤海进行往来，因此宋金达成的盟约又称为"海上之盟"。

海上之盟订立后，金军对辽发动全面攻势。金天辅四年（1120）五月，金军攻克辽上京并连克数州。天辅六年（1122）正月，金军攻陷了辽中京，辽天祚帝狼狈逃往夹山（今内蒙古土默特左旗北）。同年四月，金军又攻占了辽西京。

而宋朝一方却幻想着依靠金军攻辽，趁机坐收渔利，并未积极展开备战。宋徽宗竟然还天真地认为，辽南京守军能够主动投降，归还幽云故地，并且派使者前去劝降。辽军对宋朝这种乘人之危的举动很是愤恨，进行了顽强的抵抗，加上宋将指挥上出现失误，宋军两次进攻燕京均以失败告终。

宋朝以武力直接收复燕京的计划彻底无望，只得向金军求助。金天辅六年（北宋宣和四年、辽保大二年，1122）十二月，金太祖亲自率兵，从居庸关南下。守城的辽军闻讯弃城而逃，金军顺利攻占了辽南京城。至此，辽五京尽归金军所有。

三、短暂的北宋燕山府

金军占领辽南京后，宋徽宗派赵良嗣等人前去商议幽云故地的归属问题。此时宋朝仍想按照海上之盟中的约定，让金朝归还燕云十六州。但是由于辽南京是金军攻下的，金朝自然不会同意宋朝的要求，只答应将燕京和太行山山前的涿州、易州、蓟州、景州、檀州、顺州六州还给宋朝，并且要求宋朝每年从燕京的税收中拿出 100 万缗钱，作为金军攻占燕京的补偿。

当时宋廷上下只想尽快收复燕京，一雪前耻，建立所谓的"不世之功"，全盘接受了金朝提出的条件。北宋宣和五年（金天辅七年，1123）四月，宋金就交割燕京等地达成协议，金军从燕京撤兵。临走之前，金军将燕京的金银财物抢掠一空，将城墙、宫殿尽数毁坏，还把辽南京原来的官吏、工匠，以及家产在 150 贯以上的富裕百姓全部迁到了关外，还给宋朝的只是一座残破不堪的空城。

早在北宋宣和四年（1122）十月，宋军还没有攻下燕京的时候，宋徽宗自信收复燕京毫无悬念，于是事先将辽南京改置为"燕山府"，设燕山府路。据《宋史·地理志》记载，燕山府路共辖一府九州二十县。但实际上，涿州和易州本来就是宋军占领的，平州、营州、滦州仍归金所有。所以，金朝实际上还给宋朝的，只有燕山一府，和蓟州、景州、檀州、顺州四州而已。燕山府所辖的析津县、宛平县、昌平县、良乡县、潞县、漷阴县、玉河县、都市县，檀州所辖的密云县、行唐县，以及顺州所辖的怀柔县，均在今北京市境内。

当初金太祖在离开燕京的时候，对周围人说道："两三年后，大金一定会再次夺回此城！"没想到金太祖一语成谶。金天会三年（1125）二月，金军俘虏了天祚帝，辽朝灭亡。消灭了辽朝残存势力之后，金朝便将矛头对准了北宋。十月，完颜宗望领兵攻打燕山府，守将郭药师叛宋降金，燕山府只存续了不到 3 年，再次归金朝所有。随后，金朝恢复燕京之称，设置燕京路。金天会四年（北宋靖康元年，1126）闰十一月，金军攻陷北宋都城东京（今河南省开封市）。天会五年（北宋靖康二年，1127）二月初六，徽钦二帝被俘，金太宗下诏将二人废为庶人，北宋灭亡。金军共俘虏了 3000 多名宋朝宗室和官员，宋徽宗第九子康王赵构侥幸南逃至南京应天府（今河南省商丘市），登基称帝，建元建炎，国号仍为宋，史称"南宋"。

四、完颜亮迁都燕京

金朝统治者高度重视燕京的战略位置。金复取燕京后，便将总管国家军事的枢密院迁移到这里，随后还陆续设立了行政、军事、经济等机构。燕京成为金朝向南扩张的大本营，初具了都城的部分功能，为后来正式迁都于此打下了基础。

金熙宗统治后期，政治日渐腐朽，朝廷中出现了废帝的声音。金太祖完颜阿骨打的庶长孙完颜亮开始到处结党，密谋篡位。金皇统九年（1149）十二月初九，完颜亮与其党羽谋弒金熙宗，自立为帝，改年号为天德。

金朝的实力一直不断增强，到金熙宗皇统年间，淮河以北包括东北、华北、西北以及中原北部的近半个中国，都在金朝的统治疆域内。然而都城上京会宁府偏在东北一隅，且气候恶劣，经济落后，已经不能满足金朝进一步向南扩张的需要。新皇帝完颜亮深受汉族文化的影响，锐意改革，胸怀破除女真旧制、一统天下的决心。会宁府是女真保守势力最强大的地区，宗室贵族对完颜亮的篡位行径多有不满，因此完颜亮想通过迁都来彻底摆脱守旧派和反对派的威胁与阻挠。此时，燕京已成为金朝在华北地区的统治中心，经济、文化等各方面都要优于上京，是都城南迁的首选之地。经过一系列综合考虑，完颜亮决定迁都燕京。

金天德五年（1153），完颜亮正式下诏，将都城从会宁府迁到燕京，改燕京为中都，改析津府为大兴府。完颜亮迁都后，为了彻底毁掉金熙宗在任的痕迹，打击女真贵族反对势力，于正隆二年（1157），命令所有的宗室贵族都必须迁往中都，撤销在上京的留守司衙门，废除会宁府的上京称号，将宫殿、宗庙、住宅、寺院等全部夷为平地。

完颜亮迁都燕京，代表着女真的汉化程度已经达到相当高的水平，女真族和汉族可以融合共存，这也是金朝政治、经济、文化发展的必然结果。完颜亮的迁都之举具有深远影响，是北京历史上具有划时代意义的大事。辽朝之前，幽州地区只是军事重镇，其在军事方面的重要性，远远超过了其在政治方面的意义。辽朝时，幽州变为陪都，地位有所上升，但是当时整个辽王朝的统治中心仍在辽上京和辽中京地区，辽南京只是其南部疆域的政治中心。完颜亮迁都之后，金中都成为拥有中国半壁江山的金王朝的统治中心，也是中国北部的政治、经济、文化中心。至此，北京正式成为一代王朝的都城，并一直延续了元、明、清三代。

五、五京制度的沿袭和变化

完颜亮迁都后，仿照辽朝制度，也设置了五京。金朝五京为中都大兴府（今北京市，原辽南京）、东京辽阳府（今辽宁省辽阳市，原辽东京）、西京大同府（今山西省大同市，原辽西京）、南京开封府（今河南省开封市，原北宋东京）、北京大定府（今内蒙古赤峰市宁城县，原辽中京）。在五京中，燕京的地理位置位于正中，因此命名为"中都"。

金朝在地方行政制度上，受宋朝的影响比较大，实行路、府（州）、县三级制。"路"是金朝的地方最高行政区划，相当于现在的"省"，大体上因袭了辽朝的"道"和宋朝的"路"。路的下一级是府、州。金朝的州分为三个等级，节度使州的级别最高，防御使州次之，刺史州的级别最低。府、州统领着县。

具体到金中都地区，设中都路，共领 1 府 13 州 49 县。当时的金中都路相当于现在的北京市大部分地区、河北省的中部和东部地区。中都路下设大兴府，大兴府的治所就在中都城内。大兴府下辖大兴、宛平、安次、漷阴、永清、宝坻、香河、昌平、武清、良乡共十县。中都城内沿袭了唐幽州城和辽南京城的建置，东西各设一个附郭县，东为大兴县，西为宛平县，其余八县在中都郊区。

大兴府的大兴、宛平、潞阴、昌平、良乡五县，通州的潞县，涿州的奉贤县，顺州的密云、温阳二县，以及蓟州的平峪县，均在今北京市境内。

六、独特的猛安谋克制

据《金史·地理志》记载，金中都路共有 84 万余户居民，按照金朝平均每户 6 口人来计算，当时中都路的人口多达 500 余万，占整个金朝的九分之一，远超辽南京道的人口。中都路的人口密度，在整个金朝统治疆域来看，都是最大的。其中，大兴县和宛平县这两个附郭县的人口约为 80 万，也就是说，北京在 800 多年以前，就已经发展成为一座拥有将近百万人口的大都市了。

女真族早期的组织结构是以血缘关系为纽带的部落联盟形式，实行军政合一的"猛安谋克"制度。据《金史·兵志》记载，"猛安"指千夫长，"谋克"指百夫长。猛安谋克是女真的军事和社会组织单位，平时游牧渔猎，战时自备武器进行作战。后来金太祖完颜阿骨打规定，一猛安管理十谋克，一谋克管理三百户。金朝建立后，猛安谋克作为一种特殊的地方行政单位存续下来，猛安的级别相当于防御州，谋克相当于县，但是地位要高于县。

猛安谋克户作为一种特殊的户籍制度，与编户齐民并行，"编户齐民"指被正式编入政府户籍的平民百姓。完颜亮迁都后，将大量的猛安谋克户从上京迁到中都，并且分配给他们很多土地。但是由于猛安谋克户长期以来以游牧渔猎为主，并不习惯日出而作、日落而息的农耕生活，他们手中的田地大都无人耕种，一片荒芜。而普通老百姓却无田可种，故此金中都地区的农业生产曾一度发生倒退。后来，猛安谋克户与汉族人民杂居，经过长期的民族交流与民族融合，他们也逐渐融入了耕作生活。

金中都地区的寺院经济十分发达，有很多农民都处在半隶属于寺院的状态，又称"二税户"。此外还有大量未登记在册的奴婢、流动人员等。中都路的人口数量之多、人口密度之大可以想见。

七、承前启后的金中都

金中都是在辽南京城的基础上，参照宋朝汴京（即宋朝都城东京）的规制扩建而成的，吸取了中原地区都城建设的精华，为元朝都城和宫殿的营建提供了借鉴，在我国都城建设史上起到了承前启后的作用。

完颜亮刚即位的时候，就有了迁都之意。据史书中记载，天德元年（1149），完颜亮命令左右丞相张浩、张通，左丞蔡松年，征调民工，按照汴京的制度修筑燕京（《日下旧闻考》卷三七引《大元一统志》）。完颜亮还让画工在图纸上描绘出汴京宫殿的格局和规模，让张浩等人对着图纸进行修建（《日下旧闻考》卷二九引《金图经》）。

扩建金中都的工程耗费了大量的人力物力，前后参与营建的百姓有 80 多万，军士有 40 多万。宫殿都是用黄金五彩进行装饰的，精美华丽，令宋人也为之惊叹，南宋文人范成大就曾用"穷奢极侈"来形容金中都。由于完颜亮急于迁都，扩建金中都只用了一年左右的时间，其壮丽外表的背后是对老百姓残酷的剥削与压迫。

外城

金中都采用的是汴京三套方城的格局，即外城、皇城和宫城。辽南京城的皇城偏在外城的西南角，为了仿照汴京的规制，将皇城置于外城的中央，金将辽南京城外城的东垣、西垣和南垣都向外进行了扩展，北垣仍然采用旧墙。这样一来，金中都的皇城就位于外城的中央稍微偏西南的位置了。

辽南京城的实际周长在 23 里左右，扩展后的金中都城周长达到三十五六里。经实际测量，中都城近似正方形，东垣长约 4510 米，西垣长约 4530 米，南垣长约 4750 米，北垣长约 4900 米，周长 18690 米，约合宋制的 35 里，与文献记载基本一致。

中都城外墙的东、西、南三面城墙至今仍有遗迹可寻。东南城角在今北京南站西南的四路通，东北城角在今北京市西城区的翠花街，西北城角在今军事博物馆以南的黄亭子，西南城角在今北京丰台区的凤凰嘴村。现在北京市丰台区的凉水河，就是当时中都城南垣外的南护城河；西城区的莲花河，就是当时的西护城河。

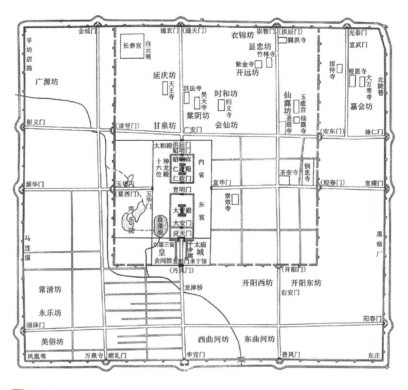

图 金中都平面示意图

据《金图经》与《大金国志》记载，金中都的外城共有十二门，东、西、南、北四面各开三门。东面，北为施仁门、中为宣耀门、南为阳春门；西面，北为彰义门、中为灏华门、南为丽泽门；南面，东为景风门、中为丰宜门、西为端礼门；北面，东为崇智门、中为通玄门、西为会城门。金朝后期，又在外城北垣崇智门的东边增辟了光泰门，因此《金史·地理志》记载中都城共有十三门。

皇城和宫城

金中都的皇城位于外城的正中偏西南处，据《金图经》与《大金国志》记载，皇城"四围凡九里三十步"。经实际测量，皇城的周长约为 5000 米，与文献记载大致相符。皇城的遗址位于今广安门外南滨河路的西侧。东墙在今广安门南线阁街和北线阁街东侧的南北一线上；南墙在今广安门以南，鸭子桥的东、西延长线上；西墙在今广安门外莲花河的东岸一线上；北墙在今广安门外大街南侧的东西一线上。

皇城共设有四门，东、西、南、北四面各开一门，东面是宣华门，西面是玉华门，南面是宣阳门，北面是拱辰门。从正南宣阳门进去的第二道门就是宫城的南门应天门（原称通天门）。宫城位于皇城的北部，约占皇城三分之二的面积。宫城的东、西、北三面城墙与皇城重合，共用东门、西门和北门。

过了应天门再往北，便是大安殿。大安殿是宫城内最主要的宫殿，"大安"取长治久安之意。在宫城的所有建筑之中，大安殿的规模最大，规制也最高，皇帝登基、皇太子册立等重要的政治活动，都在这里举行。大安殿的北边是仁政殿，其规制略小于大安殿，是在辽旧殿的基础上改建的。仁政殿是宫城内的第二大殿，皇帝临朝听政和处理日常政务就在此处。根据文献记载，金中都的宫城内共有 46 座富丽堂皇的宫殿，修建时所用的材料，甚至是殿中摆放的玉石珍宝，很多都是直接从

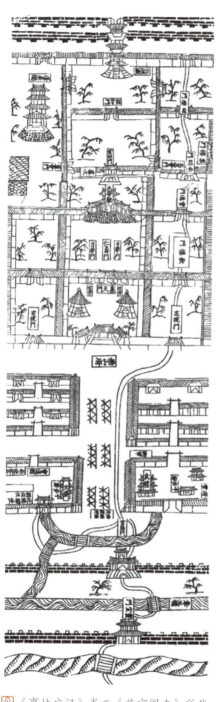

《事林广记》卷二《燕京图志》所载
《帝京宫阙图》

汴京城的建筑上拆下，再运到中都的。整个宫城的建筑风格，充分继承了北宋末年崇尚奢华的风气，其间饱含了无数劳动人民的血汗。

从外城南垣正中的丰宜门，经过皇城正南的宣阳门、宫城正南的应天门、宫城正北的拱辰门，直到外城北垣正中的通玄门，便是纵贯中都城南北的中轴线。城内的重要建筑物，都安排在中轴线的正中和东、西两侧。经考古发掘证实，中都城的中轴线在今北京市西二环广安门南街辅路的位置。

女真本来没有设宗庙的习俗，祭祀方面也只行拜天之礼。完颜亮迁都后，各种郊祀的礼制才逐渐完善。在营建金中都时，始建原庙，名为衍庆宫。此外，在南郊丰宜门外，设有圜丘，用于祭天；北郊通玄门外，设有方丘，用于祭地；东郊施仁门外，设有朝日坛，用于祭日；西郊彰义门外，设有夕月坛，用于祭月。金大定七年（1167），又建设了社稷二坛，用来祭祀土神和谷神。这些建筑，都体现出女真族和汉族之间文化习俗的融合。

北京建都纪念阙

2003 年，为了纪念北京建都 850 周年，北京市宣武区（今西城区）人民政府决定在滨河公园内的金中都大安殿遗址处修建"北京建都纪念阙"。

北京建都纪念阙的顶部为青铜斗拱造型，象征着金中都的宫殿。柱身是 4 根长 850 厘米的青铜柱，象征着建都 850 周年。阙身的南北两侧刻有"金宫殿故址"5 个字；东侧刻有侯仁之先生撰写的《北京建都记》；西侧刻有宣武区人民政府的《北京建都纪念阙记》。

八、从封闭式的坊走向开放式的街巷

据《大元一统志》（《日下旧闻考》卷三七引）记载，在金中都城的西南隅和西北隅有 42 坊，东南隅和东北隅有 20 坊，加起来共有 62 坊，比辽南京城的 26 坊增加了一倍以上。但是在《大元一统志》（《日下旧闻考》卷三七引）中只留下了 62 坊的坊名，如奉先坊、时和坊、咸宁坊等，各坊的位置大多已经无法考证了。加上除四隅以外的地方，金中都城内坊的数量可能在 70 以上。

唐幽州城和辽南京城的坊都是封闭式的，坊的四周建有围墙，坊门每天定时开闭，有着严格的管理制度。到了宋代，封闭式的坊制逐渐消失，开放式的街巷制兴起。金中都城保留了辽南京城旧有的封闭式的坊，但是在扩建的时候，吸收了宋代开放式的街巷格局，后来新建的部分居民区，四周已经不再建有围墙。所以在金中都城中，封闭式的坊和开放式的街巷并存，形成了独特的城市规划建设风格。

金中都城内开放式的坊制促进了商业经济的发展，在城北和城东，各有一个比较大的市场。金朝对中都城的商业活动十分重视，因此管理上也比较严格，设有专门的官吏负责货物定价、

北京建都纪念阙 （摄影　贾冬明）

货品称量，以及税赋的征收等。

城北市场的商业贸易十分发达，在唐代时就已经是繁华的闹市区，在这里可以买到来自各地的陆货和海货，街道两边的店铺鳞次栉比，热闹至极。金太宗时期，宋使许亢宗到达燕京，见到"城北有市，陆海百货萃于其中"（《日下旧闻考》卷一四六引《使金行程录》）。城东市场位于金中都城的东部偏南位置，当时又称为"南市"，在这里主要进行日用百货的买卖，人口密集，十分热闹。

九、西山八院和燕京八景

行宫苑囿的建造在我国历代都城的设计中，占有很重要的地位。金朝统治者颇爱山水之美，完颜亮在扩建金中都时，十分重视宫苑的布置，将发源于西湖（在中都城的西北郊，即现在的莲花池）的一条名为洗马沟的小河圈入城内，打造成同乐园，又称鱼藻池。到了金世宗和金章宗时期，战事稍平，社会比较安定，又增辟了多处行宫和园林。

金中都行宫、苑囿的建设，基本都是仿照北宋汴京的规制和样式，很多建筑原料都是来自汴京城中的建筑。北宋末年，宋徽宗酷爱奇石，曾经在汴京建造了"艮岳"（又称万岁山），用来摆放收集到的天下奇石。后来金世宗在中都城的东北郊修建离宫大宁宫的时候，派人到汴京将艮岳的太湖石运到了中都城，用于点缀大宁宫中的琼华岛。据说，现在北京市北海公园里白塔山上的太湖石，就是当时金世宗派人从艮岳上面拆下来的。

金章宗即位后，在金中都郊外依山傍水处，修建了8处行宫，称为"西山八院"。据北京民俗学会的考证，确定"西山八院"包括：玉泉山的泉水院，即现在的芙蓉殿，这是八大水院中最大的一个；凤凰岭的圣水院，即现在的黄普院；妙高峰的香水院，即现在的七王坟；北安河的金水院，即现在的金仙庵；阳台山的清水院，即现在的大觉寺；香山的潭水院，即现在的香山寺；妙峰山的灵水院，即现在的栖隐寺；双泉山的双水院，即现在的双泉寺。

现在著名的"燕京八景"，最早始于金章宗时期，在《明昌遗事》中，首次出现了"燕山八景"的条目。金朝时期的八景称为：太液秋风、琼岛春阴、金台（道陵）夕照、蓟门飞雨、西山积雪、玉泉垂虹、卢沟晓月、居庸叠翠。清乾隆十六年（1751），乾隆皇帝又亲自确定了"燕京八景"的名目：太液秋风、琼岛春阴、金台夕照、蓟门烟树、西山晴雪、玉泉趵突、卢沟晓月、居庸叠翠，并在每个景点处立碑题字。后世在提到"燕京八景"时，多采用乾隆钦定的名称。

金中都的行宫苑囿建设，极大促进了北京地区园林规划的发展，为后来元、明、清三代的皇家园林建设奠定了深厚的基础。

十、修建卢沟桥

卢沟桥位于今北京市西南的丰台区，横跨在永定河之上，是华北地区最长的古代石桥，也是北京市现存最古老的石造联拱桥。

金朝初年，卢沟河（清康熙年间改名为"永定河"）上并没有修建固定的桥梁，人们只能依靠简易的木制浮桥来通行。但是卢沟河水流极其湍急，尤其到了洪水季节，木桥难以承受汹涌的河水，交通基本上处于断绝状态。金中都建成后，卢沟渡口作为沟通南北的交通枢纽，其作用和地位更加突出，木制浮桥已经远远不能满足发展的需要。

金大定二十八年（1188）五月，金世宗下令在卢沟河上修建一座石桥，以方便人们出行。但是修建石桥的工程还没有启动，金世宗就病逝了。金章宗即位后，于大定二十九年（1189）六月，再次下令在湍急的卢沟河上建桥。明昌三年（1192）三月，石桥终于建成，金章宗亲自命名为"广利桥"，寓意"广利天下众生"。因为该石桥横跨在卢沟河上，所以后来又被叫作"卢沟桥"。从此，从金中都到金南京之间的交通畅通无阻，不用再担心洪水的威胁。

卢沟桥为十一孔联拱桥，整个桥身都是白石结构，关键的部位用银锭铁榫连接起来。经测量，卢沟桥全长266.5米，桥面宽约7.5米，可以容纳10个人骑马并行。卢沟桥的设计既科学又美观，充分体现了我国古代劳动人民的智慧和高超技艺。桥墩的平面呈船形，在桥墩的迎水面设计了分水尖，可以有效减轻水流的压力。在分水尖上还装有三角形铁柱，这样可以保护桥墩免受浮冰的正面撞击。

桥的南北两侧设有望柱，北侧共有140根，南侧共有141根。每根望柱上都雕刻着一只大石狮，大石狮头上、足下或胸前背后雕有小石狮，每只石狮都形态各异，栩栩如生。有一句老百姓耳熟能详的歇后语叫作"卢沟桥的狮子——数不清"，形容的就是卢沟桥石狮的数量之多。根据1962年北京市文物部门的清点统计，卢沟桥共有大小石狮485只。后来文物工作者又对石狮进行了部分修复，现存数量为501只。这些石狮中，只有

王绂《明燕京八景图》之太液秋风

王绂《明燕京八景图》之琼岛春阴

王绂《明燕京八景图》之金台夕照

王绂《明燕京八景图》之蓟门烟树

🅰 王绂《明燕京八景图》之西山晴雪

🅰 王绂《明燕京八景图》之玉泉垂虹

🅰 王绂《明燕京八景图》之卢沟晓月

🅰 王绂《明燕京八景图》之居庸叠翠

少量是金元时期的遗存，大多是明清时期所建，还有一部分是中华人民共和国成立后修复的。

金元时期的石狮，身躯瘦小，腿比较短，狮头上的卷毛不是很凸出。头大脸窄，但目光十分有神，看起来全神贯注。狮嘴微微张开，中间不掏空，是一种夸张的状态。明朝时期的石狮，身材更为短粗，狮嘴呈方形而且很大，中间是掏空的。这一时期的石狮，动作十分丰富，有的脚踩绣球，有的低头沉思，有的怀抱幼狮。清朝时期的石狮，挺着胸脯，张着大嘴，头上的卷毛十分凸出。这一时期的石狮，面部表情十分细腻，眼睛一眯，看起来不是那么凶猛，甚至有些可爱。狮身上雕刻的花纹也十分精细，体现出工匠精湛的技艺。清末和民国时期的石狮，外表比较新，但是从雕刻上看，明显比较粗糙，面部细节敷衍了事，表情呆滞，狮头上的卷毛很多都只刻了一两圈，所用的石材质量也比较差。这和当时社会的动荡与萧条有很大关系。中华人民共和国成立后，也对卢沟桥的石狮进行了多次大修，但是由于没有完全按照原有的样子进行翻刻，每次修缮的标准不是很

卢沟桥（摄影　贾冬明）

统一。卢沟桥上的501只石狮，可以说是融合了金、元、明、清、民国、新中国各个时期的艺术特征，堪称一座石雕艺术展览馆。

每当晓月高挂，卢沟河在皎洁月光的映照下，泛着粼粼波光，远处的西山若隐若现，岸边的垂柳楚楚动人，眼前的石桥泛着清冷的光辉。天上一个月亮，卢沟桥南北两侧的水面上各倒映出一个月亮，构成了"一天三月"的美景。这便是著名的"燕京八景"之一的"卢沟晓月"。现在，卢沟桥的东头还立有一块石碑，上面刻着当时乾隆皇帝亲笔书写的"卢沟晓月"四个字。

意大利旅行家马可·波罗曾于13世纪游历中国，他看到卢沟桥后，十分钦佩造桥的设计和工艺，毫不吝惜夸赞之词。他在《马可·波罗游记》中对卢沟桥进行了详细的描写，形容其为"世界上最好的、独一无二的桥"，并且称赞卢沟桥两侧雕刻的石狮们"共同构成美丽的奇观"。

卢沟桥不仅表现了我国古代造桥技艺和石雕艺术的巨大成就，还承载了丰厚的历史文化意义。由于金代修建的卢沟桥于清康熙年间毁于洪水，现存的卢沟桥是康熙三十七年（1698）重建的。这座雄伟壮丽的古桥，现在仍然屹立在永定河上，接受着世人的敬仰。

十一、三姓大臣郭药师

在罗贯中的《三国演义》中曾经描写道，张飞一见吕布，便破口大骂其为"三姓家奴"。因为吕布本身姓吕，他认丁原为义父也可姓丁，后来他杀了丁原，投降董卓并认董卓为义父，还可姓董，此为三姓，采用"家奴"的字眼是为了讽刺吕布的不忠不义。当然，这个故事有杜撰的成分，正史中吕布和丁原并非父子，也并没有关于吕布"三姓家奴"的说法。

在辽、宋、金三朝交替之际，确实出现了这样一号人物，他曾先后为三个政权效力，最开始是辽臣，后来降宋，最后又归顺了金朝。这个人就是郭药师，虽然他并没有多么高强的武艺，也没有多么高深的计谋，但是他却在宋辽金三方争霸的过程中起到了十分关键的作用。

辽天庆六年（1116），原渤海人高永昌杀死辽东京留守萧保先，起事反辽，先后攻占了辽东京道50余州。高永昌自称大渤海皇帝，建国号大元，意欲恢复被契丹所灭的渤海国。辽天祚帝闻讯后，立刻派大臣萧韩家奴和张琳前去平乱，高永昌自知不敌，急忙向同在北方的女真求救。

这时，金朝刚刚建立不久，急需扩张统治疆域，高永昌的求援正中女真下怀。金太祖完颜阿骨打立即派兵支援高永昌，但是名为支援，实则趁机抢占地盘。金军从背后偷袭辽军，在沈州将辽军击败。辽东地区被女真军队占领后，惨遭劫掠，大量百姓沦为难民，四处逃散。辽朝的都元帅耶律淳认为，来自辽东地区的难民因为遭受过金军的欺辱，肯定心怀怨恨，所以会具备很强的战斗力。于是耶律淳到处招募从辽东逃回的难民，组建成军队，并将这支军队命名为"怨军"，取意利用将士们对金朝的怨气和愤怒来打败女真军队，收复辽东地区。"怨军"共有8个营，合计28000人，其中一营的首领便是郭药师，这时的他开始正式崭露头角。

怨军成立后，便奔赴前线作战，起初还是具有一定战斗力的。但是由于内部成员鱼龙混杂，又没有受过正规训练，遭遇到强悍的女真骑兵后，频频失利。不仅如此，怨军内部还接连发生叛乱。辽保大元年（1121），怨军的东南路军首领董小丑因为在平息利州叛乱时作战不力而被处死，他的手下罗青汉、董仲孙等人不服，拥兵作乱。天祚帝派大将耶律余睹、萧干等率兵平叛。郭药师觉得造反的怨军肯定无法抵挡辽军的进攻，与其在这里等死，不如先下手为强，将罗青汉等人杀死，献给辽军，换取一条活路。于是他联合其他几位小头目，将叛变的罗青汉等人杀死，并表示愿意接受朝廷的招安。在这一事件中，郭药师狡猾善变、反复无常的性格初露端倪。

当时，耶律余睹认为，怨军这几年频繁生乱，朝廷多次派兵镇压，但怨军依然屡次生事。如果继续放纵他们，不知还会惹出多少祸端。名为"怨军"，实际却未能将怨气发泄在金人身上，反而屡次借怨气背叛辽廷。他建议趁着这次平叛之机，将怨军杀尽以除后患。然而萧干认为，许多人反叛是因为受到了威逼利诱，并不是出自他们的真心，怎么能够不分黑白尽数铲除呢？因此，萧干没有听从耶律余睹的建议，而是留下了郭药师等人的性命。但事实证明，怨军后来也确实印证了耶律余睹的话，成了辽朝的一大隐患，甚至间接导致了辽朝的灭亡。

辽保大二年（金天辅六年，1122）三月，金兵大举进攻辽朝，天祚帝仓皇逃入夹山。辽将耶律淳留守南京，被群臣拥立为帝，建立北辽政权。耶律淳将怨军改名为"常胜军"，命令郭药师率部镇守涿州、易州等地。七月，北宋兴兵伐辽，北辽政权内外交困，难以自保。当时在北辽掌权的皇太后萧普贤女与萧干已经不再信任汉人将领，担心由汉人组成的常胜军会出现叛乱，于是想着将常胜军处理掉。郭药师听闻后十分惊慌，立即召集部下，煽动他们投降宋朝，得到了众人的响应。于是，郭药师携涿、易二州和数千精兵投降北宋。

不久，宋徽宗出兵想要收复燕京，郭药师利用自己对燕京情况十分熟悉这一点，主动献计。郭药师率领 1000 名常胜军作为先锋，绕道偷袭燕京，宋军大部队人马在后方接应，燕京便如同囊中之物。这其实是一条很好的计谋，但是由于宋军纪律涣散，进入燕京城后到处烧杀抢掠，大肆屠杀汉族以外的百姓，遭到了城中百姓的激烈抵抗。这时，萧干率援兵赶到，拼死力战，宋军大败，燕京得而复失，郭药师差点被生擒。

虽然这次攻燕之役以失败告终，但是宋徽宗十分赏识郭药师在这场战斗中的出谋划策，仍然很器重他，任命他镇守燕山府。郭药师既为倒戈之臣，宋徽宗不免要怀疑他的忠心，于是在某天上朝时，命令郭药师领兵追捕逃亡的天祚帝。精明的郭药师马上意识到宋徽宗在试探自己，于是他装作很为难的样子说道："陛下让臣做的任何事，臣都不会推辞。但是天祚帝是臣的旧主，如果臣是一个可以翻脸与旧主为敌的人，那陛下还会相信臣的忠心吗？"郭药师的这番表演，深得宋徽宗的赞赏，觉得郭药师确实是一位忠心的良将。

郭药师仗着宋徽宗的宠信，变得日渐飞扬跋扈起来。在燕山府任职期间，他目无法纪，为所欲为，尤其是他手中握有常胜军，相当于控制了燕山府路的军政大权。郭药师及其部下虽然已经归降宋朝，但是都不穿宋朝的服装，仍然身着辽服。时人认为他拥兵自重，将其比作安禄山。

北宋宣和七年（金天会三年，1125），金军俘虏了天祚帝，辽朝灭亡。随后，金朝起兵攻宋。完颜宗望率领的东路军在白河大破郭药师的常胜军，郭药师见大势已去，决定投降，将燕山府献给金朝。就这样，深得宋徽宗恩宠的郭药师再一次选择了背叛。

郭药师投降后，金太宗任命他为燕京留守，并赐姓完颜氏，让他跟随完颜宗望南下攻宋。郭药师十分熟悉宋朝的情况，他引导着金军长驱而入，直捣汴京。由于宋军拼死守卫，金军未能顺利攻破汴京。在郭药师的建议下，金军退而求其次，向宋朝提出十分苛刻的议和条件后撤兵。郭药师为金朝立下了汗马功劳，但是后来，完颜宗望却找借口剥夺了郭药师手中的兵权。金天会十年（1132）秋，郭药师不知因何原因被捕入狱，虽然最终获释，但是他的全部家产被抄没一空。对此，《大金国志》中有一段评价十分中肯："大金虽以权宜用之，其心岂不疑之哉？始夺其常胜将军并器甲鞍马散之，继夺其家财没入之，药师不死幸矣。"

《金史》中曾这样评价郭药师："郭药师者，辽之余孽，宋之厉阶，金之功臣也。"郭药师以一人之身而仕三朝，虽然他屡次叛变，反复无常，但他确实对三个朝代的兴亡更迭产生了重要的影响，可谓是那个错综复杂时代的代表人物。

十二、大金擎天柱金兀术

《说岳全传》是一本在老百姓中很受欢迎的历史演义性小说，主要讲述了关于宋将岳飞的英雄事迹和传说故事。在这本书中，岳飞最大的对手，也是全书最大的一个反派人物就是金兀术。民间有一句流传很广的话叫作"气死金兀术，笑死老牛皋"就是出自这本书。《说岳全传》中对金兀术的描写是比较反面的，说他对阵岳飞屡战屡败，于是勾结秦桧陷害岳飞，导致岳飞含冤而死。最后他自己也没落得一个好下场，被牛皋活捉，牛皋骑在他的背上哈哈大笑，金兀术被活活气死，牛皋也因为一口气没上来笑死了。但是小说毕竟含有很大的虚构和演义的成分，金兀术作为宋金时期的关键人物，真实的他到底是什么样的呢？

金兀术，即完颜宗弼，太祖第四子也（《金史》卷七十七）。完颜宗弼是金朝的著名将领，开国元勋之一，是一名杰出的政治家、军事家。据史书记载，宗弼为人豪爽，不拘小节，自小就勇武过人，极有胆略，在带兵打仗方面很有天分。

完颜宗弼的父亲完颜阿骨打，和他的哥哥完颜宗幹、完颜宗望、完颜宗辅等人都十分骁勇善战，在他们的影响下，宗弼也是勇武善战。在《说岳全传》中，金兀术能骑善射，所向披靡，是一个大力士，能将1000余斤重的铁龙连续搬起3次。历史上的完颜宗弼也是不同凡响。完颜阿骨打在辽天庆四年（1114）首次起兵反辽时，宗弼年岁尚小，只能跟随左右，还未能正式领兵。直到金天辅五年（1121），金朝再次发动大规模反辽战争，宗弼终于得到驰骋疆场的机会，他第一次披上战甲，跟随叔父完颜斜也出征辽朝。天辅六年（1122）正月，金军攻克辽中京，并探知辽天祚帝行猎地点，完颜斜也和完颜宗翰随即兵分两路，向辽军发起偷袭。宗弼在这次战役中表现出过人的勇猛，他身先士卒，左右厮杀，在箭矢用尽的情况下，夺过辽兵手中的武器，以一己之力连杀辽军八人，生擒五人。这场战斗令宗弼名声大噪，金军内部称赞他"少年勇锐，冠绝古今"。

金天会三年（1125），金朝起兵伐宋，宗弼跟随宗望从东路进攻，攻占了燕京。天会四年（1126）正月，宗弼率领3000骑兵作为先锋一路攻至汴京城下，宋割让城池求和，金军返回燕京。同年八月，宗弼再次随宗望南下攻宋。翌年二月，攻破汴京城，俘虏了徽钦二帝，北宋灭亡。康王赵构南逃称帝，建立南宋。随后，宗弼又跟随宗辅，平定了山东、河北等地的反金武装。

真正使完颜宗弼一战成名的，还是他为了追击宋高宗赵构而发动的"搜山检海"行动。金天会六年（1128），金太宗令完颜宗辅担任主帅，南下抓捕逃跑的宋高宗。宗弼率兵作为先锋部队一路过关斩将，势如破竹，几乎没有宋军能够抵挡住他的进攻。天会七年（1129）五月，宗弼领兵攻打扬州；十月，抵达江浙；十一月，闯过天险独松岭，强渡长江到达建康（今江苏省南京市），宋高宗逃往临安（今浙江省杭州市）；宗弼紧追不舍，连下数城后攻陷临安；宋高宗逃往明州（今浙江省宁波市），宗弼又带兵逼近明州。宋高宗无路可去，只好乘船通过海路逃向福州。宗弼率兵入海追击，但是由于金兵不熟悉水战，受到南宋海军的阻挠后撤兵返回临安。这次"搜山检海"行动，时间短，战线长，作战范围广，宗弼领兵搜山川，入大海，攻城破关，渡江越岭，所到之处无坚不摧，金军上下大受鼓舞，宗弼也因此名震天下。

金天会八年（1130）二月，"搜山检海"行动结束后，完颜宗弼领兵北还，途中，宗弼遇到了他一生中的劲敌——韩世忠和岳飞。宗弼军走到镇江时，碰上了韩世忠的堵截。金兵人数虽多，但由于不善水战，被韩世忠率领的水师打得溃不成军，在黄天荡被围48日无法脱困。宗弼无计可施，向韩世忠提出"买路渡江"，想要给韩世忠金银财物来换取他的放行，但是被韩世忠严词拒绝了。后来，在一个当地人的建议下，宗弼派兵用了一天一夜的时间，将老鹳河的故道向前开凿了 30 里与秦淮河相通，才得以从黄天荡逃离，返回建康。但是没想到，宗弼刚刚撤回到建康，就遭遇到岳飞的袭击，被逼回黄天荡，在等待金朝援军的时候，与韩世忠再次相遇。韩世忠派战船将江面封锁，宗弼又一次被困。有人向宗弼献计，因为宋军的战船十分庞大，如果没有风便无法行动，可以用带火的弓箭射烧宋船的篷帆。宗弼采纳了这一建议，果然大败宋军，终于得以领军北还。黄天荡一役，完颜宗弼认识到，论水军，金军不敌韩世忠，论陆军，金军不敌岳家军，南宋的实力仍然不可小觑。以至于之后很长的一段时间内，宗弼都不再主张南下攻宋，可见黄天荡一役对他的打击之大。

金天会八年（1130）秋，金宋双方为争夺川陕地区，在富平（今陕西富平县北）一带开展大规模战役。宋军把完颜宗弼的部队作为重点攻击对象，宗弼率军奋力厮杀，最终以少胜多，取得了富平之战的胜利。但是金军在这场战役中也付出了极其惨重的代价，可以说是名胜实败。天会九年（1131）冬，宗弼在和尚原（今陕西宝鸡西南）与宋将吴玠、吴璘兄弟展开激战，金军死伤大半，宗弼身中两箭，剃了胡须才得以逃脱，这是完颜宗弼从军作战以来遭遇的最惨重的失败。后来，完颜宗弼又与南宋多次交锋，但都是败多胜少的结果。

金天眷三年（1140），完颜宗弼率大军南侵，遭遇岳飞所率的岳家军。起初，宗弼下令将战马三三相连，披上铁甲，号称"铁甲拐子马"，宛若装甲车一般刀枪不入，一时占据上风。后来，岳飞针对拐子马腿部裸露的弱点，作战时令岳家军专砍马腿，大败金军。完颜宗弼感叹："撼山易，撼岳家军难！"

完颜宗弼的出色之处在于他除了能带兵打仗，还十分有政治头脑。从几次伐宋的惨重失败中，宗弼意识到，通过武力方式灭宋是不可能的，他审时度势，利用宋高宗赵构胆小怯战、

图 岳飞大战金兀术 史正学作

一心求和的心理，开始寻求通过议和的方式结束宋金之间的战争，直接促成了宋金"绍兴和议"。据《宋史·岳飞列传》记载，完颜宗弼为了防止岳家军对议和过程产生阻碍，于金皇统元年（南宋绍兴十一年，1141）事先密信南宋宰相秦桧，提出"必杀飞，始可和"的条件。同年四月，岳飞兵权被免。十月十三，岳飞被关入大理寺狱中。十一月初七，宋金达成"绍兴和议"。十二月二十九除夕之夜，赵构和秦桧以"莫须有"的罪名将岳飞杀害。"绍兴和议"的订立，结束了宋金之间长达10余年的战争状态，至此之后，宗弼一直坚持"南北和好"的政策，直到金正隆六年（1161），海陵王完颜亮撕毁绍兴和议，发动南侵，这期间20余年宋金未发生过战事。完颜宗弼促成的绍兴和议，客观上为金宋双方的经济、文化发展创造了和平有利的环境，这也是他为推动整个中国历史进程的发展做出的重要贡献。

绍兴和议签订后，宗弼因功开始总揽军政大权，但是他清正廉洁，不争名，不贪权，善识人，一心一意辅佐金熙宗治理国家，推进改革，减免税负，选拔人才。即使在《说岳全传》中，也没有任何描写金兀术贪财受贿的情节。

金皇统八年（1148）十月，完颜宗弼病逝于上京会宁府。大定十五年（1175），金世宗追谥其为忠烈。大定十八年（1178），宗弼"配享太宗庙廷"，这在古代是极高的荣誉，只有功勋卓著、做出过杰出贡献的大臣，才能享受这样的待遇。完颜宗弼对金朝统治的稳定起到了举足轻重的作用，尤其在金朝的开国大臣们或死或叛之时，他临危受命，以一己之力撑起整个大局，可谓是当之无愧的"大金擎天柱"。也正因为如此，宗弼在《大金国志》中被列入了《开国功臣传》。

至于后世所传的"气死金兀术，笑死老牛皋"一说，并不是真正的历史。据《宋史·牛皋传》记载，牛皋是在南宋绍兴十七年（金皇统七年，1147），被秦桧下令用毒酒害死的。也就是说，牛皋的死和完颜宗弼并没有关系，而且宗弼是在牛皋死后一年才去世的。民间还有传说称，牛皋墓压着金兀术墓，表示两个人死后仍继续斗争，其实这也纯属戏说。牛皋死后被埋在了杭州西湖栖霞岭剑门关的紫云洞口，与岳飞墓遥遥相望。而金兀术的墓至今仍未被发现，《金史》和《宋史》中都没有准确记载其葬于何处，现在有三种说法，一说葬于北京大房山的金陵；二说葬于上京会宁府，即现在的黑龙江省哈尔滨市阿城区；三说葬于汝州完庄，在那里生活着数百名完颜宗弼的后代，在村子里据说有一座埋葬着金兀术的坟墓。

十三、海陵炀王完颜亮

海陵王完颜亮（1122—1161），字元功，女真名为迪古乃。完颜亮是金太祖完颜阿骨打的庶长孙，他的父亲完颜宗幹是辅佐过金太祖、金太宗和金熙宗的三朝元老。完颜亮是历史上一位颇受争议的皇帝，他通过弑兄的方式篡得皇位，死后被废为庶人。有人认为他是滥杀无辜、残酷暴虐、荒淫无度的暴君，也有人认为他是励精图治、除旧革新、推进女真汉化进程的强君。完颜亮即位后将宗室皇亲几乎赶尽杀绝，但是在治国理政、文治武功等方面也为金朝做出了重大贡献，同时他还是一位十分出色的文学家，尤其对汉文化了解极深，他积极推广汉化，动摇了女真保守势力的根基。

完颜亮十分聪颖好学，自儿时就显示出不同常人的智慧。据史书记载，他雄姿英发，风流倜傥，且志向远大，为人深有谋略。此外，完颜亮十分崇尚儒家文化，特别喜欢结交宋朝名士。可以说，完颜亮是一位文武兼备，十分出色的皇族。也正因为如此，当时的金朝皇帝金熙宗十分忌惮完颜亮的才华，害怕他影响到自己的地位，因此一直没有重用他。

金天眷三年（1140），完颜亮因为自己的皇族身份被封为奉国上将军，后来又被封为龙虎卫上将军。皇统七年（1147），完颜亮官居尚书左丞，他开始培养自己的势力，在重要的职位安插心腹。完颜亮很会掩饰自己的野心，在一次与金熙宗交谈中，他感叹金太祖立国的不易，甚至痛哭流涕，展现出忠心为国的形象，使金熙宗认为自己是十分值得信赖的臣子。随着官职的提高，完颜亮的野心越来越大，他开始与朝中权贵建立紧密关系，以争取他们的支持。

皇统年间，完颜宗幹、完颜宗弼等几位金朝重要的辅臣相继去世，皇太子完颜济安也因病早夭，帝位后继无人。金熙宗不能再像之前一样，过着无忧无虑的帝王生活，但是面对繁杂的政务，他又不知所措。在巨大的压力之下，金熙宗开始沉湎酒色，荒废朝政，变得脾气暴躁，喜怒无常，经常因为一些小事就大开杀戒。他身边的大臣每天战战兢兢，生怕一个不注意就引来杀身之祸，很多大臣开始有了废帝的心思。金熙宗知道部分臣子有了异心之后，变得更加残暴。他疑心自己的兄弟会夺位，再加上有小人的诬陷，金熙宗竟然杀死了自己所有的亲兄弟。

金皇统九年（1149），金熙宗察觉到完颜亮的势力膨胀过快，这引起了他的警觉和不满。在完颜亮过生日时，金熙宗派人赠送了礼物，但皇后也随之附赠了礼物。就是这样一件不起眼的小事，就引起了金熙宗极大的不悦，他将派去送礼物的官员痛打了100杖，并下令追回了礼物，完颜亮听说了这件事后深感不安。金熙宗行事反复无常，完颜亮担惊受怕，便生反意。当时金熙宗即位时，完颜亮就想，熙宗是太祖的嫡长孙，自己是太祖的庶长孙，同是太祖的孙子，我为什么就不能当皇帝呢？完颜亮既然反意已决，便开始联合同样对金熙宗不满的大臣，共谋废帝之事。十二月，完颜亮与几位密谋举事的臣子一同入宫，将金熙宗杀死，随后众人拥立完颜亮为帝。

　　完颜亮当上皇帝后，由于当时金太宗的儿子们大都担任要职，手握重兵，引起了完颜亮的忌惮。他即位后的第二年，便开始对金太宗的子嗣展开屠杀，将其后代尽皆杀戮，共计70余人。不仅如此，完颜亮又把众多久握兵权的宗室大臣全部灭门。完颜亮的生母是完颜宗幹的妾，在他小时候，宗幹的正妻经常欺负他们母子，完颜亮和自己的母亲过得小心翼翼。完颜亮想到自己之前受的气，不能释怀，竟然派人将太后和服侍太后的十几名婢女一并灭口。其滥杀程度至此，接近疯狂。

　　但同时，完颜亮也是一个锐意改革、胸怀壮志的皇帝。为了有利于金朝向南扩张，他排除众多阻挠，将金朝的都城南迁至金中都。在政治上，完颜亮改革官制，精简机构，加强君主专制，还广开言路，鼓励百姓谈论政事。在用人上，完颜亮任人唯贤，不看出身、不论贵贱。他还废除了女真贵族的世袭制，改革科举，广纳贤才。在改革律法上，完颜亮参照北齐、隋、唐的律文，对金朝的法制进行完善，完全摒弃的女真部落旧制，颁布施行了金朝第一部真正意义上的成文公法——《续降制书》。在经济上，完颜亮合并猛安谋克，将女真人南迁，鼓励耕作，发展农业。他还改革币制，将印钞铸币和货币流通的权限收归朝廷,加强了经济上的中央集权。完颜亮的诗词雄浑遒劲,充满建功立业的豪迈之气,时人称赞他"一吟一咏,冠绝当时"。可惜的是金世宗即位后,因人废文,完颜亮的作品只留下来很少一部分。

金正隆六年(1161)十月,完颜亮兵分四路向南宋发起进攻。金军初期进展顺利,接连取得胜利。但完颜亮的弟弟完颜雍趁他征战之际在金东京(今辽宁省辽阳市)称帝,军心动摇,斗志低下,很多将士从战场逃回去拥立完颜雍。十一月二十七,军中发生兵变,完颜亮被叛将缢杀。大定二年(1162)四月,完颜亮被降封为海陵郡王,谥号为炀,所以后人又称其为海陵炀王。大定二十一年(1181)正月,完颜亮再次被废,降为海陵庶人。

据史书记载,完颜亮荒淫无度,违背人伦,凡是被他看上的女子,不论亲疏远近,一定会千方百计据为己有。完颜亮有一句十分经典的话语:"吾有三志,国家大事,皆我所出,一也;师师伐远,执其君长问罪于前,二也;无论亲疏,尽得天下绝色而妻之,三也。"他实现了第一志和第三志,在第二志实现的途中不幸被杀。完颜亮集功过是非于一身,可谓是一个传奇皇帝。

十四、靖康之变

靖康之变,又称靖康之难。因为此事发生的靖康元年为丙午年,所以又称"丙午之耻"。南宋名将岳飞在《满江红》中所写的"靖康耻,犹未雪,臣子恨,何时灭"指的就是这一事件。辽朝灭亡后,金军两次南下攻宋,围攻北宋都城汴京。并在靖康元年(金天会四年,1126)闰十一月丙辰日(1127年1月9日)攻陷了北宋都城汴京,俘虏了宋徽宗和宋钦宗。靖康之变发生后,北宋灭亡。金军不仅将退位的徽钦二帝掳走,还将赵氏皇族、宫廷后妃、朝臣贵戚、各种技艺高超的能工巧匠等共计14000

余人押往金朝，同时洗劫的金银财物、古玩、藏书以及各种奇珍异宝不计其数。其中，赵氏皇族中只有宋徽宗的九子赵构（即宋高宗，汴京城破时在外勤王）以及未满一岁的幼女未被俘虏，其余都被尽数押解到北方。

　　作为一个皇帝，宋徽宗并不专于治国理政，在他的统治时期，北宋国势日益衰败，官员终日享乐，过着骄奢淫逸的生活。此外，受宋朝自立朝以来就重文轻武风气的影响，导致宋军将士普遍训练不足、战斗力低下。宋徽宗即位后便启用了新法，但他重用的蔡京、童贯等大臣，却借着推行新法之名，实则行祸国乱政之事。在他们的腐朽统治之下，宋廷内外危机四伏，各地起义不断，其中具有代表性的有宋江起义军和方腊起义军。虽然各地的农民起义运动都被宋廷镇压下去，但是一方面，镇压行动耗费了大量的人力财力，另一方面，北宋朝廷并没有从中吸取教训、体恤民情，反而变本加厉，统治更为腐败黑暗。这也

宋徽宗像

成为导致北宋灭亡的重要原因,从起义被宋廷镇压,到北宋被金灭掉,相距仅仅不到5年的时间。

北宋宣和二年(1120),在宋徽宗的授意下,北宋背弃了与辽的盟誓,转而与金订立了"海上之盟"。宋徽宗希望能与金朝形成南北夹击之势,一举夺回被辽占据许久的燕云十六州。根据协议,由北宋军队主攻辽南京城。但是由于宋将指挥不当,宋军战斗力低下,北宋先后两次攻打辽南京均以失败告终,最后金军出兵攻占了辽南京城。宋金联合灭辽后,双方商议土地分割事宜,在北宋答应每年多付100万贯钱的条件下,金朝答应归还燕京城。北宋宣和五年(金天辅七年,1123)四月,金朝将燕京和山前六州还给宋朝。金太祖还表示,如果宋愿意支付犒军费,辽西京(今山西省大同市)地区也可以还给宋朝,并且同意先送还朔州、武州和蔚州,但是还没来得及执行,金太祖就病逝了。

金太宗即位之初,也是想着遵循先帝遗命,将山西地区还给宋朝,但是遭到了大将完颜宗翰、完颜宗望等人的反对。而且在宋宣和五年(1123)发生的"张觉事件",给了金朝攻宋的借口。张觉本是辽朝将领,金军攻克辽南京后,派人招抚张觉,并于宣和五年(金天辅七年,1123)二月,任命其为平州留守。五月,张觉决意叛金,金朝闻讯,派兵前去征讨。十一月,张觉被完颜宗望击败,逃往北宋燕山府,被王安中收留。金朝向北宋讨要张觉,王安中先是数次推诿,后来杀了一个和张觉面貌相似者交差,金朝发现上当受骗后,十分生气,威逼北宋赶紧交人。王安中被逼无奈,杀了张觉,将首级献给金朝。完颜宗翰指出,当时金太祖同意将占领的辽地让给宋朝,是出于示好的目的,但是盟书中规定"无容匿逋逃,诱扰边民",北宋藏匿金朝叛将张觉,已然是违约行为。而且现在金朝的西部并不太平,从巩固统治的角度出发,山西诸镇也不应该还给宋朝。

事实上，在联合灭辽的战斗过程中，金朝已经察觉到宋军的战斗力极其低下，连老弱的辽军都打不过，更不用提和金军抗衡了。因此，金朝将领们早有攻宋之意，只是由于金太祖和金太宗遵守与北宋的盟约，一直未能成行。宋宣和七年（金天会三年，1125）八月，金将完颜宗望、完颜宗翰以张觉事件为借口，分别从东路和西路两个方向同时出兵攻宋。东路军在完颜宗望的带领下一路长驱直入，势如破竹，接连取得胜利。但西路完颜宗翰的军队在进攻太原时受阻，贻误了战机。

北宋靖康元年（金天会四年，1126）正月，完颜宗望率兵攻破滑州（今河南滑县）后包围宋都汴京（今河南开封）。金军兵临城下，宋徽宗被吓得六神无主，他不想做亡国之君，产生了禅位的打算。北宋主战派代表李纲也认为宋徽宗无法领导军民保卫国土，他提议由太子号令群臣，统兵御民。于是，宋徽宗宣布退位，太子赵桓登基，就是宋钦宗。李纲率兵死守汴京，加上种师道率领的 10 万援军及时赶到，宗望久攻汴京不下，胁迫宋朝以康王赵构（后改为肃王赵枢）和太宰张邦昌作为人质，割让太原、中山、河间三镇后议和。李纲、种师道等主战派建议待金军渡河时趁机出击，消灭金军主力，但因为投降派的拦阻未能成功。金军撤退后，主战派频频遭受打压，最终种师道被气得大病一场，后来郁郁而终。李纲则被调离京城，后再也无所作为。宋朝军心涣散，更加变得没有战斗力。

不久，金朝派萧仲恭和耶律余睹出使宋朝，宋钦宗天真地以为这两个人是原来辽朝的贵族，可以策反他们作为内应。不料，萧仲恭直接将宋钦宗所写的书信献给了完颜宗望。完颜宗望看后大怒，以此为理由再次集合军队攻宋。北宋靖康元年（金天会四年，1126）八月，金军第二次南下攻宋，东西路军仍然由完颜宗望和完颜宗翰率领。这一次，金军再也没有给北宋喘息的机会，东西路军顺利向南，先后到达汴京城下。

北宋靖康元年（金天会四年，1126）闰十一月丙辰日

（1127 年 1 月 9 日），完颜宗望、完颜宗翰领军攻破开封，俘虏了宋徽宗和宋钦宗两位皇帝。北宋靖康二年（金天会五年，1127）二月丙寅日（3 月 20 日），金太宗下诏将徽钦二帝废为庶人，北宋灭亡。宋徽宗被金太宗辱封为昏德公，钦宗被辱封为重昏侯。

金军在汴京城内大肆搜掠，洗劫一空。金军撤退时，将宋徽宗、宋钦宗以及众多宋室皇族、公主、妃嫔等一并掳走，此外还抓走了众多的教坊乐工、技艺工匠，押解了数万百姓北归做俘虏。金军先是将宋室押解到燕京（今北京），宋徽宗被关押在延寿寺，宋钦宗被关押在悯忠寺，其余皇室子孙被关押在仙露寺。后来二帝又分别被囚禁在中京（今内蒙古宁城县）、上京（今黑龙江省阿城）、韩州（今辽宁省昌图县）、五国城（今黑龙江省依兰县）等地。金天会十三年（南宋绍兴五年，1135）四月，宋徽宗在五国城病故。金正隆元年（南宋绍兴二十六年，1156）六月，宋钦宗在燕京去世。

靖康之变发生时，康王赵构因为未在汴京城内，所以没有被金军俘虏。北宋靖康二年（金天会五年，1127）五月，赵构在南京应天府（今河南商丘）称帝，国号仍为宋，史称南宋，改元建炎，他就是南宋开国皇帝——宋高宗。

十五、蒙金战争

蒙古诸部原本臣属于金朝，但是长期以来，金朝一直对蒙古进行残酷的剥削与压迫。金熙宗时期，成吉思汗的先祖就曾被金朝定以反叛罪而残忍处死。金世宗时期，金朝不但强迫蒙古纳贡，而且每隔 3 年就派兵对蒙古人民进行围剿。蒙古人民对金朝统治者积怨很深。金泰和四年（1204），铁木真统一了各个蒙古部落。泰和六年（1206），铁木真在漠北建立政权，尊号"成吉思汗"，国号"大蒙古国"。随着金朝慢慢衰落，蒙古逐渐发展壮大，成吉思汗决定起兵伐金。

伐金之前，成吉思汗做了充分的战前准备。蒙古分别于公元1205年、1207年和1209年，三次出兵西夏。西夏自金灭辽、北宋之后，一直臣服于金的统治之下。蒙古第三次征西夏时，包围了西夏都城中兴府（今宁夏银川）。夏襄宗向金求救，金却坐视不管。夏襄宗求救无门，只能向蒙古投降，并且接受了蒙古"附蒙伐金"的条件。西夏一除，蒙古伐金的障碍便小了很多。同时，成吉思汗还通过各种方式，策反金军内部官兵，打探金朝的政治、军事情况。当时的金朝统治者卫绍王，不善理政，盲目自信，没有安邦治国之才。卫绍王并不把崛起的蒙古放在眼里，一味地认为南宋才是最大的威胁，将大部分兵力都置于金宋边界，对蒙古一直疏于防备。

解决了西夏问题后，成吉思汗觉得时机已经成熟，亲自率兵南下攻金。金大安三年（蒙古太祖六年，1211），金军的45万主力和蒙古的十万大军在野狐岭（今河北省张家口市万全区）展开激战，蒙古军分兵两路向金军发起猛攻。金兵数量虽多，但士气低迷，毫无战斗力，蒙古军大胜，几乎消灭了金军全部主力。随后，蒙古军乘胜追击，一直攻到金中都城下。卫绍王率重兵进行了死守，蒙古军久攻不下，撤兵北还。野狐岭之战后，金军元气大伤，几乎丧失了全部精锐部队，从此再无能力抵挡蒙古铁骑的南下。

金崇庆元年（蒙古太祖七年，1212），蒙古军再次南下攻金，成吉思汗亲率主力围攻西京（今山西省大同市），在攻城时不幸中箭，遂下令撤退。

金至宁元年（蒙古太祖八年，1213），蒙古第三次南侵，连下数州。金军溃败而逃，蒙古军乘胜直逼居庸关，再次围攻中都。八月，金廷发生政变，金宣宗即位，改元贞祐。金宣宗十分惧怕蒙古的进攻，遣使求和，用500名童男，500名童女，3000件绣衣，3000匹骏马，和大批金银财宝换取了成吉思汗的撤兵。卫绍王之女岐国公主也被迫嫁给成吉思汗。金贞祐二年（蒙古太祖九年，1214）五月，金宣宗害怕蒙古再次进攻中都，不顾众臣反对，执意向南迁都到金南京（今河南省开封市）。成吉思汗乘机再次围攻中都。

金贞祐三年（蒙古太祖十年，1215）五月，蒙古军攻陷了中都城。蒙古军占领中都后，将城内的金银财物抢掠一空，悉数运回蒙古草原，然后恣意破坏，像当年项羽火烧阿房宫一样，将金中都付之一炬。曾经繁华的金中都，最后只剩一片废墟。

随后的几年中，蒙金战争呈拉锯态势，双方各有胜负，形成隔黄河对峙的局面。金正大四年（蒙古太祖二十二年，1227），成吉思汗在亲征西夏的途中病逝，临终前留下"联宋灭金"的遗言，利用宋金的世仇关系，向南宋借道，下兵唐邓，直捣大梁。成吉思汗第三子窝阔台即位，他继承了成吉思汗的作战思想，坚定执行了"联宋灭金"的战略计划。金天兴二年（蒙古窝阔台汗五年，1233）八月，蒙古与南宋达成联合灭金的协议，十一月，蒙宋联兵围攻蔡州城。

100多年的"联宋"场景再次上演，只不过这一次，被灭掉的一方成了金朝自己。金天兴三年（蒙古窝阔台汗六年，1234）正月初十，金哀宗不愿做亡国之君，传位于宗室完颜承麟，就是金末帝。十一日，蒙宋联军攻破蔡州城，金哀宗自缢而亡，金末帝也在混战中死去，金朝灭亡。

蒙金战争，从公元1211年（金大安三年，蒙古太祖六年）开始至公元1234年（金天兴三年，蒙窝阔台汗六年）结束，前后历时23年之久。其间蒙、金双方各有胜负，但蒙古军始终掌握着战争的主动权。当时成吉思汗南下时，金朝的人口是蒙古的40倍，兵力是蒙古的10余倍，可以说，金朝就像大海，蒙古则如一捧细沙。然而，就是这一捧不起眼的细沙，最终填平了整个大海。

十六、金朝皇陵

金朝皇陵（以下简称金陵）位于大房山东麓，今北京市房山区的车厂村至龙门口村一带，占地约 60 平方千米。金陵始建于海陵王时期，是北京地区首个皇家陵寝，比明十三陵还要早 200 多年。完颜亮为了巩固统治，迁都后又决定迁陵，将祖宗的陵墓迁到中都，以彻底摧毁女真保守势力在上京的根基。

据《大金国志》记载，海陵王迁都燕京后，便命令司天台的官员在燕山四周寻找风水宝地，想要在此修建先帝诸陵。经过一年多的勘察，最终选定了今北京市房山区大房山的九龙山作为陵寝的地址。海陵王对金陵的选址和建设十分重视，曾经多次亲自到现场视察情况。从堪舆方面来看，金陵北部连接的大山是"玄武"；左侧凸起的山包是"青龙"；右侧绵延的山岗是"白虎"；前方挖有暗渠，中有泉水自西北向东南流淌，也就是"朱雀"。

据《金史·海陵纪》记载，金陵于贞元三年（1155）三月定址，"命以大房山云峰寺为山陵"，五月"奉迁太祖、太宗梓官"。金陵陵区由 3 个部分组成，包括埋葬皇帝的帝陵，埋葬后妃的坤厚陵和埋葬宗室诸王的诸王兆域。文物专家杨亦武在其所著的《大房山金陵考》中提到，金代帝王陵主要分布在大房山（今北京房山地区）东麓的九龙山、凤凰山、连泉顶东峪、三盆山鹿门峪。

金正隆元年（1156）十月，完颜亮下令将金朝建立前的金始祖以下十帝迁葬至大房山，他们原本是部落首领，后来被追封帝号，并设置了陵号，分别为光、熙、建、辉、安、定、永、泰、献、乔。金朝建立后的十帝中，有五帝葬于金陵，分别是金太祖葬于睿陵，金太宗葬于恭陵，金熙宗葬于思陵，金世宗葬于兴陵，金章宗葬于道陵。此外，金朝还有四位追封的皇帝也葬于金陵，金熙宗追封其父为金徽宗，葬于兴陵；海陵王追封其父为金德宗，后来被废去帝号，陵号不传；金世宗追封其父为金睿宗，葬于景陵；金章宗追封其父为金显宗，葬于裕陵。

金贞祐二年（1214），金宣宗为了躲避蒙古军的压迫，下令迁都到金南京（今河南省开封市），所以金朝最后的三位皇帝均死在了河南，没有葬回大房山的金陵。其中金宣宗葬于汴京（今河南省开封市）、金哀宗葬于蔡州（今河南省汝南县）、金末帝葬于泾川（今甘肃省泾川县）。海陵王和卫绍王由于死后被废去了帝号，因此他们的陵墓没有陵号。当初下令修建金陵的完颜亮，死后被降封为海陵王，先是以郡王的身份葬于诸王兆域，后来又被废为庶人，其陵墓被迁出了金陵陵区，改葬于山陵西南 40 里处。

在金陵中共葬有 23 位金朝后妃，大都是与金帝合葬于帝陵。坤厚陵是金世宗所建，其中葬有 5 位世宗的后妃。有说法认为，金太祖第四子梁王完颜宗弼（金兀术）的墓也在大房山。受《说岳全传》的影响，民间认为金兀术的形象是凶狠邪恶的，一直有"气死金兀术，笑死老牛皋"的说法，传说人们在完颜宗弼（金兀术）的墓上修了牛皋坟，旁边还压着一座牛皋塔，表示两个人死后仍继续斗争纠缠。但是据史书记载，完颜宗弼一生戎马，骁勇善战，是金朝的开国元勋。

金陵在元代和明代天启之前，一直处于受保护状态。但是到了天启年间，却遭到了毁灭性破坏。明朝后期，女真族后裔努尔哈赤在东北赫图阿拉建立后金政权，屡犯边境，明朝无力镇压。明熹宗认为后金的崛起与金陵的风水有关，于是在明天启二年（1622），下令将金陵的地上建筑全部拆毁，将金太祖睿陵的龙头砍去一半，甚至扒墓道，掘地宫，填卵石，认为这样可以割其地脉，断其王气。天启三年（1623），为了镇压后金的王气，明熹宗又下令在金陵原址上修建了很多关帝庙，至今仍存有遗址。清朝建立后，对金陵进行了部分修整，重修了太祖睿陵和世宗兴陵。后来，金陵又遭受了多次盗掘和破坏，现在金陵遗址是一片荒芜，地面建筑都被毁掉了。

金陵遗址（摄影　贾冬明）

现在，北京市文物部门十分重视金陵，先后多次对金陵开展抢救性发掘和清理，发现了大量金代文物，具有十分重要的学术价值。相信随着考古工作者的不断发掘和探索，金陵的神秘面纱终有一天会被全部揭开。

元世祖像——《君臣图鉴》明万历十二年益藩刻本

一、成吉思汗攻占金中都

蒙古族是我国北方地区的一个游牧民族，曾经臣属于唐朝，被称为"蒙兀室韦"，后来受到辽和金的统治，主要活动在蒙古高原一带。公元 12 世纪开始，蒙古族通过和中原进行贸易获得了大量物资，推动了生产的发展，经济有了显著进步，阶级分化也更加明显，逐渐由氏族社会向奴隶制社会过渡。

金世宗统治时期，金朝国力发展到极盛，此后经过金章宗、卫绍王、金宣宗三朝，统治日益腐朽，金王朝逐渐衰败下去。与此同时，地处北方的蒙古族逐渐强大起来，开始想要脱离金朝的统治。

公元 13 世纪初，蒙古乞颜部可汗铁木真通过战争统一了蒙古诸部。金泰和六年（南宋开禧二年，1206），

元朝的大汗之城
——元大都

铁木真在斡难河（今蒙古国境内的鄂嫩河）源头建立蒙古政权，国号"大蒙古国"，诸王群臣为铁木真上尊号为"成吉思汗"。

从金大安三年（蒙古太祖六年，1211）开始，成吉思汗率蒙古军队先后3次围攻金中都，前两次由于城墙高立，金军死守，都没有攻打成功。金贞祐二年（蒙古太祖九年，1214）五月，金宣宗以中都缺粮为借口，决定迁都金南京（今河南省开封市），实际上金宣宗是因为惧怕蒙古军队的再次进攻，想要南逃。这一举动，不但极大地动摇了人心，更严重的是使金朝彻底失去了北方屏障。贞祐三年（1215）初，成吉思汗乘机再次围攻中都。五月，中都城被蒙古军攻陷。蒙古军占领中都后，并没有在此建都的打算。所以蒙古军将中都城内的金银财物抢掠一空，将金朝的宫殿尽数焚毁，直到20年之后，中都城仍然是一片"瓦砾填塞，荆棘成林"的残破景象。

二、忽必烈定都燕京

南宋淳祐十一年（蒙古宪宗元年，1251），蒙哥即位，任命忽必烈总领漠南汉地事务。蒙古宪宗六年（1256），忽必烈令刘秉忠修建开平城（今内蒙古多伦县西北），以此为根据地统治中原地区。蒙古宪宗九年（1259）七月，蒙哥去世，当时忽必烈正在鄂州（今湖北武昌）一带与南宋作战，留守都城和林的阿里不哥（蒙哥和忽必烈的弟弟）准备集会称汗。忽必烈闻讯后连忙与南宋议和，撤兵北上回到开平，于公元1260年宣布即大汗位，改年号为"中统"，以开平为统治中心，后改称上都。紧接着，阿里不哥也在和林称大汗，双方展开了长达4年的内战。忽必烈尊崇儒学，推行汉法，任用了大量的汉人，而阿里不哥则代表着草原贵族保守势力。最终忽必烈在东部诸王、汉人将领和汉人谋士的支持下，击败了阿里不哥，漠北地区归入忽必烈的统治之下。

忽必烈初即大汗位时，以开平为都城，原燕京之地成为忽必烈统治华北、中原地区的军事重镇。但是出于消灭南宋、统一全国的考虑，蒙古政权的政治军事重心不断南移，忽必烈在定都问题上犹豫不定，向南迁都的愿望越来越强烈。

蒙古贵族霸突鲁在定都问题上极力推荐燕京，他曾对忽必烈说："幽燕之地，龙蟠虎踞，形势雄伟，南控江淮，北连朔漠。且天子必居中，以受四方朝觐。大王果欲经营天下，驻跸之所，非燕不可。"（《元史》卷一一九《木华黎传附霸突鲁》）汉官郝经也是从地理位置出发，认为迁都燕京更有利于统治天下："燕都东控辽碣，西连三晋，背负关岭，瞰临河朔，南面以莅天下。"（郝经《便宜新政》）而且，汉法的推行导致了蒙古政治中心的南移，忽必烈深受汉族文化的影响，他的统治和诸多汉臣的辅佐是分不开的，这些汉人在中原有着很深的社会根基，定都燕京也有利于政权的稳定。汉人刘秉忠也曾主张建都燕京。据《春明梦余录》记载，忽必烈问刘秉忠："现在的定都问题，就是在大都和上都之间选择，哪一处作为国都更好呢？"刘秉忠从国祚和民风两方面指出了两者的区别："上都国祚短，民风淳；大都国祚长，民风淫。"《续资治通鉴》记载，元中统四年（1263）正月，刘秉忠请定都于燕。第三，从经济发展的角度看，中原地区有着更先进的生产方式，向南迁都有利于改变游牧民族落后的经济生活。最后，从军事方面考虑，燕京自古以来就是南北枢纽，军事要塞，进可攻退可守，如果要南下中原，燕京显然要比上都更有优势。

最终，忽必烈经过综合比较地理、政治、经济、军事等各方面的条件，采纳了霸突鲁、刘秉忠等人的建议，决定将都城从上都南迁至燕京。

公元1215年，蒙古军队攻占金中都后，就废除了中都之名，恢复了燕京旧称。次年（1264）八月，忽必烈根据《周易》中"至哉坤元"之意，改年号为"至元"，并且改燕京为"中都"，府名仍为大兴，为建都做准备。从此以后，"燕京"这一名称便彻底废用了。

至元三年（1266），忽必烈命刘秉忠到中都勘察，为修建宫室做准备，但是触目所及，都是一片荒草萋萋的景象，破败不已。于是，忽必烈决定放弃金中都旧址，以其东北郊外原金代离宫大宁宫的湖泊地带为中心，建设新都，命曾经主持建设上都开平的刘秉忠设计新城。

从西周时期的燕国到金代，都城的城址都位于今北京地区西南，莲花池以东的区域，属莲花河水系，始终没有改变过。但忽必烈并没有选择在千年旧址上营建都城，而是在金中都旧城的东北郊，以金代离宫大宁宫的湖泊地带为中心兴建新都，将城址从莲花河水系转移到了高粱河水系。忽必烈放弃金中都旧城，另择新址建都的具体原因，史书中没有明确的记载。经后世学者的分析，大概出于以下几个方面的考虑。

首先，在兵火战乱中，金中都旧城和城内的宫殿遭到了严重的破坏，只剩下一片废墟。而大宁宫位于战场的后方，幸免于战火。重新改造金中都旧城将会耗费大量的人力物力，相比之下，另建新城反而更加节约省事。而且，在蒙古语中，古城遗址被称为"马兀八里"，是"坏城""恶城"的意思。在亡金宫阙上修建新城，是很不吉利的，犯了蒙古人的禁忌。

其次，金中都旧城的水源主要依靠莲花河水系，但是莲花河水量有限，难以满足新都发展的需要，也无法解决漕粮运输的问题。金朝统治者为了解决漕运问题，曾经开凿金口河引卢沟河之水，但由于其地势高峻，水流湍急，而且泥沙淤积严重，导致船只难以通行。大宁宫的湖泊属于高粱河水系，水源比较充沛，能够为新都的发展用水提供保障，也为解决漕运问题提供了便利条件。另外，游牧民族向来有傍水驻营的习惯，这也对新都城的选址产生了一定的影响。

第三，从自然地理环境来看，金中都旧城位于永定河冲积扇脊部的西南侧，地势比金口河低了46米，因此经常会遭受卢沟河洪水的威胁。而新都城址恰好位于永定河冲积扇的脊部，地势较高，可以防止永定河泛滥的洪水流入城中。并且，新城址的选定符合《管子·乘马》中总结的"高毋近旱而水用足，下毋近水而沟防省"的筑城原则，就是说营建都城的时候，向上不要靠近高地，就可以保证水源的充足，向下不要靠近水洼，就可以省去修建排水沟渠的麻烦。

第四，忽必烈在定都之前就计划建设一座雄伟壮丽的都城，来彰显其功业的伟大。他十分崇尚汉法，因此任命精通儒学的刘秉忠主持新都的规划建设。刘秉忠根据《周易》的哲学理念，按照《周礼·考工记》记载的关于帝王都城建设的理想蓝图进行规划布局。放弃改造金中都，可以摆脱旧城已有设计的束缚，最大限度地将新都城的规划付诸实践。事实也充分证明，和历史上其他王朝的都城相比，元大都的城市格局和《周礼·考工记》中记载的王城规制是最为接近的。

三、统一王朝的都城

元至元八年（1271），忽必烈正式建国号"元"，取《易》中"大哉乾元"之意，忽必烈成为元朝的首位皇帝——元世祖。至元九年（1272）二月，忽必烈采纳刘秉忠的提议，改中都为大都，宣布定都于此，改上都开平为避暑行都。至元十一年（1274）正月，元朝正式迁都大都城，忽必烈在御正殿接受百官朝贺。同年六月，忽必烈派丞相伯颜率军，大举南下攻宋。至元十三年（1276）正月，元军攻占南宋都城临安（今浙江省杭州市），南宋恭帝赵㬎投降。至元十六年（1279），元军在崖山（今广东省江门市新会区南）海战中获胜，陆秀夫背着年仅8岁的宋幼帝赵昺投海殉国，南宋灭亡。至此，忽必烈实现了全国的大统一，结束了自唐末以来中国南北分裂对峙的局面。

自古以来，都城的地位就十分重要，它是一个国家的统治中心所在。唐亡后，由于中原地区藩镇割据，政局混乱，一度出现了多中心共存的局面。宋、辽、金三朝除了首都之外，还分别设有多个陪都，而且多个政权在同一时期并存。北京最初只是一个军事重镇，到了辽金时期，政治地位有所提升，成为辽朝的陪都之一辽南京。后来又成为金朝的首都金中都，是整个北方地区的统治中心。最后，元朝统一全国，元大都作为元朝的首都，成为全国的政治中心。这也是北京第一次成为统一王朝的首都，第一次成为统一的多民族封建中央集权国家的都城。

四、行省制度的开端

元朝在地方行政制度上，创造性地确立了"行省制"，一共分为行省、路、府、州、县五级。这是我国行政制度的一大变革，对后世产生了极大的影响，从此以后，省作为地方一级政区的名称，一直沿用至今，地方行政上进入了划省而治的阶段。

行中书省，简称行省，又可称为省，是元朝地方最高行政机构，也是一级政区的名称。元世祖时，在中央设置中书省，在各地设置行中书省（意为"行走的中书省"）。行中书省最初只是作为中书省的临时派出机构来分管各地区，后来逐渐发展成为固定的地方行政机构，负责掌管省内的军政事务。元朝幅员辽阔，行省的设置有利于中央对地方的管辖。

具体到元大都地区，元朝以原来金朝大兴府的管辖地区为基础，置大都路，大都路的首府就在大都城内。元大都路直隶于中书省，所辖范围与金大兴府相比有所扩大。

大都路直辖 6 县 10 州，10 州下面又设有 16 个县。6 个直辖县分别是大兴（附郭县，辖大都城东部城区及近郊）、宛平（附郭县，辖大都城西部城区及近郊）、良乡（今北京市房山区东部）、昌平（今北京市昌平区）、永清（今河北省廊坊市永清县）、宝坻（今天津市宝坻区）。其中大兴、宛平、良乡、昌平 4 县在今北京市境内。10 个直辖州中有 7 州的部分或全部在今北京市境内，分别是顺州（今北京市顺义区）、檀州（今北京市密云区）、龙庆州的东部（今北京市延庆区）、涿州下辖的房山县（今北京市房山区西部）、蓟州下辖的平谷县（今北京市平谷区）、通州下辖的潞县和三河县北部（今北京市通州区）、漷州下辖的武清县北部（今北京市通州区南部）。现在北京市怀柔区的北部和延庆区的东北部，在元朝时属于上都路的管辖范围。

五、三头六臂哪吒城

大都城的总设计师是曾经主持建设上都开平的刘秉忠，参与营建的人士来自各个民族，还有来自其他国家的匠人。因此，在元大都的规划设计中，不仅体现了我国古代传统帝都设计的原则，还融入了各族人民的智慧，同时还能见到不少域外的建筑风格。

元大都城的平面布局是按照《周礼·考工记》中所记载的王城规制进行设计的，所谓"匠人营国，方九里，旁三门。国中九经九纬，经涂九轨。左祖右社，面朝后市"，就是说帝王都城应该是一座正方形的大城，边长九里，每边各开设三座城门，城中有南北方向、东西方向的干道各九条，每条大道都可以容纳九辆马车并行，王宫的左边（东边）是宗庙，右边（西边）是社稷坛，前面（南边）是群臣朝拜的地方，后面（北边）是市场。此外，刘秉忠在规划中还充分考虑了高粱河水系的地理特点，整套设计周密有序。

据《元史·世祖本纪》记载，元大都从至元四年（1267）正月开始正式兴建。至元八年（1271）二月，征调了28000多名来自中都、真定、顺天、河间、平滦等地的民工参与宫城部分的修建。实际上参与工程的民工人数，要远远超过这个数字，可见修建规模之大。至元九年（1272）二月，忽必烈改中都为大都，五月，开始修建宫城的东、西华门和左、右掖门。至元十年（1273）十月，开始修建正殿、寝殿以及周庑等。至元

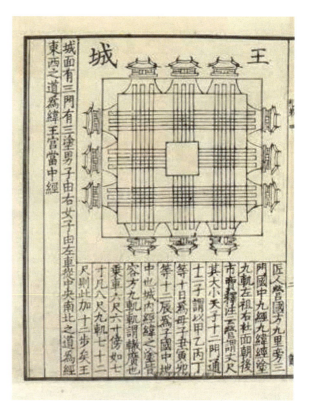

《新定三礼图》宋淳熙二年刻本
中国国家图书馆藏品

十一年（1274）正月，宫阙建造完成，元朝正式迁都大都城，忽必烈在御正殿接受诸王和百官的朝贺。至元十三年（1276），大都城内的主要工程基本上修筑完毕。至元十八年（1281），开始挖掘护城河。至元二十二年（1285），大都城内的重要建筑基本上全部竣工，二月，元世祖下诏，命金中都旧城的居民陆续迁入新城。至元二十七年（1290）六月，又征调了上万名侍卫，参与后续的营建。从至元二十二年（1285）到至元三十一年（1294），先后有将近 50 万居民迁入大都，

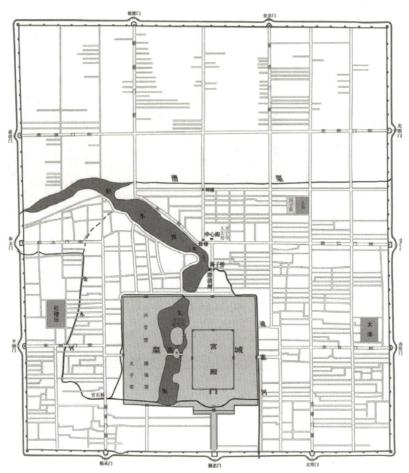

元大都平面示意图

在此期间又陆续增添了一些建筑。至此，一座雄伟壮丽、闻名世界的大都城全部建设完毕。

外城

大都城采用的是三套方城结构，由外到内分别是外城、皇城和宫城。

大都城坐北朝南，外城呈南北略长的长方形，史称"城方六十里"，规模远远超过了《周礼·考工记》中"方九里"的规制。经实际测量，大都城的东垣长约 7590 米，西垣长约 7600 米，南垣长约 6680 米，北垣长约 6730 米，周长约 28600 米，与"六十里"的记载大体相符。

唐宋时期，已经开始用砖石包砌城墙。但是为了节省人力物力，大都城的外城城墙全部用夯土筑成。墙体上窄下宽，为了防止雨水冲刷对土筑的城墙造成破坏，用苇帘子将整个土墙从上到下遮盖起来，因此大都城又被称为"蓑城"。

大都城外城的南垣在今东、西长安街的南侧；北垣在今黄亭子和中日友好医院连线的北侧；东垣、西垣的南段和明清时期北京的东、西城墙重合。东垣、西垣的北段，以及北垣，至今仍保存有遗迹。由于外城城墙都是用夯土筑成的，所以元大都城墙遗址又被称为"土城"。1957 年，北京市人民政府将"土城"列为北京市重点文物保护单位。1988 年 3 月 10 日，北京市人民政府正式批准在土城遗址上建立了"元大都城垣遗址公园"。2006 年 5 月 25 日，"元大都城墙遗址"被公布为全国重点文物保护单位。

元大都土城遗址 （摄影　贾冬明）

外城四周共有 11 座城门，东、西、南三面各三门，北面两门。东面三门，北为光熙门（今和平里东，俗称广熙门）、中为崇仁门（今东直门）、南为齐化门（今朝阳门）；西面三门，北为肃清门（今学院南路西端，俗称小西门）、中为和义门（今西直门）、南为平则门（今阜成门）；南面三门，东为文明门（今东单南，又称哈达门）、中为丽正门（今天安门南）、西为顺

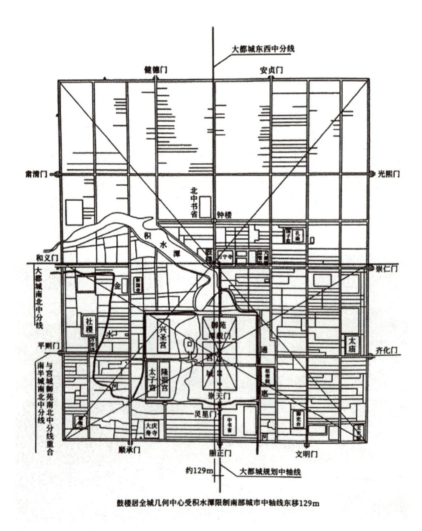

鼓楼居全城几何中心受积水潭限制南部城市中轴线东移129m

元大都平面分析图

承门（今西单南）；北面二门，东为安贞门（今安定门外小关）、西为健德门（今德胜门外小关），正中不设门。人们形象地将元大都描述为"三头六臂哪吒城"，因为南面三门好比是"三头"，东西两面各有三门是"六臂"，北面两门是"两只脚"。

按照《周礼·考工记》中记载的王城规制，四面城墙应当各开三门，但大都城外城的北面只开了两门，此番设计，与《周易》有关。《周易·说卦》："乾，健也；坤，顺也；震，动也；巽，入也；坎，陷也；离，丽也；艮，止也；兑，说也。"也就是说乾象征刚健，坤象征柔顺，震象征震动，巽象征进入，坎象征险陷，离象征附丽，艮象征静止，兑象征喜悦。按照八卦的性质配以方位，即乾，西北；坎，北方；艮，东北；震，东方；巽，东南；离，南方；坤，西南；兑，西方。因为正北对应的坎位表示险陷，所以北城墙的正中不设城门。而且，北城墙的东、西两门分别命名为"安贞"和"健德"，代表着皇帝要用良好的德行来排除险陷。"安贞"之名源于《周易》坤卦中的"安贞吉"，意思是安于正道便可获得吉祥。"健德"之名源于《周易》，《周易》乾卦《象》曰："天行健，君子以自强不息""见龙在田，德施普也"，意思是君子行事应当像天的运行一样，刚强劲健，奋发图强，巨龙（象征着有德行的君子）一旦出现，美德将恩泽天下。

皇城

元大都的皇城位于全城南部的中央区域。大都初建时，只有宫城，宫城之外并没有建造皇城。元世祖晚年时期，为了加强保卫，在宫城外面加筑了围墙，当时称为"萧墙"，防守的军队可以驻扎在萧墙和宫城之间的区域。其实严格来说，萧墙的作用更像是宫城的外围墙垣。为了方便进出，萧墙的四周一共设有15个城门，城门的颜色都是红色，因此泛称"红门"。萧墙的高度比宫城矮得多，主要用于阻拦骑兵，所以又俗称"红门阑马墙"。

萧墙也是用土夯筑而成的，但是在外面包上了毛石片，因此比外城城墙更耐风雨，也更美观。萧墙的东墙在今南、北河沿大街的西侧，西墙在今西黄城根大街，南墙在今东、西华门大街以南，北墙在今地安门外大街以南。萧墙的城门大多没有名字，目前已知有名字的有南墙正中的灵星门，在今午门附近；北墙正中的厚载红门，沿用了宫城北门厚载门的名称；东墙正中的东华红门，沿用了宫城东门东华门的名称。

萧墙环绕着宫城、隆福宫、兴圣宫、太液池和御苑而建，据明初萧洵所撰的《故宫遗录》记载，萧墙的周长大约是 20 里。元大都的宫城位于皇城内稍偏东的位置。宫城以北是御苑，在今景山公园北侧到地安门内一带。宫城以西是太液池，包括今北海和中海（南海到明朝时才开凿，因此元朝时尚无南海）。太液池纵贯皇城南北，池中有琼华岛，即金代离宫大宁宫，元朝时改称万岁山，又称为万寿山。万岁山是全城的制高点，山顶建有广寒殿，在这里可以俯瞰大都城的全貌。在太液池的西岸，建有两组宫殿，南为隆福宫，北为兴圣宫。隆福宫原来是太子府，元成宗时期改为皇太后的住所，另外在隆福宫以西修建太子宫。兴圣宫则是皇后和妃嫔们居住的地方。

在万岁山山顶的广寒殿中，曾经放置着著名的"渎山大玉海"，这是元世祖忽必烈在至元二年（1265）命人用一整块南阳独山玉雕刻而成的大酒缸，俗称玉瓮，在宴会的时候用来盛酒。渎山大玉海呈椭圆形，高约 70 厘米，直径 135~182 厘米，周长最大处将近 5 米，重达 3500 公斤，最多可以存放 30 余石酒。玉瓮外壁上雕刻着波涛汹涌的大海图案，在海浪中有鱼龙海兽出没，看上去既大气磅礴又典雅细致。元朝时，大玉瓮一直被置于广寒殿中。明朝时，广寒殿倒塌，玉瓮辗转流落到真武庙中，道士们不知其来历，把它当成了腌菜的菜缸。清朝时，玉瓮被人发现，乾隆皇帝用千金将其换回，置于北海团城的承光殿前。乾隆亲自作诗三首并写了序文刻于玉瓮内壁，还特地下令修建了玉瓮亭，命 40 名翰林学士每人赋诗一首，刻在亭柱上。2012年，渎山大玉海被《国家人文历史》评为镇国玉器之首，至今仍被安置于北京北海团城的玉瓮亭内。

宫城

宫城呈南北稍长的长方形，据《南村辍耕录·宫阙制度》记载："宫城周回九里三十步，东西四百八十步，南北六百十五步，高三十五尺。"元代每尺约 0.308 米，5 尺为一步，合 1.54 米。经实际测量，宫城南北长约 1000 米，东西宽约 740 米，与记载大体相符。

宫城的城墙是砖砌的，比萧墙和外城城墙更加坚固美观。宫城共设 6 个城门，南面三门，东、西、北三面各一门。南墙正中为崇天门，又叫午门，约在今故宫太和殿的位置，是宫城的正门。崇天门东边是星拱门，西边是云从门。宫城的东墙和西墙约在今故宫的东西两墙附近，东墙设东华门，西墙设西华门。北墙设厚载门，在今景山公园少年宫前。

宫城内的主要宫殿分为南北两部分。南边部分以大明殿为主体，北边部分以延春阁为主体。

宫城正门崇天门以内还有一重门，中间是大明门，左边是日精门，右边是月华门。过了大明门，便是大明殿。大明殿是宫城内最为重要的宫殿，面阔 11 间，一切重大的仪式都在这里举行，乃是"登极、正旦、寿节会期之正衙"。据萧洵《故宫遗录》中的记载，大明殿的殿基高可十（一作五）尺，规模和今太和殿相似。殿基前有三级殿陛，每级殿陛上都有白石栏杆，上面雕刻着飞舞的龙凤。每根白石栏杆的柱子下面都有鳌头伸出，极其华美。

大明殿的北面建有寝殿，两者之间通过一道南北向的柱廊相连接。大明殿、寝殿以及柱廊，三者构成了平面"工"字形结构。在整个大明殿建筑群的四周，有周庑围绕，周庑的楹柱和墙壁都涂有红漆，用多种色彩描绘，顶部用琉璃瓦铺设，装饰着檐脊，造型精美别致。

北边的一组宫殿在连接东、西华门的御道以北。正门为延春门，左为懿范门，右为嘉则门。过了延春门，便是延春阁，约在今景山公园南部，元朝的皇帝经常在这里召见大臣和举行佛事。这一组宫殿的布局和南边那组基本上相同，只是规模小一些。延春阁通过一道柱廊和后面的寝殿相连接，也呈平面"工"字形结构。

中轴线

刘秉忠在设计大都城时，先确定了宫城的位置，整个元大都的建设也是从修建宫殿开始的。选定了宫城位置以后，便将宫城的中心和主要建筑都置于全城的中轴线上，以突出宫城的地位，显示出皇权的至高无上。刘秉忠选定丽正门外第三桥南边的一棵树，作为宫城南门崇天门对准的方向，两者之间的连线，便是全城中轴线的所在。这棵树后来被封为"独树将军"。

元大都全城的中轴线，从外城南门丽正门开始，经过皇城南门灵星门、宫城南门崇天门，穿过大明殿、延春阁，出宫城北门厚载门、皇城北门厚载红门，经万宁桥（即海子桥，今地安门外大街上的石桥），直到全城的中心点——中心台。全城的重要建筑，都参照中轴线来排列，或是安排于中轴线上，或是安排于中轴线的左右。比如宫城的中心建筑群——大明殿和延春阁，就位于中轴线上。太庙和社稷坛，以中轴线为基准左右对称，分别位于东、西两边靠近于外城城墙的地方，这样排列，也符合《周礼·考工记》中提到的"左祖右社"的布局。

在大都城的规划设计中，确定中心台的位置至关重要，中心台就是全城中心的所在。沿着中轴线向北延伸，选定太液池上游、积水潭东北岸的一处地方作为全城的几何中心点，在这里修建了一块一亩见方的平台。在平台的正南立有一块石碑，上面刻有"中心之台"四个字，位置在今鼓楼偏南处。元大都在城内设置中心台作为全城中心的标志，在我国城市规划史上属于首创，也体现出当时的测量技术的进步。中心台及其周围的中心阁、钟鼓楼等建筑，构成了元大都的中心区，整个大都城的布局便是围绕着这个中心区展开的。

六、整齐划一的棋盘格局

元大都的街道都是统一规划设计的，井然有序，十分整齐。这些街道纵横交错，基本上都是南北方向和东西方向的。据《析津志辑佚·城池街市》记载：街制"自南以至于北，谓之经；自东至西，谓之纬"。意思是南北向的街道叫作经路，东西向的街道叫作纬路。按照《周礼·考工记》中"国中九经九纬"的设计原则，大都城中共开辟了经路、纬路各9条。

意大利旅行家马可·波罗在他的游记中曾生动详细地描述了元大都的街道，并给予了极高的赞赏："全城的设计都用直线规划，大体上，所有街道全是笔直走向，直达城根。一个人若登城站到城门上，朝正前方远望，便可看见对面城墙的城门。城内的公共街道两侧，有各种各样的商店和货摊。配给全城居民建房的土地，也是四方形的，并且彼此整整齐齐地排列在一条直线上，每块地都有充足的地盘，来建造美观的住宅、院子和花园等。……整个城区按四方形布局，如同一块棋盘。设计的精巧和美观，简直非言语所能描述。"

除了九经九纬的大道，元大都中还有很多小街小巷，街道无论大小，都有统一的修建标准。据《析津志辑佚·城池街市》记载："大街二十四步阔，小街十二步阔，三百八十四火巷，二十九衖通。衖通二字本方言。""火巷"原本是防火通道的意思，后来用来形容比较小的街道。"衖通"是"胡同"最早的写法，也是小街道的意思。按照元制一步为1.54米来计算，大街宽37米左右，小街宽18米左右，胡同一般宽4步，即6米左右。实际上，在大都城的建设中，并不是所有的街道都合规制。根据实际测量，大街宽 25 米左右，胡同宽约 6~7 米，也算是相当宽阔了。

元大都的街巷设计对后世的影响很大，明清时期的主要街巷很多都是在其基础上发展起来的。直到今天，我们仍然可以在北京东、西长安街以北，包括东单、东四、北新桥、交道口、南锣鼓巷、西单、西四一带的街巷和胡同中，看到元大都街巷的遗存。

外城以内、萧墙以外是居民区。大都城采用里坊制，坊是居民区的基本单位。坊的四周不设坊墙，呈开放式格局，便于居民的出入和交往。刘秉忠按照《周易·系辞上》记载的"大衍之数五十，其用四十有九"，将大都城的居民区划分 50 个坊，其中"居仁坊"分为东、西两坊，所以实际上是 49 个坊。

每个坊都设有坊门，门上署有坊名。各个坊的坊名起得颇有讲究，都是元代著名学者、翰林院侍书学士虞集根据《周易》《尚书》《孟子》《左传》等典籍中的典故命名的。比如，"豫顺坊"是根据《周易·豫卦》中记载的"豫顺以动""利建侯行师"而命名的，寓意南征北战，建功立业；"咸宁坊"是根据《尚书》中记载的"野无遗贤，万邦咸宁"而命名的，寓意天下安宁；"安富坊"是根据《孟子》中记载的"安富尊荣"而命名的，寓意安逸富贵；"怀远坊"是根据《左传》中记载的"怀远以德"而命名的，寓意安抚边远地区的人民。

大都城内以"八亩方地"为基本面积单位进行宅地分配，普通老百姓只能在这八亩的宅基地上修建房屋，而贵族、官吏和富人则不受"八亩"的限制，可以多占。在南北向街道的两侧，平行排列着东西向的胡同，"八亩方地"就整整齐齐地分布在胡同的南北两侧。这样安排，充分考虑了华北地区的气候特点，可以使建造的住宅坐北朝南，便于采光和通风。

七、便利的交通与繁荣的市场

元大都的商业活动十分繁荣，是当时元朝北方最大的商业中心。由于各坊之间没有了坊墙的阻隔，城市中主要街道的两旁发展出很多商铺。宽广的街道，畅通的通惠河为元大都提供了便利的交通条件，也促进了市场的形成和发展。

元大都内的市场主要有以下3处：第一处在中心台以西、积水潭北岸的斜街地区，称为"斜街市"。这里街道宽广，而且紧靠元代开凿的南北大运河的终点——积水潭。通惠河建成后，来往的商船可以直接进入城内，停泊在积水潭，因此这里市场兴起，是全城商业最繁华的地方。在斜街市几乎可以购买到所有日常所需的物品，这里分布着米市、面市、鹅鸭市、柴炭市、缎子市、皮帽市、沙刺市、铁器市、穷汉市等。其中，"沙刺"是蒙古语"珊瑚"的意思，沙刺市所在的整条巷子都是卖金银珠宝的店铺。第二处在今西四（牌楼）附近，称为"羊角市"，位于西城的中央地区，地处交通要道。羊角市主要是人们买卖牲口的地方，分布着羊市、马市、牛市、骆驼市、驴骡市等。第三处在今东四（牌楼）西南，称为"旧枢密院角市"，位于东城的中央地区。旧枢密院角市主要是向皇家供应比较高级的物品，这里可以直接通到萧墙东墙以内的御厨、柴场、御酒库、酒坊等皇室采购机构。

八、金水河濯手有禁

金水河是为了满足宫苑用水的需求而开凿的，又叫御沟水，目的是为了引玉泉山的泉水流入皇城。金水河是一条专门开辟的河道。据《元史·河渠志》记载，"金水河，其源出于宛平县玉泉山，流至和义门南水关入京城。"入城后先向东，再曲折南下，流到萧墙的西南角附近（今北京市西城区灵境胡同西口）后分为南北两支。北面一支先沿着萧墙西墙向北流，经过萧墙西北角后转而向东，沿着萧墙北墙向东流，然后在今北海公园九龙壁附近折而向南，注入太液池的北端（今北海）。南面一支一直向东，从萧墙的西南角流入皇城内，经过隆福宫前，注入太液池的西南角（今中海），然后从太液池的东南角流出，从灵星门（萧墙南墙正中）和崇天门（宫城南墙正中）中间的周桥下面流过，再向东从萧墙东南角流出，最后汇入通惠河。

金水河从西边引水入城，在五行中，西方属金，因而将其称为金水河。由于金水河是宫苑专用之水，要保持绝对的纯净，不得与其他河水相混，因此在遇到其他水道的时候，都要架槽引水，从上面横跨而过，称为"跨河跳槽"，而且元朝时严禁在金水河洗手饮马，犯者有罪。

九、残酷的"民分四等"

元大都中居民的民族成分之多，堪称当时的世界之首。不仅有东亚的汉、蒙、契丹、女真、高丽等民族，还有来自欧洲、中亚、西亚、阿拉伯地区的色目人。但是由于元朝实行残酷的民族压迫政策，因此元朝的统一只是地域上的统一，而并没有实现真正意义上民族融合的统一。

为了维护蒙古贵族的特权，元朝采取了"民分四等"的民族歧视政策，即一等蒙古人，二等色目人，三等汉人（指淮河以北原金朝境内各族，包括契丹人和女真人），四等南人（指淮河以南原南宋境内各族）。元朝虽然没有专门的法令明确表明这种划分，但是不平等却体现在一系列的政策和规定之中。比如杀蒙古人需要偿命，杀色目人的罚金80两，而杀死一个汉人只需缴纳一头毛驴的价钱。蒙古人可以侵占汉人的农田，并将农田上的汉人变成自己的农奴，随意买卖。元朝各级官府机构的首长都是由蒙古人或者色目人担任，汉人如果做官的话也只能当副职。

元大都地区的民族成分虽然十分多元，但是残酷的民族压迫、民族歧视和等级划分，在各民族之间形成了一道无法逾越的鸿沟。由于民族融合受阻，汉化进程缓慢，大都地区的人口素质普遍不高，各民族在压抑的环境中，缺乏开拓进取的精神，无法发挥出自身的优势。因此，元朝虽然幅员辽阔、人口众多，但是终其一朝也未能再现唐宋时期的繁荣和璀璨。

十、丘处机一言止杀

丘处机（1148—1227），登州栖霞（今山东省栖霞市）人，道教主流全真道的掌教，字通密，道号长春子，世人称之为长春真人，是著名的政治家、文学家、思想家、医药学家和养生学家。在道教派系中，丘处机是全真道主流支派龙门派的开派祖师，被奉为全真道"七真"之一。丘处机身处南宋、金朝、蒙古混战时期，但是由于他有极高的名望和地位，因此受到各方统治者以及广大百姓的热爱和拥戴。丘处机在73岁的时候，不顾年老体衰，为天下百姓远赴西域，劝说成吉思汗停止杀戮，他为民请命，以天下苍生为念的情怀为世人所敬重。

丘处机出生在一个贫苦家庭，在他很小的时候父母就过世了，因此他自小便饱尝人间疾苦。相传，丘处机在孩童时期就十分向往修仙得道的生活，想着有朝一日能够成"仙"。他曾站在高处，将铜钱扔进灌木丛中再找出来，然后再扔进去，再找出来，一次次地重复，目的就是要磨炼自己的意志。

金大定八年（1168），丘处机拜王重阳为师。王重阳共有七大弟子，分别是马钰（丹阳子）、谭处端（长真子）、丘处机（长春子）、王处一（玉阳子）、郝大通（恬然子）、刘处玄（长生子）和马钰之妻孙不二（清静散人），即全真七子。丘处机是全真七子中年龄最小的一位，但同时也是最有名望的一位。金大定二十八年（1188），丘处机应金世宗邀请，赶赴燕京主持"万春节"醮事，劝诫皇帝要"持盈守成"，从此声名大噪。金泰和三年（1203），丘处机接任全真道第五任掌教，在他掌教期间，

白云观邱祖殿 （摄影　贾冬明）

全真道乃至整个道教的发展进入了全盛时期。

　　邱处机掌管全真道时正值宋、金、元三朝交替时期，当时金朝和宋朝的统治者都想得到全真道的支持，均派使者前往栖霞山邀请邱处机，但都被邱处机婉言谢绝了。一方面是因为邱处机身为出家人，一心在清心修道上，对世间俗事没有兴趣；另一方面，邱处机认为金宣宗施政"不仁之恶"，宋宁宗有"失政之罪"，因此他先后拒绝了金朝和宋朝的邀请。

　　经过多年的征战，蒙古的统治疆域已经大幅拓展，但成吉思汗依然统领着大军四处征伐。当时成吉思汗听说全真道有"仙术"，能够延年益寿，长寿长生，且邱处机道法高妙、才学超群，于是成吉思汗便写信给邱处机，向他请教长生不老之术。蒙古太祖十四年（1219），成吉思汗派遣使者携带诏书前往山东，请邱处机前往蒙古相见。邱处机接信之后思虑再三，决定为了黎民百姓而亲自率领弟子西行，想要劝阻成吉思汗的征伐杀戮行为。蒙古太祖十五年（1220）正月，邱处机率领赵道坚、尹志平、李志常等18名弟子离开山东，前往蒙古，几个月后到达燕京。不巧的是，这时成吉思汗已经出发西征中亚，无法赶到燕京和丘处机见面。丘处机担心等下去会贻误时机，决定继续西行。

此时丘处机已经73岁，但他不顾自身年老体衰，经过长途跋涉，花费两年时间，于蒙古太祖十七年（1222）四月，在阿姆罕河南岸（现今阿富汗）地区赶上了成吉思汗的军队，成吉思汗立即召见了丘处机，称丘处机为"神仙"。因为成吉思汗属马，丘处机属龙，因此历史上也称这次会面为"龙马相会"。

成吉思汗先后3次与丘处机交谈，向他请教养生和治国的方法，丘处机借此机会向成吉思汗进言，讲述治国兴邦之本。根据《元史·释老志》记载，丘处机对成吉思汗讲述了3方面内容：一是要做到长寿，首要是必须清心寡欲；二是一统天下后，不能妄开杀戒，滥杀无辜；三是要施行仁政，敬天爱民。成吉思汗听后深以为然，停止了对无辜百姓的杀戮。这便是丘处机"一言止杀"的由来。

蒙古太祖十八年（1223）春，丘处机拜别成吉思汗东归故里，成吉思汗不仅派兵一路护送丘处机和他的弟子，还下令善待丘处机和他的教派，豁免了全真道的赋役。蒙古太祖十九年（1224），丘处机返回燕京，并应燕京官员的邀请主持天长观。蒙古太祖二十二年（1227），成吉思汗下诏将天长观改名为长春宫（因为丘处机的道号是长春子），请丘处机掌管天下道教。同年七月，丘处机病逝于长春宫宝玄堂，享年80岁，相传当时有香气萦绕燕京，整整3日才消散。丘处机去世后，其弟子尹志平在长春宫东侧建立了白云观，后来长春宫在战乱中被毁，白云观一直留存至今，现为中国道教协会会址。

在丘处机的带领下，全真道的发展进入鼎盛时期，不仅拥有大批的门徒，还在燕京地区修建了许多的宫观，并重修了《大金玄都宝藏》。全真道在当时的北京拥有极高的地位，对民间社会乃至整个北京的文化都有很大的影响。丘处机逝世后，燕京的百姓为了纪念他，将他的诞辰正月十九定为"燕九节"。清朝乾隆皇帝对丘处机"一言止杀"的事迹十分佩服，亲自为其撰联："万古长生，不用餐霞求秘诀；一言止杀，始知济世有奇功。"

十一、治国之才耶律楚材

耶律楚材（1190—1244），生于燕京（今北京），契丹族人，字晋卿，号湛然居士，是元代杰出的学者和政治家，也是一个生于北京、葬于北京的地地道道北京人。自成吉思汗起，耶律楚材参与辅政30余年，深得元帝器重，尤其是他提出要以儒家思想治国理政，得到了成吉思汗和窝阔台的肯定。耶律楚材为元朝的政权巩固和发展做出了卓越的贡献。

耶律楚材出身辽朝贵族，具有皇族血统，他是辽太祖耶律阿保机的九世孙，父亲是金朝尚书右丞耶律履。耶律楚材生于金明昌元年（1190），出生时父亲已年逾花甲。耶律履精通天文历法，在耶律楚材出生后，他对身边的人说："吾年六十而得此子，吾家千里驹也，他日必成伟器，且当为异国用。"（《元文类》卷五七）于是耶律履借用《春秋左氏传》"虽楚有材，晋实用之"的典故，给这个儿子取名为耶律楚材。"虽楚有材，晋实用之"的意思是楚国有人才，被晋国收为己用。巧合的是，耶律履之言成真，耶律楚材后来果然被蒙古人所重用。

自耶律楚材的祖父起，他们家就一直在金朝做官，大部分的时间都居住在燕京地区。燕京的汉文化氛围浓郁，耶律楚材家族的汉化程度也很高，尊崇读书知礼。耶律楚材幼年丧父，由母亲杨氏抚养长大，自幼饱读经书，深受儒家思想的影响。他崇尚儒家的"温良恭俭让"，深知"江山逆取而顺守之""治国应用读书人"的道理，认为治理天下就应该使用儒家的思想。他刻苦学习汉文化，博览汉书经典，通天文、晓地理、明人生，年纪轻轻便学贯古今。

金泰和六年（1206），24 岁的耶律楚材参加科举考试，获得优等，后担任开州地方官。金贞祐三年（蒙古太祖十年，1215），蒙古军队攻占了金中都，成吉思汗听闻耶律楚材是不可多得的人才，于是便邀请他讲述治国理政之道。耶律楚材侃侃而谈，大论治国安邦的道理，成吉思汗听罢十分高兴，便将他留在身边。耶律楚材"身长八尺、美髯宏声"（《元史·耶律楚材传》），因此成吉思汗称他为"吾图撒合里"，也就是"长髯人"的意思。

　　蒙古人十分迷信，一旦遇到大事必会占卜吉凶，恰好耶律楚材深谙此道，每次预测都能说中，而且耶律楚材还精通天文、地理、音乐、历史等各个方面的知识，因此成吉思汗越来越器重他。

　　蒙古族是游牧民族，生性彪悍，擅长骑马作战，文化教养方面略显不足，每每攻占城池，便会肆意杀戮，百姓不免要遭殃。蒙古太祖十四年（1219），耶律楚材开始跟随成吉思汗四处征战，他不断推行儒家治国的思想，出奇谋、献奇策，多次向成吉思汗奏呈治国安民的建议。他劝阻成吉思汗不要肆意杀戮，要爱惜生命，善待百姓，这样才能更好地让民众臣服。成吉思汗听从了他的建议，减少了杀戮。在成吉思汗临终的时候，指示他的继任者一定要重用耶律楚材。

成吉思汗去世后，他的儿子窝阔台即大汗位。由于耶律楚材为人正直、誉满朝廷，再加上成吉思汗的临终嘱托，耶律楚材得以继续受到重用。耶律楚材劝窝阔台要多学习汉族文化，尤其是学习治国安邦的道理，以便更好地治理国家。为了巩固大汗权威，耶律楚材提倡设立朝仪，使亲王察合台等人对窝阔台行君臣之礼。窝阔台的威信被进一步加强，因此对他更加依赖。耶律楚材被朝野上下尊崇为"社稷之臣"，仕途逐步走向巅峰。

窝阔台三年（1231），耶律楚材担任宰相之职。他大力提倡文治，推行"以儒治国"，挑选具备文德素养的人才担任官员。后来的许衡、张文谦、赵良弼等人都是由于耶律楚材的推荐而得以施展才华，成为辅佐忽必烈的重臣。窝阔台派他去管理漠南汉人地区的政务，他在这里实行了一系列发展生产、稳定民生的政策。耶律楚材曾向窝阔台提出 18 件当务之急的大事，即《便宜一十八事》，提倡废除苛捐杂税，推行军民分治、置官守地、恢复农田等。这些措施对安定北方秩序、恢复生产，起到了极大的促进作用。

相传，成吉思汗曾经思考自己为什么能够战无不胜、攻无不克，他认为是大草原给他提供了无穷的支持。草原上水草肥美，动物很多，他领兵作战不用携带太多的粮食，更重要的是广阔的草原有利于充分发挥出蒙古骑兵的优势。因此，成吉思汗在攻占一块土地后，都想将那里变为草原，屠光原有的居民。窝阔台即位后，也想推行父亲的策略，将中原肥沃的土地变为草原。据《元史》记载，曾有人向窝阔台建议："汉族人体质赢弱，对帮助蒙古征战天下没有太大用处，不如将这些人赶走，把他们居住的地方用来种草养马。"耶律楚材对此坚决反对，他对窝阔台说："军队作战要消耗大量的兵马钱粮，如果把中原变为草原，朝廷就会缺少税收来源，那么就没有支持军队继续作战的费用了。"窝阔台听从了耶律楚材的建议，支持耶律楚材推进改革。后来，中原地区果然上缴了大量的赋税，窝阔台十分高兴，从此再也没有提出要将中原地区变为大草原。

耶律楚材辅佐成吉思汗、窝阔台汗共计 30 余年，对元朝殚精竭虑，忠心耿耿。但是后来，耶律楚材因为弹劾皇后脱列哥那的宠臣奥都剌合蛮，而受到蒙古贵族中的顽固势力的排挤。窝阔台十二年（1240），耶律楚材诸路课税官的职务被奥都剌合蛮取代，领中书省事的职位被杨惟中取代。更加糟糕的是，次年窝阔台在行猎途中突然病逝，皇后脱列哥那称制，史称乃马真后，耶律楚材的处境更加艰难。

乃马真后三年（1244），忧愤成疾的耶律楚材去世，时年55 岁。耶律楚材死后，朝廷内外悲痛不已，汉族官员受恩于耶律楚材的功绩，尤为哀痛。全国上下一连几天都听不到乐声。乃马真后遵照耶律楚材的遗愿，将他的遗体送回燕京，和他的夫人合葬在玉泉山，并为他建庙立像，供后人瞻仰。耶律楚材祠至今还留存在北京颐和园昆明湖的东岸。至顺元年（1330），元文宗追赠耶律楚材为经国议制寅亮佐运功臣、太师、上柱国，追封广宁王，谥号"文正"。

耶律楚材推行的汉法改革虽然没有普遍实行，但在他的努力下，社会生产得以恢复，中原文化得以保存，元世祖忽必烈后来推行的改革在某种程度上也是对耶律楚材改革事业的延续，因此耶律楚材不愧是一位治国之才。

十二、刘秉忠与元大都

刘秉忠（1216—1274），字仲晦，邢州（今河北邢台）人，祖籍瑞州（今江西高安）。刘秉忠一生之中用过很多名字，初名"侃"，后来因为出家做和尚，又得到了一个"子聪"的法号，被称作"聪上人"，同时他又自称藏春散人。还俗入仕后，元世祖忽必烈赐名"秉忠"。刘秉忠是元代著名的文学家、政治家，深得元世祖忽必烈的器重。刘秉忠学识渊博，尤其是精通《易经》，对天文、地理等无所不通，由他主持设计的元大都，奠定了北京最早的城市雏形。

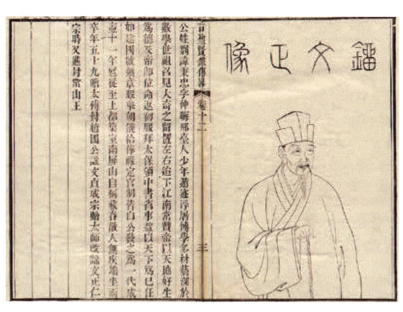

刘秉忠像

　　刘秉忠出生于官宦之家，从小天资聪颖，勤奋好学，8岁时就能背诵很多文章，17岁时就担任邢台节度使府令史，20多岁时已是一位学兼儒释道三家、多才多艺的青年学者，经、史、子、集无所不读，无所不知。年轻时期的刘秉忠心高气傲，胸怀报国之志，时常想着要为江山社稷、为天下苍生做一番事业。为官一段时间后，他对这种书记小吏的工作并不满意，常常感叹生不逢时。23岁的时候，刘秉忠觉得自己一直碌碌无为，但又不知该如何施展自己的抱负，于是他辞官回到山林过起了隐居生活。最初，他与山中的道士生活在一起，后来辗转去了天宁寺。但是刘秉忠并不觉得出家为僧是自己的归宿，于是不久之后，他便离开天宁寺云游四方。

在云游途中，刘秉忠意外遇到了当时享有极高声誉的海云禅师，海云十分欣赏他的学识，于是便带他一起北上去见忽必烈。由于刘秉忠才智出众、学问渊博，精通《易经》及宋代邵雍的《皇极经世书》，对天文、地理、历法、卜筮无不精通，因此对天下大事往往都能够提出许多真知灼见。初见忽必烈，刘秉忠也没有丝毫的胆怯，他十分从容淡定，深入剖析了当时的政治局势，详尽阐述了自己在治国安邦方面的思想。忽必烈对刘秉忠提出的观点十分认同，将他留在自己身边。刘秉忠深受忽必烈的赏识，逐渐成为忽必烈的重要谋臣之一。

刘秉忠认为治理国家需要因地制宜，在中原地区就要采用符合中原文化的管理方式，这样才能令政权得到巩固。他对忽必烈说，上古五帝在治国理政方面都有值得借鉴的地方，他们都是勤政爱民、施行仁政的明君，这一点尤其值得学习。当时元朝在漠南汉地地区的统治十分苛刻，百姓生活难以为继。刘秉忠便多次向忽必烈奏呈，希望忽必烈能够以这些明君为榜样，要勤于政事，体恤民情，了解民众的生活疾苦，做一位心怀天下的好皇帝。刘秉忠还向忽必烈推荐了两名汉族儒生来治理漠南地区，他们体贴百姓，对违法乱纪行为严惩不贷，当地经济迅速恢复，人口不断增加。忽必烈对此大加赞赏，自己也逐渐开始学习儒学，对汉族文化越来越重视。

由于刘秉忠在建筑设计方面也很精通，蒙古宪宗六年（1256），他便奉忽必烈之命，选址营建了开平城，即后来的上都。同时按照刘秉忠的建议，将燕京，也就是今天的北京作为首都，实行两个都城的制度。

至元四年（1267），刘秉忠再次领命，在金中都旧城以北营建一个新的都城，即后来的元大都。刘秉忠是大都城的主要规划设计者，主持参与了包括对地形的勘察、城址的选择、方位的确定以及具体的规划布局等一系列事宜。在规划设计新都城时，刘秉忠依据《周易》的哲学理念，按照《周礼·考工记》所记载的"匠人营国，方九里，旁三门。国中九经九纬，经涂九轨。左祖右社，面朝后市"的帝王都城建设的理想蓝图进行规划布局。元大都的设计与辽金旧城的设计相比要更加合理，并且规模是这些旧城的数倍。刘秉忠主持修建的元大都，奠定了北京市最初的城市雏形，在我国乃至世界的城市建设史上都有重要的地位。元大都堪称是当时世界上最为出色的建筑之一，在新都建成后不久，马可·波罗游历至此，称赞这是世界上无与伦比的建筑。

据《元史·刘秉忠传》记载，"（至元）四年，又命秉忠筑中都城，始建宗庙宫室。八年，（秉忠）奏建国号曰大元，而以中都为大都。他如颁章服，举朝仪，给俸禄，定官制，皆自秉忠发之，为一代成宪"。也就是说，刘秉忠不仅主持营建了大都城，甚至连元朝的国号、典章礼制、官制俸禄等都是出自他的建议，可见其对元朝的贡献之大。以至整个元朝，汉臣之中位封三公的，只有刘秉忠一人而已。

刘秉忠在受到忽必烈重用后，时刻以天下为己任，对于国家的大小事务，只要对江山社稷有利，他都知无不言，言无不尽，毫无保留地讲出自己的观点。刘秉忠心系百姓疾苦，他经常劝导忽必烈不可妄开杀戒。此外，他还积极推荐能臣干吏，帮助元世祖治理国家，使元朝走向强盛。

至元十一年（1274）八月，刘秉忠无疾而终，时年59岁。元世祖忽必烈听闻噩耗后十分惊讶悲痛，对左右群臣说："秉忠事朕三十余年，小心慎密，不避险阻，言无隐情。其阴阳术数之精，占事知来，若合符契，惟朕知之，他人莫得闻也。"（《新元史》卷一五七）并下诏将刘秉忠妥善安葬于大都城。刘秉忠墓就在今北京市卢沟桥以北不远处，明朝宰相姚广孝曾先后两次前往拜谒，并留下《春日谒刘太保墓作》来抒发自己对刘秉忠的敬佩之情。

十三、郭守敬与通惠河

郭守敬（1231—1316），字若思，邢州邢台县（今河北省邢台市）人，元代著名的科学家。郭守敬学贯中西，在天文历法、算术科学、水利等方面都有杰出成就，他的老师就是元大都的设计者刘秉忠。郭守敬在大都城的建设中，借助科学手段，解决了大都供水不足的问题。

郭守敬出身于士绅家庭，父亲郭荣曾经做过官宦人家的私塾先生。郭荣为人师表，学识渊博，精通天文、地理、历史等各个学科，尤其对自然科学有着十分浓厚的兴趣，这对郭守敬产生了深远的影响。在耳濡目染中，郭守敬自小便在天文、算学以及水利等方面展露出非凡的才华。郭守敬15岁的时候，便通过一幅《莲花漏》的旧图，推测出了它的工作原理，并将其复原。20岁时，郭守敬已经开始指导乡民疏浚家乡河道。

在元大都刚刚开始修建时，郭守敬就意识到，水源条件的约束将对大都城的建设和城市运转带来很大影响，尤其漕粮北运是必须要解决的问题，他建议将水利工程的建设同步纳入大都城的整体建设中。至元二十八年（1291），郭守敬向忽必烈奏呈，提出了"大都水利十一事"，建议将白浮泉水作为水源，在通州与大都之间开凿出一条运河用于运输漕粮。郭守敬的建议得到了忽必烈的认可，他被任命为都水监，全权负责开凿通州至大都的漕粮运送通道。

元朝的漕粮运输压力十分沉重，大都的粮食几乎全部要从江南地区运来，为了解决南粮北运的问题，元朝不仅开凿了南北大运河以改进河运，同时还积极发展海运。但是无论是通过河运还是海运，征调上来的漕粮都只能先运到通州（今北京市通州区），再从通州通过陆路运到大都城，中间的路程长达数

十千米，耗费十分庞大，其中每年用于车马运输的费用便高达 6
万缗（每缗为 1000 文），途中累死的牲畜难以计数。

　　当时在大都城的东南有金朝时开凿的旧闸河，这条闸河从
高粱河的中游开渠引水，向东直到通州。为了将积水潭和金代
旧闸河连接起来，在从中心台到萧墙北门厚载红门的南北向驰
道（即中轴线）上修建了万宁桥（即海子桥，今地安门外大街
上的石桥），在万宁桥下开渠，引积水潭的水从桥下向东流出，
过了萧墙东北角后，转而向南，沿着萧墙东墙一路南下，经过
丽正门（今天安门南）以东的南水门，再转向东南到达文明门（今
东单南）外，最后与金代旧闸河相连。这样运输漕粮的船只就
能够通过金代旧闸河进入到积水潭中。

🄝 通惠河玉河遗址 （摄影　田艳军）

　　但是，积水潭以高粱河为水源，水量不是很充足。为了开
辟新水源，都水监郭守敬亲自到大都城的西北山区勘查水道，
发现在城西北 60 里外的神山（今昌平区龙山）下有一眼白浮泉，
出水十分旺盛，而且地势略高于大都城，可以开渠将水引至大

都城中。但是直接引水的话，中间会流经沙河与清河谷地，这里的地势比大都城低，水流难以通过。于是，郭守敬决定先将白浮泉水西引，避开两河谷地，然后沿着西山山麓，汇集双塔、榆河、一亩泉、玉泉等诸多泉流，并开渠筑堰，称为"白浮堰"，导入瓮山泊（今昆明湖）。再沿着瓮山泊的旧渠道，至西水门入都城（《元史·河渠志》），注入积水潭内。然后积水潭中的水从万宁桥下向东流出，按照上面所说的路径，与金代旧闸河相连，最后向东到达通州，流入白河（今北运河）。为了调节水量，郭守敬还沿河设置了 24 处船闸，随时开闭，方便运粮船只的通行。

这项水利工程于至元二十九年（1292）春动工，到至元三十年（1293）秋全部建成，全长 164 里 104 步，从此南方来的船只可以直达积水潭。工程完工时正值元世祖忽必烈从上都归来，经过海子桥，看到"舳舻蔽水"的热闹景象，不禁龙颜大悦，赐名为"通惠河"。通惠河的开凿成功，在北京城市规划建设史上是一件大事，不仅解决了大都城的漕运问题，而且来往的商船可以停泊在积水潭，促进了商业的发展。积水潭成为大都城的水上交通枢纽，它东北方向的区域也因此成为当时大都城内商业最繁华的地方。

郭守敬不仅为大都城的水利工程做出了贡献，他在天文历法方面的表现同样十分出众。元朝建立之初，需要颁布新的历法，郭守敬就是当时改订历法工作的实际负责人。修订历法前需要进行天文观测，当时大都城中的天文仪器大部分都是北宋时期遗留下来的，基本上已经无法使用了，于是郭守敬重新创制了一整套精密的天文仪器。此外，他还上奏元世祖，修建了司天台，将天文仪器放于司天台上进行观测。借助这些先进齐备的仪器和设施，郭守敬等科学家进行了精准的天文测量，最终制定完成了《授时历》。《授时历》集古代历法之大成，反映了我国古代天文历法的高超水平，是当时世界上最先进的历法。《授时历》有着非常多的超前创造，尤其是通过精准的计算，将地球的一回归年确定为 365.2425 日，这和地球绕太阳公转一周的实际时间只相差 26 秒，与格里高利历（现行公历）的平均长度完全一致，但是《授时历》的推出时间比格里高利历早了 300余年。

大德七年（1303），郭守敬已经年过 70，当时朝廷规定只要年满 70 的官员都可以退休。但是由于郭守敬承担了很多任务的主持工作，朝廷离不开他，所以他只能继续留在太史院。元朝甚至因此形成了一个惯例，即太史院的天文官终身不准退休。延祐三年（1316），郭守敬去世，享年 86 岁。

据《元文类》卷五十《知太史院事郭公行状》记载，齐履谦曾这样评价郭守敬："公以纯德实学为世师法，然其不可及者有三，一曰水利之学，二曰历数之学，三曰仪象制度之学。"郭守敬为元朝在水利、历法、数学、天文等方面做出的贡献可谓是彪炳千古，无人能及。

十四、千户王著击杀权臣阿合马

阿合马（?—1282），出生年份不详，费纳喀忒（今乌兹别克斯坦境内）人，是元世祖忽必烈时期的重要大臣，曾身居宰相高位，手握元朝的财税大权。

元朝统治时期疆域辽阔，有很多来自中亚、西亚、东欧等地的人迁入境内，由于这些地区民族成分复杂，种类繁多，因此元朝时将他们统称为色目人，意为"各色各样的人"。色目人在元朝大多都身处上层地位，以高官富商居多。阿合马便是色目人的代表，由于他擅长理财，为元朝财政增加了很多收入，因此深受忽必烈的器重。阿合马先后任职于尚书省和中书省，专权长达 20 余载。随着手中权力的不断膨胀，阿合马自恃皇宠，逐渐变得不可一世，他贪污受贿、中饱私囊、排除异己、陷害忠良，朝中大臣和大都百姓无不深受其苦。最终，阿合马被千户王著设计杀害，死后罪行暴露，被忽必烈下令开棺戮尸。

元朝建立之初，国库匮乏，一方面连年征战需要消耗大量的军费，另一方面宫廷廪禄、宗藩岁赐也需要足够的财政支持。为了应对庞大的开支，解决财政困境，忽必烈一直在寻找具备理财能力的官员。因为财税问题不解决，将极大地影响政权的稳定。最初，廉希宪和刘秉忠等人向忽必烈推荐了一名叫作王文统的汉族官员。王文统本是金朝末年的进士，他深有谋略，颇具理财之能，于是忽必烈任命他为中书省平章政事，将有关财政赋税等方面的事情都交给他处理。王文统才能卓越，将有关柴米油盐、兵马钱粮的事情处理得井井有条，忽必烈甚是满意。

中统三年（1262），益都行省长官李璮起兵反元，朝廷即刻派兵镇压，很快就平叛成功，诛杀了李璮。由于王文统是李璮的岳父，二人关系密切，私下常有书信往来，有共同谋反之嫌，于是忽必烈将王文统和他的儿子王荛一并处死。虽然此次叛乱并未对元朝的统治产生太大影响，但是在忽必烈的心中却对汉臣产生了怀疑，他将汉人视作威胁所在，开始推行民族歧视和民族压迫政策，重用蒙古人和色目人，防范汉人。

阿合马出身低微，最初只是察必皇后父亲的陪嫁奴隶，后来跟随着皇后一同来到忽必烈的藩邸，成为忽必烈的一个小随从。中统三年（1262），忽必烈任命阿合马兼管中书左右部，兼任诸路都转运使，专门负责处理朝廷财政税收方面的事务。阿合马上任后，就利用河南等地原有的炼铁设备，大力发展炼铁行业，每年可以多上缴100多万斤铁，折合粮食4万石。此外，他看到太原等地的人民通过贩卖私盐获利很多，但是缴税并未增加，于是建议增收盐税。这些措施确实给官府带来了更多的财政收入，加上阿合马聪慧机敏，很会讨忽必烈的欢心，至元元年（1264）秋，阿合马越级升任中书省平章政事。

仕途上顺风顺水，阿合马的贪婪和野心也逐渐显露出来。早前王文统奉忽必烈之命铸造发行"中统元宝交钞"，简称宝钞，作为在市场上流通的货币，因为管理得当，一直以来都运行无阻。但在阿合马眼中，宝钞却成了他敛财的工具，他大量发行宝钞，导致货币贬值，物价飞涨，百姓对阿合马厌恶至极。此外，阿合马还通过各种理由增加赋税条目，除了粮食和盐外，甚至是醋也要交税。百姓家里有人去世，还要交"丧葬税"。至于其他各类税种更是多不胜数。在阿合马的"努力"下，老百姓的生活越来越困苦，元朝财政收入却大幅增加。但是忽必烈只关心日渐充盈的国库，因此对阿合马愈加宠信。

除了横征暴敛，阿合马还任人唯亲。至元十年（1273），阿合马已经掌握了中央实权，他的儿子忽辛只不过是个不懂事的胡商，却被任命为大都路都总管，是大都地区的最高民政长官，其他子侄也都是身居要职。阿合马越来越飞扬跋扈，大肆排挤陷害和自己政见不和的大臣，尤其是汉族官吏。阿合马的胡作非为令朝中蒙、汉大臣怨声载道，色目官员和汉人官员之间的矛盾更是无比尖锐。

阿合马在朝廷内外积怨甚深，据《元史·阿合马传》记载，他"内通货贿，外示威刑，廷中相视，无敢论列"。皇太子真金从小接受儒家教育，推行汉法，和汉臣儒士交好。阿合马排挤诬杀汉臣的做法，引起了真金的不满。他经常在不同场合，甚至在忽必烈面前给阿合马难堪。阿合马对真金又恨又怕，虽然知道真金厌恶自己，但也不敢对太子不敬。

至元十七年（1280），宰相廉希宪身患重病，他在死前劝告真金，希望他能劝忽必烈除掉专政佞臣阿合马，以维护元朝的统治，否则小人当道，祸国殃民，长此以往将难除大患。真金也早有除掉阿合马的打算，他原本是想和汉法派官员一起，将阿合马弹劾下台，但一直未能成功。

益都千户王著是小吏出身，后来从军当了千户，他有胆识讲义气，在看到阿合马的贪婪枉杀和百姓的怨恨愤怒后，便产生了要杀死阿合马，为民除害的想法。王著私下铸造了一把铜锤，发誓要用这把铜锤杀死阿合马。至元十九年（1282）二月，忽必烈出巡上都，太子真金跟随同行，大都由阿合马和张易留守。得知这一消息后，王著便和僧人高和尚密谋刺杀阿合马。三月十七日，王著和高和尚带领着80多名死士潜入大都城，假称太子真金和国师要回大都做佛事，让阿合马出城迎接。阿合马听闻太子要来，不敢怠慢，急忙召集官员前去恭迎太子。假太子在东宫前申斥责备阿合马数句，然后王著便将阿合马拉到一旁，从袖子中掏出铜锤，对着阿合马的后脑狠狠砸下，阿合马当场死亡。随后宫中守卫围攻王著等人，王著当场被擒，高和尚逃出城外，两天后在高粱河被擒。

忽必烈闻讯后，十分震怒，派人前去查办，下令处死王著、高和尚等人。临刑前，王著大呼："王著为天下除害，今死矣！异日必有为我书其事者。"（《元史·阿合马传》）

王著击杀阿合马一事具有很深的政治影响，反映了当时元朝的民族歧视和民族压迫政策不得人心，汉人、蒙古人、色目人之间的矛盾已经相当尖锐。阿合马的所作所为，使各个阶层、各个民族的人都深受其害。阿合马被王著杀死后，大都人民拍手称快，不仅是汉人，很多蒙古人、色目人也都欢呼相庆，表明各族人民的根本利益其实是一致的。

阿合马死后，他的种种罪行不断被揭露出来，忽必烈闻听后大为震怒。最令忽必烈生气的是，阿合马甚至将他人献给忽必烈的宝石据为己有。于是忽必烈下令追查阿合马余党，将与阿合马有关系的官员全部免职。在太子真金的奏请下，忽必烈下令将阿合马的条条罪状公布于世，阿合马的尸体也被挖了出来，在通玄门外戮尸，然后尸体被扔在荒野，任凭野狗撕咬。曾经不可一世的权臣阿合马，最终也得到了应有的报应。

十五、柴市正气歌

文天祥（1236—1283），初名云孙，后改名为天祥，字履善，又字宋瑞。根据史书记载，文天祥身材魁伟，仪表堂堂，皮肤白美如玉，眉清目秀，双目炯炯有神。文天祥从小就很钦佩忠贞义士，在孩童时代，他看到欧阳修、杨邦乂和胡铨的画像，并且知道这三个人的谥号都为"忠"，不由得感叹道："如果不能成为他们中间的一员，那就不能算是真正的男子汉呀！"

南宋宝祐四年（1256），年仅20岁的文天祥考取进士，随后在集英殿参加殿试。当时宋理宗在位已久，在治理政事方面渐渐怠惰，文天祥洋洋洒洒，写出1万多字的《御试策》，提出"法天不息"的思想，主张改革。宋理宗钦点他为状元。

南宋端平元年（1234），宋蒙联合灭金。金朝灭亡后，蒙古统治者便把矛头指向了偏安于东南的南宋政权，南宋统治陷入危机。南宋开庆元年（1259），蒙古军兵分三路，一路由忽必烈亲自率军攻向湖北鄂州（今武昌），另外两路分别向湖南、四川进攻。

当时鄂州的形势十分危急，南宋朝廷慌作一团，群臣惶恐不安。宦官董宋臣乘机主张迁都四明（今浙江宁波）以避强敌，准备情况紧急时乘海船逃跑。这时，文天祥挺身而出，毅然上书皇帝，慷慨陈词，提出御敌之计。他严正指出，皇帝应当领导军民保卫疆土，而不应该选择逃跑。文天祥义正词严地驳斥了害怕敌人、散布失败主义的无耻滥调，提出要严惩董宋臣之流。文天祥的上书代表了南宋军民保卫家园的心声，但是因为投降派在南宋朝廷中位高权重，文天祥的奏章还未送达皇帝就被扣压下来。由于文天祥多次向皇帝上书弹劾投降派，遭到以贾似道为首的一伙权臣的嫉恨，文天祥在10多年间时而做官，时而被罢，一直没有机会施展自己的政治抱负。

南宋咸淳十年（元至元十一年，1274），也就是元世祖忽必烈以"大元"为国号的第三年，忽必烈正式下诏书征伐南宋。

南宋德祐元年（元至元十二年，1275），南宋13万精锐部队在安徽池州下游的丁家洲与渡江的元军展开激战，结果南宋军队溃败。元军顺利渡过长江天险后，大军直奔南宋都城临安，南宋朝廷诏令天下兵马勤王。此时文天祥正在江西赣州做地方官，他手捧诏书痛哭流涕，随即召集了兵众万人。南宋朝廷命令文天祥以江南西路提刑安抚使的名义率军保卫京师，文天祥随即变卖家产作为军饷，于当年八月入卫临安，奔赴抗敌前线。由于宋元力量差距悬殊，有人劝文天祥不必做这种徒劳无益的事。文天祥表示："即便我以身殉职，但如果天下的忠臣义士能够因此奋起，也是可以力挽狂澜的。"

但是文天祥来到临安后，始终没有得到与元军作战的机会。南宋朝廷的大小官僚腐败到了极点，在南宋政权岌岌可危之时，仍然钩心斗角，把御敌之事放在一旁。他们既不让文天祥主持军务，也不采纳他的抗敌主张，而是频繁调防，以致贻误战机。文天祥先奉命驻守平江（今江苏省苏州市），后来调往独松关（今浙江余杭西北）。与此同时，元军势如破竹，攻陷常州、独松关和平江。

南宋德祐二年（元至元十三年，1276），元军统帅、中书右丞相伯颜率军进攻临安，驻军在临安城外30里的皋亭山。原本负责与伯颜谈判的南宋宰相陈宜中临阵逃跑。这时，文天祥毅然担起"右丞相兼枢密使、都督诸路军马"的重任，前往元军大营与气焰嚣张、不可一世的伯颜谈判。在谈判期间，文天祥大义凛然，痛斥伯颜。伯颜恼羞成怒，妄图以死来威胁文天祥，文天祥当即表示："我身为南朝的宰相，愿以死报国。"伯颜无计可施，只得将他扣下，押解北方。

在押往北方的途中，文天祥趁元军不备，在江苏镇江逃脱，历尽艰险回到南宋。途中，文天祥在船上写下《扬子江》："几日随风北海游，回从扬子大江头。臣心一片磁针石，不指南方不肯休。"

同年二月，元军攻占临安，俘获宋恭帝及谢、全两太后。宰相陈宜中与张世杰、陆秀夫等人在福州拥立益王赵昰，改元景炎，这就是宋端宗。文天祥辗转到达福州，继续进行抗元斗争。在这一时期，文天祥把患难之中所写的诗编成《指南录》，该名取自《扬子江》中"臣心一片磁针石，不指南方不肯休"中的"指南"二字。并为《指南录》作序，即《指南录后序》。在《指南录后序》中，文天祥叙述了自己出使元营、面斥伯颜、冒死逃脱、颠沛流离、万死南归的经历，反映了其坚定不移的战斗意志和忠贞不屈的民族气节。

南宋景炎二年（元至元十四年，1277）八月，文天祥被元军击败于江西吉水附近，妻子儿女被俘，部队瓦解。文天祥又一次逃脱，继续召集军队抗元。

南宋祥兴二年（元至元十六年，1279），元将张弘范率兵追击南宋残余部队，文天祥领兵在广东潮阳抗击元军。由于叛将出卖，文天祥在广东海丰北部的五坡岭战败被俘。文天祥被俘以后，元将张弘范从海道进军崖山，试图劝文天祥写信招降宋将张世杰，文天祥断然拒绝。在百般威逼下，文天祥始终不为所动，并写下脍炙人口的《过零丁洋》，诗中最后两句"人生自古谁无死，留取丹心照汗青"为后世千古传诵。同年，元军攻破崖山，南宋灭亡。张弘范再次劝降文天祥，说："南宋已经灭亡，你已经尽了做臣子的忠孝，如果你能改事元朝，宰相的位置还是你的。"但是，文天祥依然严词拒绝。

由于文天祥在南宋军民中的崇高威望和强大号召力，元朝统治者为了巩固刚建立不久的政权，在把文天祥押送到大都城后，对他百般威逼利诱，软硬兼施，试图迫使他投降，但是文天祥毫不动摇。根据记载，文天祥到达元大都后，元朝统治者先把他安置在"会同馆"，待如上宾，但文天祥整顿衣冠，通宵达旦地朝南而坐，以表示对南宋的忠心。后来，已经投降元朝的南宋宰相留梦炎和9岁的宋恭帝赵㬎也前来劝降，文天祥始终坚若磐石。

元朝统治者无计可施，便将文天祥关押在大都兵马司的一间矮小潮湿、不见天日的土牢内，企图用肉体上的折磨迫使他屈服。然而文天祥早已将生死置之度外，身陷囹圄却意志弥坚。

元至元十八年（1281）夏，在水气、土气、日气、火气、米气、人气、秽气等七气混杂的牢房中，文天祥写下了流传千古的《正气歌》："天地有正气，杂然赋流形。下则为河岳，上则为日星。于人曰浩然，沛乎塞苍冥。皇路当清夷，含和吐明庭。时穷节乃现，一一垂丹青……"《正气歌》全文高古悲壮，淋漓尽致地表现了文天祥的忠肝义胆、铮铮铁骨，他心怀天下，正气凛然的形象跃然纸上。

至元十九年（1282），河北省中山府的义军首领薛宝住扬言要攻打元大都，解救文天祥出狱，元朝统治者担心政权不稳，决定杀害文天祥以除隐患。这年十二月初八，即文天祥临刑的前一天，元世祖忽必烈亲自接见文天祥，许以宰相的高位，试图说服文天祥归附元朝。文天祥见到忽必烈时，仍然拒不跪拜，只是勉强地作了一个揖。忽必烈劝降不成，问他最后还有什么心愿，文天祥表示："愿赐之一死足矣。"（《宋史·文天祥传》）

次日，文天祥在大都柴市（今北京交道口南大街）被杀，终年47岁。相传，文天祥曾在刑场写下两首绝笔诗，其中一首只流传下最后四句："天荒地老英雄丧，国破家亡事业休。唯有一腔忠烈气，碧空常共暮云愁。"另一首为："孔曰成仁，孟曰取义，惟其义尽，所以仁至。读圣贤书，所学何事？而今而后，庶几无愧！"

当年囚禁文天祥的兵马司监牢，在今北京市东城区府学胡同内府学小学的校园内。明洪武九年（1376），明朝按察副使刘崧为了纪念文天祥，在近处修建了文丞相祠。

十六、武仁授受与两都之战

两都之战发生在元朝中期，是元朝最高统治集团内部争夺皇位的斗争。两都是指元武宗一系所在的大都（今北京）和泰

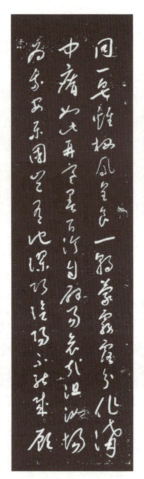

于右任书《正气歌》

定帝一系所在的上都（今内蒙古自治区锡林郭勒盟正蓝旗境内）。元武宗的儿子元文宗与泰定帝的儿子天顺帝为争夺帝位发动了大规模内战，但实质是朝中权臣为拥护不同皇帝而发起的战争，结果是以大都一方的胜利而告终。自成吉思汗死后，元朝在皇位继承制度方面就存在很大的漏洞，既没有采用中原王朝传统的嫡长子继承制，也没有形成一项明确的继位制度，因此政权交接极其不稳，先后发生了多次皇位争夺的事件。

　　大德十一年（1307），元武宗海山即位，他的弟弟爱育黎

拔力八达（也即后来的元仁宗）立下汗马功劳。海山为感谢弟弟，便将他立为太子，并约定"兄弟叔侄、世世相承"。这句话的意思是：在武宗死后，不将皇位传给儿子，而是传给弟弟爱育黎拔力八达，在爱育黎拔力八达死后，再将皇位传给武宗的儿子和世㻋，和世㻋死后，再将皇位传给爱育黎拔力八达的儿子硕德八刺，如此循环往复，这样政权便会在两人后代之间交替传递。元武宗和元仁宗的约定在元朝历史上被称为"武仁授受"。

至大四年（1311），元武宗病逝，爱育黎拔力八达即位称帝，他因"崇文右儒"获得了"仁宗"的庙号，他就是元仁宗。根据"武仁授受"的约定，元仁宗爱育黎拔力八达去世后，应当由元武宗的儿子和世㻋继承皇位。但"武仁授受"只是口头协议，是在当时政治环境下做出的妥协，实际上并不可靠。由于贪恋皇权，以及受到皇太后答己和权臣铁木迭儿的蛊惑，元仁宗即位后便违背了与元武宗的约定。元仁宗封和世㻋为周王，同时为了防止和世㻋夺位，又将他远派云南，实际上就是流放。随后元仁宗将自己的儿子硕德八剌立为太子。

延祐七年（1320），元仁宗病逝，太子硕德八剌继位，这就是元英宗。元英宗认为，元朝自建国以来皇族内乱、后宫干政、宫廷政变等事件不断发生，对元朝统治极为不利。在当时把持朝政的权相铁木迭儿死后，元英宗下令进行改革。他任用拜住为中书右丞相，大刀阔斧推行新政，但是由于新政影响到了蒙古贵族的利益，引发了诸多不满。同时，为了清理铁木迭儿一派的势力，元英宗下令追查他的党羽，这引起了铁木迭儿余党的恐慌。他们私下进行商议，决定趁元英宗外出之际发动政变。

至治三年（1323）八月五日，元英宗与丞相拜住返回大都时在南坡店驻营。当日夜晚，以铁木迭儿的义子铁失为首，共有16名铁木迭儿的余党参与发动了政变，元英宗和宰相拜住被杀，史称"南坡之变"。元英宗死后，铁失等人决定另立新君，在不断地商议和妥协后，他们决定拥立当时镇守漠北的元世祖长房嫡曾孙晋王也孙铁木儿为帝，即后来的泰定帝。

泰定帝即位后，为了防止大臣们怀疑他与英宗被害有关，撇清与铁失等人的关系，他便将包括铁失等在内的谋害英宗的一干大臣全部处死。为了防止再次出现争夺帝位的事件，泰定帝在即位的第二年，便立自己的儿子阿速吉八为太子。

泰定五年（1328）二月，泰定帝改年号为致和。但是仅仅过了5个月，泰定帝就驾崩于上都，年仅36岁。泰定帝去世后，本应由9岁的皇太子阿速吉八继位，但此时朝政大权被当时的左丞相倒剌沙把持。他恣意妄为，独断专横，利用太子年幼不能主事，在长达1个月的时间里不立新帝，导致朝野上下人心惶惶，大臣们议论纷纷。当时，元廷中仍然有很多忠于元武宗的大臣，他们认为泰定帝使用了不正当手段获取的帝位；而且，元仁宗并没有按照"武仁授受"的约定将皇位传给武宗的后人，因此十分同情周王和世㻋的遭遇，于是便产生了拥护武宗后人为帝的打算，其中尤以燕铁木儿为代表。

燕铁木儿曾经受到过元武宗的青睐，并被委以重任，因此燕铁木儿感念武宗的恩德，在泰定帝去世后，十分希望皇位能够由武宗的后人继任。加上丞相倒剌沙的恣意妄为，更坚定了他的这一想法。于是，燕铁木儿联合其他有相同想法的大臣，将泰定帝安排在大都留守的重要大臣全都逮捕起来，然后拥立武宗的次子图帖睦尔为帝。武宗有两个儿子，分别是长子和世㻋和次子图帖睦尔。燕铁木儿只是希望皇位能回到武宗后人的手中，并不在意是哪一位皇子接任。由于当时次子图帖睦尔所在的江陵离大都更近，燕铁木儿为了争取主动，便与一道发动政变的大臣迎图帖睦尔进京登基为帝，改元天历，图帖睦尔成为元文宗。

元文宗在大都登基称帝的消息传到上都，倒剌沙急忙立皇太子阿速吉八为帝，改元天顺，阿速吉八就是天顺帝。天顺帝即位后，倒剌沙认为燕铁木儿擅自拥帝是大逆不道的行为，因此便以讨伐叛逆为名，派遣四路兵马进攻大都。倒剌沙想通过四路兵马合围的方式迅速攻占大都。燕铁木儿闻讯后立刻整军备战，他派遣兵马加强各处关隘守卫，并亲自指挥主力军队，采用奔袭的方式，以攻代守与敌作战，两都之战爆发。

从双方作战的兵力来看，一开始上都方面得到了多路兵马的支持，实力更为雄厚。大都方面则是燕铁木儿等人拼凑起来的部队，在战斗力上难以与上都抗衡。而且太子阿速吉八已然即位，属于正统，那么文宗称帝便属叛逆，在政治上也处于下风。然而，虽然上都一方占据了种种优势，但是却缺少优秀将领的统率，加上兵力分散，难以统筹，导致优势很快就没有了。与此同时，在燕铁木儿的带领下，大都军队越战越强，多次击败上都军队，逐渐占据上风。天历元年（1328）十月，一直处于观望态度的齐王月鲁帖木儿看到战局日渐明朗，趁上都守卫空虚，率军奔袭上都，倒剌沙自知不敌便开城投降，献出了皇帝玉玺，年仅9岁的天顺帝阿速吉八在战乱中不知所终。持续了一个多月的两都之战宣告结束。

两都之战持续时间虽然不长，但是却极大地损耗了元朝的国力。此外，频频发生夺权事件令元朝的政局动荡不安，为后来元朝的灭亡埋下了伏笔。在战争中，大都地区遭到了严重的破坏，甚至出现了"野无居民"的悲惨景象。

十七、红巾军兵逼大都城

红巾军起义，是指发生在元朝末年的农民起义事件，爆发于元顺帝至正十一年（1351）。由于这些起义军都在头上裹着红巾，因此被称为"红巾军"，又因为他们在每次集会时都会焚香，因此又称为"香军"。红巾军的主要领袖包括韩山童、刘福通、徐寿辉等人，他们都是白莲教教徒，明朝的开国皇帝朱元璋最初也加入了红巾军。虽然红巾军起义最终没能成功，但是沉重打击了蒙古贵族势力，加速了元朝的灭亡，也为后来明朝的建立扫清了部分障碍。

元朝后期，统治阶级日渐腐化，国事日益衰败，蒙古贵族每天过着奢靡的生活，百姓处境却越发艰难。元顺帝即位后，终日不过问国事，不关心民间疾苦。在元顺帝统治时期，蒙古贵族更加肆无忌惮地剥削和压迫民众，加上元朝推行的民族歧视政策，汉族人民受到的奴役尤为残酷。蒙古贵族视汉人如家畜，用尽各种手段，大肆占领汉族人民的土地，并把这些肥沃的土地变成牧场。广大百姓连生存都成了问题，农业生产严重倒退，社会秩序遭到了严重的破坏。不仅如此，许多汉族人还被蒙古贵族征作奴仆，从此失去了人身自由。与此同时，官府又横征暴敛，税赋沉重，交不上税的百姓就会面临残酷的刑罚，这导致民怨沸腾，社会动荡。

在这样的背景下，广大贫苦百姓只有两个选择：要么忍，要么反。一是继续忍受这种惨无人道的折磨和各种不平等待遇；二是奋起反抗，至少还有活下去的可能和希望。元朝统治者"治国无方，扰民有术"，阶级矛盾和民族矛盾不断加深，人民不堪忍受，选择了奋起反抗，最终爆发了规模浩大的农民起义。

至正四年（1344）五月，黄河的白茅堤、金堤决口。事有凑巧，当地天气突然出现反常，在决口处连续多天下起大雨，引发了洪水灾害。周边百姓家园被毁，田地被淹，数十万百姓流离失所。至正十一年（1351）四月，元顺帝下令开凿新河道，使黄河可以东流入海，于是工部尚书贾鲁强行征调了15万民工参与修建工程。时间紧任务重，但是即便如此，元廷的官员们依旧不忘贪污腐败，他们不仅不安抚民工让他们安心开河，反而克扣民工饭钱，连一日三餐都不能按时按量供应。民工们饥寒交迫，怨声载道，甚至出现了大量民工饿死累死的情况，这招致了民工们极大的愤恨和不满。

白莲教的首领韩山童和教徒刘福通见到这一局面，认为起义的时机已到。他们开始不断在群众中间宣传"弥勒下生"和"明王出世"。此外，为了将起义假装成是上天的安排，他们到处散布"石人一只眼，挑动黄河天下反"的民谣，其实暗地里偷偷雕刻了一个独眼的石头人，并将这个石头人埋在了民工即将开凿的河道上。起初，大家并不知道这句民谣说的是什么，后来一些民工在开河时挖出了预埋的独眼石头人，惊讶不已，认为民谣真的应验了。

在起义之前，刘福通就向韩山童建议以"复兴宋朝"作为起义军的口号。刘福通认为，宋朝灭亡距今不过70年，但是宋朝的统治时间长达300多年。虽然宋朝末年同样民不聊生，但是毕竟是在汉族的统治之下，文化根基同出一脉。而且宋朝在经济和文化上曾经有过辉煌时期，老百姓想到那时的幸福生活，更容易被煽动起来。于是韩山童接受了这一建议。

至正十一年（1351）五月初，韩山童和刘福通聚集了3000人，在颍州颍上（今安徽阜阳）发动起义。刘福通向大家宣称韩山童是宋徽宗的八世孙，称自己是南宋名将刘光世的后代，上天指示他们起义反元，光复宋室，并且以"虎贲三千，直抵幽燕之地；龙飞九五，重开大宋之天"作为起义军战旗的旗号。在他们的鼓动号召下，起义军很快便发展壮大起来。不过可惜的是，这次起义前夕，不小心泄露了消息，起义军遭到官府的围剿，韩山童被捕杀，刘福通带着韩山童的儿子韩林儿杀出重围，攻占了颍州。在作战时，起义军大都头裹红巾，这就是"红巾军"名字的由来。颍州被占领的消息传到朝廷后，元顺帝急忙派兵前去镇压，双方各有胜负。红巾军所到之处，于民秋毫无犯，他们开仓放粮，赈济灾民，沿途的百姓由于受官府欺压已久，纷纷响应，红巾军的队伍迅速扩大，很快便增长到10万人。

至正十五年（1355），刘福通拥立韩林儿为"小明王"，定都亳州（今安徽省亳州市），国号"大宋"，又称为韩宋，红巾军正式建立起自己的政权。

至正十七年（1357）六月，刘福通指挥红巾军挥师北上，分东、中、西三路向元朝发起进攻，红巾军长驱直入，兵指大都城。其中，由毛贵率领的东路军，从山东北上。至正十八年（1358）二月，东路军攻下济南，连克清州、沧州、长芦等地。三月，毛贵率军到达潞州（今北京市通州区），前锋部队兵至枣林，威逼大都城。元廷上下惊恐万分，大臣们纷纷建议元顺帝迁都避难。这时，刘哈剌不花率领援军从彰德赶到，红巾军不敌，被迫撤兵济南，大都危机得以解除。

至正十八年（1358）五月，刘福通所率领的红巾军攻下汴梁（今河南开封），并将其定为国都。红巾军的势力在这时达到顶峰。红巾军的节节胜利令元朝统治者大为恐慌，元廷先后调集了多路军队围攻红巾军，但均被打得大败而回。在几近无计可施的情况下，元朝统治者决定调集所有能够利用的力量围剿红巾军，代表元廷势力的军队从各处向红巾军奔去。

在多方受敌的情况下，红巾军逐渐陷入劣势。由于分兵作战致使兵力分散，同时三路兵马各自为政，没有详细作战计划，缺乏统一指挥，加上兵力有限导致后援不足，红巾军开始接连失利，早期攻占的城池又被朝廷夺回。至正十九年（1359），元军攻克汴梁，刘福通保护韩林儿逃至安丰（今安徽省寿县）。至正二十三年（1363），安丰城破，刘福通阵亡，其他地区的红巾军力量也相继被镇压下去。在经历了长达13年的战争后，红巾军建立的韩宋政权最终结束了。

红巾军的起义斗争持续时间长、作战范围广，极大地损耗了元朝的军事力量，这也为后来其他起义军推翻元朝的统治奠定了基础。在北方的红巾军遭到元朝围剿的同时，早期在红巾军任左丞相，后脱离红巾军的朱元璋率领的起义军在南方迅速壮大。至正二十八年（明洪武元年，1368）正月初四，朱元璋在应天府（今江苏南京）称帝，国号明。同年七月，明军沿运河北上到达天津，随后攻下通州。八月，明军逼近元大都，还未等明军进攻，元顺帝就带着他的嫔妃皇子们逃向蒙古草原。至此，元朝政权在建立98年后最终土崩瓦解，汉人再次夺回了统治权。

一、明军攻占元大都

元朝末年，元朝统治者残暴无道，农民运动如狂风骤雨般席卷全国各地。至正十一年（1351），在韩山童、刘福通领导下，红巾军起义爆发。早期，朱元璋也曾是红巾军中的一员，后来他趁红巾军和元军对峙之际，乘机在长江中下游一带发展壮大自己的势力。至正十六年（1356），朱元璋率军攻占了集庆路（今江苏南京），改名应天府。在发展初期，朱元璋始终将徽州谋士朱升提出的"高筑墙，广积粮，缓称王"作为战略指导思想。至正二十四年（1364）元旦，朱元璋自称吴王。由于张士诚在至正二十三年（1363）也自立为吴王，因此为表区分，历史上称张士诚为东吴，朱元璋为西吴。

朱元璋在大败陈友谅、消灭张士诚、歼灭方国珍后，占领了江南半壁江山。至正二十七年（1367）十月，朱元璋任命徐达为征虏大将军、平章常遇春为副将军，率领25万大军北伐，在北伐檄文中，提出了"驱逐胡虏，恢复中华，立纲陈纪，救济斯民"的口号，以此来发动人民参与反元斗争。

元至正二十八年（明洪武元年，1368）正月初四，朱元璋在应天府（今江苏南京）称帝，国号大明，年号洪武。七月，明军占领了通州，元顺帝携后妃、太子放弃大都城，北逃上都。八月初二，徐达率领明军占领了大都城，推翻了元朝政权在中原地区 98 年的统治，汉人再次控制了长城以南地区，燕云十六州在时隔 400 多年以后，重回汉族王朝的统治之下。

明军占领元大都后，朱元璋便下诏改大都路为北平府，取"北方太平"之意。此后的数十年间，北平府虽然不是全国的首都，但是在政治、军事等方面仍然具有十分重要的地位。

洪武三年（1370）四月，明太祖朱元璋分封各个皇子为王，其中封第四子朱棣为燕王，就藩于北平。同年七月，朱元璋下诏在元朝宫城内隆福宫、兴圣宫等旧殿的基础上，改建燕王府。洪武十二年（1379）十一月，燕王府建设完成，位于太液池以西，王府整体上沿用了都城南京的宫殿规制。

洪武十三年（1380）三月，燕王朱棣正式进驻北平。在担任藩王期间，朱棣多次参与对蒙作战，表现出色，功绩卓著，在军中很有影响力。后来，随着明太祖的长子太子朱标、次子秦王朱樉、三子晋王朱棡的相继去世，朱棣在综合实力和宗室

明成祖朱棣像

长幼次序上，都成为诸王之首。

二、靖难之役

明太祖朱元璋猜忌权臣，为了加强宗室力量，保卫明王朝的统治而分封诸子。每个藩王手中不仅掌有粮草，还握有兵权。据史书记载，燕王朱棣曾拥兵 10 万，宁王朱权拥兵 8 万，还有6000 辆战车。这些受封的诸王地位非常高，朝中的将领和大臣都受到了节制，一定程度上达到了朱元璋分封的目的。然而，藩王势力的不断扩张，必然会对中央政府构成威胁。朱元璋虽然采取了一系列措施避免诸王之间相互串通，但是仍然为后面发生的靖难之役埋下了隐患。

洪武二十五年（1392），皇太子朱标因病去世，朱标的次子朱允炆被明太祖立为皇太孙。朱允炆聪颖好学，至诚至孝，深得朱元璋的喜爱。洪武三十一年（1398）闰五月初十，朱元璋病故，临终前他留下遗诏，将皇位传给皇太孙朱允炆。朱允炆即位后，建元建文，这就是明惠帝，后世又称建文帝。

面对权势膨胀、野心勃勃的各位藩王皇叔们，性情温和柔弱的建文帝忧心忡忡。兵部尚书齐泰、太常寺卿黄子澄以诸王势大难以驾驭为由，向建文帝提出削藩的建议。

洪武三十一年（1398）七月，建文帝先拿朱棣的同母胞弟周王朱橚开刀，废为庶人。建文元年（1399）四月，削齐王朱榑、湘王朱柏、代王朱桂，废为庶人。六月，削岷王朱楩，废为庶人。朝廷的大力削藩激化了藩王与朝廷之间的矛盾，藩王人人自危，此时实力最强的燕王朱棣俨然是诸王之首，削藩之举实际上成了建文帝和燕王朱棣之间的博弈。

建文元年（1399）七月，朱棣率领燕兵控制了北平城，公然反抗明朝中央政府，建文帝发兵讨燕。据《皇明祖训·法律》记载，朱元璋在位时为了防止权臣篡权，规定藩王有举兵清君侧的权力。朱棣便以此为借口，指斥齐泰、黄子澄为奸佞之臣，以"清君侧，靖国难"为口号，起兵诛讨，史称"靖难之役"。

经过3年多的较量，建文四年（1402）六月，燕兵攻入南京，"靖难之役"以燕王朱棣的胜利而告终。战乱中，建文帝下落不明。有人说建文帝于宫中自焚而死；有人说建文帝借助地道逃跑，削发为僧，隐居余生；还有人说建文帝逃亡海外，朱棣派郑和下西洋的目的之一就是寻找建文帝。真相到底如何，史书中没有记载，建文帝的真正下落成为明史上的一大悬案。

建文四年六月十七日（1402年7月17日），朱棣谒孝陵，并于当日即皇帝位，改元永乐，他就是明成祖。朱棣并不承认朱允炆的皇帝身份，称自己继承的是明太祖朱元璋的帝位，他废除了建文年号，将建文元年至四年改为洪武三十二至三十五年，将次年定为永乐元年。

三、永乐迁都

靖难之役后，北边防务空虚，蒙古隐患尚存，如果继续定都南京，远距离遥控边疆将领的风险和难度很大。而北平就在长城边上，即可控制中原地区，又能牵制北方蒙古势力，还能抗击东北地区，其地理位置在军事指挥的时效性和有效性方面具有天然优势。同时，天子亲自戍边，保卫边疆安全，极具震慑力和感染力，使朝廷内外在面对危机时更加团结、更有信心。另一方面，南京是明朝开国功臣集团的大本营，建文帝在此地残留的影响很大。从政治角度考虑，朱棣初登帝位，根基不牢，而北平一直是他的驻地和势力所在，自己的大本营显然更适合作为首都。在综合考虑了各种影响因素后，朱棣决定将都城迁至北平。

永乐元年（1403）正月，明成祖朱棣下诏改北平为"北京"，称"行在"，二月，改北平府为顺天府，开始为迁都做一系列的准备。明成祖对营建北京城一事十分重视，所谓"久而后定，非轻举也"（《明史·夏原吉传》）。永乐四年（1406）闰七月，明成祖命令大臣从四川、湖广、江西、浙江、山西等地收集名贵的木材，以供营建宫殿之用。永乐五年（1407）五月，开始正式修建北京宫殿。

永乐五年（1407）七月，皇后徐氏病逝，因此明成祖决定先将营建宫殿的工程暂时搁置下来，集中人力物力修建山陵（指帝王的坟墓）。山陵于永乐七年（1409）开始营建，选址定在今北京市昌平区天寿山主峰南麓。天寿山在当时叫作黄土山，明成祖选中此地后，觉得名字不雅，恰巧这一年赶上朱棣的五十大寿，于是改名为天寿山。永乐十一年（1413）正月，地官历时4年终于建造完成，明成祖将陵名定为"长陵"。

长陵修建完毕后，明成祖便重新启动了宫殿的营建工程。永乐十八年（1420）十一月，北京城的宫殿等基本竣工，据《明太宗实录》记载，北京"凡庙社、郊祀、坛场、宫殿、门阙，规制悉如南京，而高敞壮丽过之"，也就是说，北京城的建筑在规模上仿照南京的规制，但是宫殿更加高耸敞亮，雄伟壮丽。

永乐十九年（1421）正月初一，明成祖在奉天殿接受百官朝拜，宣布改北京为"京师"，正式迁都北京，原京师南京改作留都，史称"永乐迁都"。

永乐时期的北京城营建持续了15年之久，规模宏大，用料考究，精细浩繁。其间，明成祖还多次下诏，将各地的富民迁移至北京，以恢复充实北京的经济，所谓"移民垦荒，以实京师"。这样一座壮丽的都城背后，是无数劳动人民的辛苦劳动。据《明史·邹缉传》记载，"工作之夫，动以百万，终岁供役，不得躬亲田亩以事力作"。当时参与营建的民工达上百万之多，这些百姓没有时间耕田种地，养家糊口都成问题，却仍然要为统治者服务。

明成祖迁都北京，使北京城再次成为封建王朝的都城。北京集政治、军事中心于一体，有效增强了长城一线的军事防御，对巩固明王朝的统治，促进统一的多民族国家的形成与发展，具有重要的意义。

四、从北平府到顺天府

明初承元之制，在地方设立行中书省。洪武元年（1368），北平府隶属于山东行省。次年三月，单独设置了北平行中书省，治所在北平府。洪武九年（1376），将行省改为承宣布政使司，但是习惯上仍然称为"省"，北平行中书省也因此变为北平承宣布政使司。

洪武十三年（1380），明太祖朱元璋为了进一步加强皇权，撤销中书省，由皇帝直接统管六部，将原来中书省管辖的地区也归到六部，称为"直隶"。明成祖朱棣迁都后，将原来都城所在的应天府地区（相当于今江苏省、安徽省、上海市）称为"南直隶"，又称南京；将京师地区（相当于今北京市、天津市、河北省的大部分地区、山东和河南的部分地区）称为"北直隶"。

永乐元年（1403），明成祖撤销北平承宣布政使司，改北平为"北京"，改北平府为顺天府。永乐十九年（1421），明朝迁都北京，废行在之称，改北京为"京师"。永乐二十二年（1424），明成祖病逝，太子朱高炽继位，他就是明仁宗。明仁宗在当太子时，长期在南京监国，对南京有很深厚的感情，即位后便决定复都南京。洪熙元年（1425）三月，明仁宗将北京从"京师"改为"行在"，但是仅仅过了一个多月，明仁宗就病逝了，迁都之举因此而搁置下来。后来继位的明宣宗，更偏爱了北方的环境，因此宣宗一朝虽然北京仍称"行在"，但是并未实施还都的计划。直到明宣宗的长子明英宗即位后，于正统六年（1441），正式罢北京行在之称，重新恢复"京师"之名，此后一直到明朝结束未再发生变化。

京师地区的最高行政机关是顺天府，据《明史·地理志》记载，顺天府共辖5州22县，其中的4州9县全部或部分在今北京市境内，它们是：顺天府所领的大兴、宛平、良乡3个直辖县；通州及其所领的漷县；昌平州及其所领的顺义、怀柔、密云3县；涿州所领的房山县；蓟州所领的平谷县。今北京市延庆区一带在当时属于延庆直隶州及所领的永宁县。

大兴县和宛平县是两个倚郭县，又称京县。以明代北京城的中轴线为界，西为宛平，东为大兴。为了便于管理，明朝将北京城区划分为东、南、西、北、中五城，五城中均设有兵马司和巡城御使，负责掌管各个方面的军政事务。

五、北京城"凸"字形格局的形成

洪武、永乐、正统三朝修建内城

徐达在洪武元年（1368）八月率兵进驻北平城后，发现大都城的规模太大，甚至僭越了当时的首都南京城，不符合传统的礼制要求，而且在北方仍然面临着北元残余势力的威胁，过大的城池不利于防守。于是徐达对北京城进行了改造，放弃大都城北部比较空旷、人口比较稀疏的城区，在原来北城墙以南五里的地方，重新修建新的北城墙。这样一来，城的周长变为40里，和原来周长60里的大都城相比，城圈缩小了整整三分之一。由于北城墙南移，原来北垣的安贞门和健德门、东垣最北边的光熙门和西垣最北边的肃清门也相应被废去了，整体的城门数从11座减为9座。新的北城墙上同样开设了两门，并重新进行了命名，将安贞门改为安定门，将健德门改为德胜门，其他的城门名没有变化。9座城门分别是：东面两门，北为崇仁门、南为齐化门；西面两门，北为和义门、南为平则门；南面三门，东为文明门、中为丽正门、西为顺承门；北面两门，东为安定门、西为德胜门。

明成祖永乐十七年（1419）十一月，拓展北京南城，将原来元大都的外城南垣向南推移了不到两里（大约800米），在今宣武门至崇文门一线修筑了新的南城墙。东、西、北三墙的位置不变，只是东、西城墙向南延伸了一段与新南墙连接起来。新的南城墙上仍开三门，沿用之前的城门名，东为文明门、中为丽正门、西为顺承门。同时，将东墙的崇仁门改称东直门，西墙的和义门改称西直门。

明英宗正统年间，进一步改建和整修城垣。正统元年（1436）十月，明英宗"命太监阮安、都督同知沈清、少保工部尚书吴中率军夫数万人修建京师九门城楼"（《明英宗实录》卷二十三）。正统二年（1437）正月，城垣工程正式启动，直到正统四年（1439）四月才全部竣工。其间，共完成了九门正楼、月城楼、门外牌楼、箭楼和四隅角楼的修建。此外，还加深了城外护城河，在河上修建了石桥，相邻的两桥中间设有水闸。护城河的水从城的西北角流入，绕城一圈，经过九桥九闸，从城的东南角流出。这时，北京城的城墙和壕沟已经颇具规模。《明典汇》中评价，"焕然金汤巩固，足以耸万年之瞻矣"，城门楼等的修建，不但巩固了城防，还成为一道壮丽的风景。先前九门中仍有五门沿用了元时的旧称，明英宗将这五门也改了名字，其中南墙的丽正门改称正阳门、文明门改称崇文门、顺承门改称宣武门；东墙的齐化门改称朝阳门；西墙的平则门改称阜成门。

至此，经洪武、永乐、正统三朝的改建和整修，明朝前期北京城的城垣建制基本上趋于完善，这个北京城也就是后面所说的北京内城。直至清末，城内格局虽有增补，但未出现大的变动。

明世宗嘉靖年间增筑外城

明朝中期以后，朝廷内部宦官专权，政治日趋腐朽，边防力量也大不如前，边患十分严重。正统十四年（1449），发生了"土木之变"，明英宗被俘，瓦剌军包围了北京城。兵部尚书于谦率领军民奋力抵抗，才逼退了瓦剌军，京师得以解围。土木之变后，北京的城防再次引起人们的重视。据《明宪宗实录》卷一百五十六记载，成化十二年（1476）八月，定西侯蒋琬上奏说，太祖皇帝最初修建南京城时，在城外加筑了土城来保护居民。但是现在的北京只有内城而没有外城。天下太平已久，应当居安思危，吸取土木之变的教训，在北京内城之外加筑一道外城。蒋琬还指出，可以利用已经废弃的元大都的北城墙，这样只需再修建东、西、南三面的外郭城就可以了。然而，当时明宪宗并没有采纳蒋琬的建议。

明世宗嘉靖年间，蒙古骑兵多次南下侵扰。嘉靖二十一年（1542）七月，掌都察院事务的毛伯温等人以城外居民众多，需要城郭保护为由，再次提议增筑外城。明世宗虽然接受了他们的建议，但是由于国库财竭，迟迟没有动工。

嘉靖二十九年（1550）八月，距离土木之变发生100年之后，京师再度被围，俺答军自通州西行，兵临北京城下，史称"庚戌之变"。明廷应允了通贡互市的条件后，俺答军撤退。俺答撤兵后，明世宗便下令在南城墙正阳门、宣武门、崇文门外修筑外城，将三门以外的关厢（指城门外两三里以内的居民聚集区）圈进城内。然而这次明显属于亡羊补牢的仓促之举，仅仅修建了3个月，就因为时值隆冬，天寒地冻而再次搁浅。

嘉靖三十二年（1553）三月，给事中朱伯辰重提利用土城旧址修建外城之事。闰三月，兵部尚书聂豹等提出了具体的施工计划，外城将内城全部包围起来，呈"回"字形结构，其中南北外墙各18里，东西外墙各17里，共计70余里。其中可利用的土城旧址约为22里，所以还需新筑城墙48里（《明世宗实录》卷三百九十六）。明世宗批准了这个计划并开始动工。但是到四月的时候，明世宗又担心工程浩大，费用高昂，难以成功，于是找来大学士严嵩等人商议。严嵩等人到工地视察后，认为出于节省人力物力的考虑，可以先修筑南面的城墙，东、西两端向北折，与内城的东南角和西南角连接起来。由于边关情势危急，这段外城完全是抢修出来的，仅用了半年时间，到十月就完工了。这个外城将正阳、宣武、崇文三门外的关厢地区，以及永乐年间建成的天坛、山川坛等全部圈进了城中。

之所以选择先修筑南面的城墙，一方面是因为南面建有天坛和山川坛，另一方面是因为南郊地区人口稠密。元朝时金中都旧城中有大量未能迁入大都新城的居民，这些居民只能就近向大都城南郊迁移，最后集中在丽正门和顺承门外一带。永乐年间虽然将南墙向外进行了拓展，但也只是将一部分居民圈入城中，仍然有大部分居民被拦在城外。嘉靖年间决定增筑外城，但是由于人力不足、财力不支，无法大兴土木，只得先将南郊包围起来。

外城城墙有东、西、南三面，由于外城比内城宽，所以在东、西墙的北端分别加筑了一小段东西方向的城墙，与内城的东南角和西南角相连。于是，北京城在平面图上便形成了一个独特的"凸"字形结构，这也成为整个北京城垣构筑史的终结点，北京内外城的布局结构基本定型，直至清末未在出现大规模的改建工程。

六、宏伟壮丽的北京城

明代北京城的设计和布局，充分体现出古代皇权独尊的思想和严格的等级制度，反映了我国古代都城建设的最高水平，凝结了无数劳动人民的心血和智慧。世界著名建筑设计师贝聿铭曾这样评价北京城："北京古城是世界历史最长、规模最大的杰作，是中国历代都城建设的结晶。"明代北京城是四重城的结构，从外到内依次是外城、内城、皇城和宫城。

外城

北京外城环抱着内城的南面、东南角和西南角，像一顶帽子似的扣在内城上，所以外城俗称"帽子城"。据明代《工部志》（《日下旧闻考》卷三八引）记载，外城城墙一共"长二十八里"，东、西、南三面城墙的位置在今外城护城河的内侧一线。

外城共设有 7 座城门。南面开三门，东、西各开一门，在外城与内城的东、西连接处各开一门。南面三门，中为永定门，东为左安门，西为右安；东面一门，为广渠门；西面一门，为广宁门（清朝时避道光帝旻宁的名讳，改称广安门）；连接处的两门，东为东便门，西为西便门。

内城在建设时，有规划有布局，大街南北向并列，胡同东

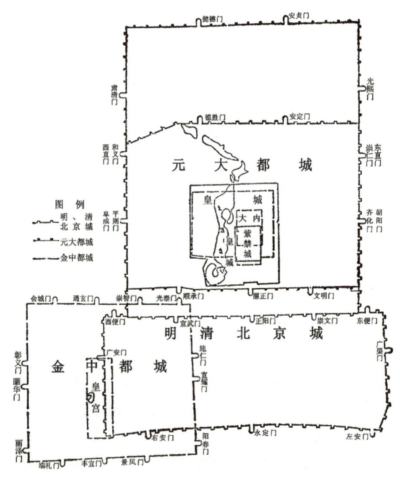

金中都、元大都与明清北京城位置示意图

西向平行，街巷都是工工整整呈棋盘式排列的。而外城是后来增筑的，没有像内城那样详细规划过。并且外城的商业区和居民区都是自然而然逐渐发展形成的，很多地方甚至还是小商小贩和穷苦百姓自己搭建起来的商铺和简易棚房。所以街巷曲折狭小、倾斜交错成为外城的一大特点。

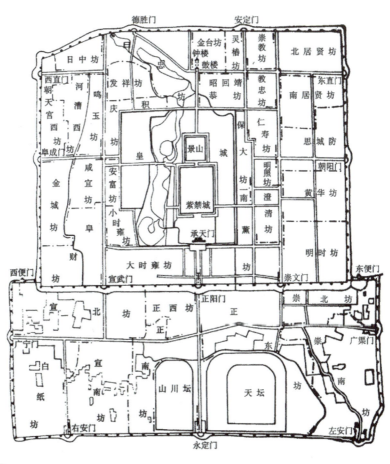

明代北京城平面示意图

内城

关于北京内城的周长，明代《工部志》（《日下旧闻考》卷三八引）中记载"周围四十里"，《明史·地理志》中记载"城周四十五里"。根据现代测量的结果，北京内城南墙长约6690米，北墙长约6790米，东墙长约5330米，西墙长约4910米，共计23720米，约合明制43.11里。可见，无论是"四十里"还是"四十五里"，都是一个大概的数值。

明代北京内城的范围和今天北京二环路的位置相当。内城的南墙在今前三门大街一线的北侧，北墙在今北二环路的位置，东墙在今东二环路的位置，西墙在今西二环路的位置。在内城的4个城角中，东南、东北、西南三角都为直角，而西北角是一个斜角。从四面城墙的长度也可以看出，西墙明显比东墙短。那么，为什么要将西北角建成斜角呢？

在民间流传着一种很有意思的说法，当时朱棣命姚广孝和刘伯温设计如何建城，上天派哪吒前来进行指导，二人便按照哪吒带来的图纸进行临摹。这时突然刮来一阵风，把哪吒的衣角吹了起来，正好盖在西北角位置。姚广孝面对天神也不敢声张，只能硬着头皮继续画，结果就是在画出来的图纸上，西北角成了一个斜角。当然，这只是一个传说，对于这个问题，从古至今的学者们给出了各种各样的理由。近年来，地质勘探工作的开展，为解答这一问题提供了思路。其实洪武年间初修北京城时，西北角也是一个直角，但是这个城角恰好建在了一条西南东北走向的地层断裂带上，因此地基不稳导致城墙经常倒塌。在后面重建的过程中，被迫逐渐向里侧改筑，所以西北角变成了一个斜角。也有学者认为，洪武年间紧缩北城墙，新筑的北城墙正好从积水潭中间最窄的地方穿过，为了保持城墙的坚固和稳定，决定将积水潭的西北部分隔在城外，所以西北角依照地形而修成了斜角。

内城共设有 9 座城门，南面开三门，东、西、北各开二门。南面三门，中为正阳门（又称前门）、东为崇文门、西为宣武门；北面二门，东为安定门，西为德胜门；东面二门，南为朝阳门、北为东直门；西面二门，南为阜成门、北为西直门。

在每个城门外还建有月城，每座月城内都建有庙。在北墙安定门和德胜门的月城内，建有真武庙，庙内供奉着真武大帝。因为真武大帝是传说中的北方之神，意为让真武大帝来镇守京师的北城。在其余七门的月城内都建有关帝庙，关帝即三国时期蜀国的大将关羽，一直以来都是忠义神武的代表。在月城内建关帝庙，意为借助关羽的神力来守卫城门。有一点值得注意的是，在正阳门的月城中，除了关帝庙，还建有一座观音庙。这座观音庙原本是明崇祯皇帝为了纪念洪承畴而建造的。崇祯十四年（1641），清军围攻锦州，洪承畴战败被俘，投降了清朝。但是最初传到明廷的消息是洪承畴英勇杀敌，最终战死沙场。崇祯帝听闻后十分伤心，随即下令在正阳门月城内修建祠

明代北京城内城城墙遗址 （摄影 贾冬明）

堂，以祭奠洪承畴的忠魂。祠堂建好之后，崇祯帝才知道洪承畴不但没死，还投降了清朝，于是连忙下令将祠堂改为观音庙，供奉观音大士。

此外，在七座关帝庙中，除了东直门处的关帝庙中没有供奉关公塑像，仅有一块牌位，其余六庙中均塑有关帝神像。这也是北京城"九门十座庙，一庙无神道"说法的由来。

皇城

皇城位于内城中央稍微偏西南的位置，呈南北稍长的长方形。据《春明梦余录》卷六《宫阙》记载，"皇城外围墙三千二百二十五丈九尺四寸"，按照明制折合成里数，约为17.92 里。根据现在实测，皇城周长约为 9024 米，合 18.048 里，与史书记载大致相符。

皇城的南墙位于今府右街南口到北京饭店一线；北墙位于今地安门东、西大街一线；东墙位于今东黄城根大街至晨光街一线；西墙位于今西黄城根大街一线，并经灵境胡同向东，到府右街后转向南到达府右街南口处。从四面城墙的位置可以看出，皇城的西南角位置缺了一块。这是因为明成祖在营建北京城的时候，将宫城和皇城在元朝旧址的基础上向南进行了移动，并且在元朝太液池的南端开凿了南海，沿着南海的西南岸走向修建了皇城城墙，因此西南角的位置上缺失了一部分。

据《春明梦余录》卷六《宫阙》记载，皇城共有六门。正南是大明门（在今毛主席纪念堂处），大明门以北到宫城南端的承天门之间是"T"字形的宫廷广场，广场是封闭的，属于皇城的一部分。在宫廷广场的北端是一个东西向的小广场，小广场东侧设有长安左门，西侧设有长安右门。皇城的东、西、北三墙各开一门，东为东安门，西为西安门，北为北安门。明朝时殿试考中进士的人，姓名都会被写在黄榜之上，张挂于长安左门外搭建的龙棚中。金榜题名的读书人，犹如鱼跃龙门般地位高升，因此长安左门又被称为"龙门"。明朝在每年秋季都会对死刑犯进行"秋审"，犯人们从长安右门被押入广场听候审问，犹如投身虎口，凶多吉少，因此长安右门又被称为"虎门"。长安左、右二门也正好贴合"左青龙、右白虎"之意。

从承天门经端门，直至午门的御道两侧也建有宫墙，将御道东侧的太庙和西侧的社稷坛隔在了宫城之外，所以被宫墙包在里面的承天门、端门和午门，被划分在宫城的八门之中。承天门前有外金水河流过，河上建有5座汉白玉石桥，称为外金水桥（宫城内的为内金水河和内金水桥）。外金水桥的使用体现出严格的封建等级制度，最中间的桥叫作"御路桥"，只限皇帝行走；御路桥的两侧是"王公桥"，只限宗室亲王行走；王公桥的两侧是"品级桥"，只限三品以上的官员通行。这5座桥正对着承天门的5个门洞。除此之外，在太庙和社稷坛前面还有两座"公生桥"，供四品以下的官员使用。

在承天门前后，各矗立着一对汉白玉华表，和承天门一同建于永乐年间。华表在中国有着悠久的历史，相传在尧舜时代就出现了。人们最初在交通要道竖立一根木柱，作为指路的标识，这就是华表的雏形。后来，人们可以在木柱上给君主刻写谏言，提出自己的意见，所以又称为"诽谤之木"（"诽谤"原为褒义，在古代是"议论是非、进谏"之意），作用相当于现在的意见箱。再到后来，华表失去了其本来的意义，逐渐演变成为一种纯粹的装饰性建筑。承天门前后的华表，用整块的汉白玉雕刻而成，基座是须弥座，一条巨龙从柱身底部盘旋而上，柱顶上方有承露盘，上面蹲坐着一只石犼。石犼又称"望天犼"，也叫"望兽"，华表的石柱也称为"望柱"。每根华表高约10米，重达两万公斤，庄严肃穆。皇城以内，都是皇家禁地，百姓不得居住。宫城位于皇城的东半部，西边是西苑，即今天的北海、中海、南海三海。在宫城正北，有一座高约14丈（今实测约43米）、周围约两里的土山。根据"苍龙、白虎、朱雀、玄武，天之四灵，以正四方"

的说法，在宫城之北的玄武位应当有山。所以明成祖在营建北京城的时候，下令将拆毁元朝宫殿的渣土和开凿南海、宫城护城河时挖出的泥土堆积在元朝延春阁的旧址处，筑成一座小山，意在压胜前朝，称为"大内之镇山"。明初为了预防战时燃料短缺，曾经在这里堆放了大量煤炭，因此该山又俗称"煤山"。明神宗万历年间，将其命名为"万岁山"。万岁山是当时全城的最高点，在山顶可以俯瞰整个北京城的秀美风光，每年重阳节的时候，皇帝都会来此登高远眺。清顺治十二年（1655），将万岁山改名为"景山"，这个名称一直沿用至今。

宫城

宫城，又称紫禁城，是皇帝居住和办公的地方。宫城是整个北京城营建工程的核心，也是最先建造完成的。据《明史·地理志》记载："宫城周六里一十六步，亦曰紫禁城。"据现在实测，宫城的南北墙长约 760 米，东西墙长约 960 米，呈南北稍长的长方形。

宫城为什么又叫紫禁城呢？这是因为我国古代将天上的恒星划分为三垣二十八宿，三垣即紫微垣、太微垣和天市垣。紫微垣，又称紫微宫，是三垣之中的中垣，位于北天的中央，传说是天帝居住的地方。根据"天人合一"的设计理念，都城的规划与天上的星辰相对应，皇帝自命为天子，其居所自然就是天帝居住的天宫，也称为紫宫。又因为皇帝居住的地方，宫禁森严，是平民百姓不可随意出入的禁地，所以紫宫之地便成了一座"禁城"。二者结合，就是"紫禁城"。还有一种说法认为紫禁城的"紫"字象征着紫气东来。传说老子路过函谷关时，守关的将领尹喜远远看到有一团紫气从东方飘来，知有圣人将至。不久尹喜果然看见老子骑着青牛而来，便请老子写下了著名的《道德经》。后来，人们将紫气看作是祥瑞之气，紫禁城中的"紫"便是取吉祥、幸运之意。

明代的紫禁城基本建在元朝宫城的旧址上，东、西墙的位置没有变，南、北两墙分别向南移动了 400 米和 500 米，整个空间有所拓展。紫禁城的四周加凿了护城河，俗称筒子河。城的四隅建有华丽的角楼，造型独特，精美讲究，每座角楼都是"九梁十八柱七十二条脊"，展现了我国古代人民高超的建筑技巧，堪称艺术精品。

据《春明梦余录》卷六《宫阙》中记载，紫禁城共有八门。承天门、端门和午门是通向宫城的御道的一连串三道门。午门的东西两侧有左掖门和右掖门。东、西、北三墙各开一门，东为东华门，西为西华门，北为玄武门（清朝时避康熙帝玄烨的名讳，改称神武门）。

紫禁城采用"前朝后寝"的布局，前面（北面）是外朝三大殿，后面（南面）是内廷后三宫。

午门是紫禁城的正门，在元大都皇城正南灵星门的位置。午门内有内金水河，河上有 5 座内金水桥。金水桥以北是奉天门，即外朝三大殿的正门，奉天门以内从南至北依次是奉天殿、华盖殿和谨身殿。在奉天门的东西两侧，对称建有文昭阁（文楼）和武成阁（武楼），再两侧建有文华殿和武英殿。文华殿和武英殿是两座功能性宫殿，明朝皇帝在文华殿与文人学士讲读经史，在武英殿与武臣将军商讨军事。

奉天殿是紫禁城内最雄伟壮丽的宫殿，也即人们经常说的"金銮宝殿"。奉天殿面阔九间，进深五间，象征着皇帝"九五至尊"的崇高地位。奉天殿是举行盛大典礼的地方，皇帝登基、颁发诏书、将军出征授印、公布进士黄榜等，均在此举行隆重的仪式。每年的正旦（正月初一）、冬至和万寿节（皇帝的生日），皇帝都会在奉天殿接受文武百官的大朝贺。华盖殿是一座亭形方殿，皇帝去奉天殿参加活动前在此休息准备，有时也会在这里召见和宴请官员。谨身殿是明朝皇帝在大典前更衣的场所，殿前建有平台，常用于召见大臣和接受朝拜。明世宗嘉靖年间，

🅰️紫禁城的角楼

将三大殿的殿名全部更改，奉天殿改称皇极殿，华盖殿为中极殿，谨身殿改称建极殿，奉天门随皇极殿的名称也改为皇极门。

　　谨身殿以北为乾清门，即内廷后三宫的正门，乾清门以内从南至北依次是乾清宫、交泰殿和坤宁宫。乾清宫是皇帝处理日常政务的地方，内有东暖阁和西暖阁，是皇帝居住的地方。交泰殿的形制和华盖殿类似，也是一座亭形方殿，殿名取自《易经》中"天地交合、康泰美满"之意，是皇帝和后宫妃嫔们的起居娱乐之所。坤宁宫在交泰殿的北边，是皇后的寝宫。乾清宫和坤宁宫的宫名均出自《道德经》，所谓"天得一以清，地得一以宁"，皇帝是天，即为"乾"，皇后是地，即为"坤"，因此皇帝的寝宫名为乾清宫，皇后的寝宫名为坤宁宫，代表着天地合璧，阴阳和合。

　　内廷后三宫的东西两侧，分布着东六宫和西六宫，合称"东西十二宫"，是嫔妃们居住休息的地方。东六宫和西六宫的北边，各有5组宫殿，叫作乾东五所和乾西五所，都是皇子的居住之地。坤宁宫的北边，是宫后苑（清朝时改称御花园），苑内有亭台楼阁、青松翠柏、竹林山石，景色十分优美，是皇帝、皇后和嫔妃们平日游玩散心的皇家园林。宫后苑的北边便是紫禁城的北门玄武门。

中轴线

明代北京城将中轴线的规划和应用发展到了极致，主要宫殿都坐落在南北走向的中轴线上，其他建筑对称均衡地排列在中轴线的左右两侧。

这条贯穿北京城南北，全长达7.8千米的中轴线，南起外城永定门，经内城正阳门，穿过皇城大明门和宫廷广场，经宫城承天门、端门、午门，纵贯外朝三殿（皇极殿、中极殿、建极殿）、内廷三宫（乾清宫、交泰殿、坤宁宫），经宫后苑，出宫城玄武门，穿万岁山，出皇城北安门，最后结束于鼓楼和钟楼。

值得注意的是，明成祖在营建北京城时，于永乐十八年（1420）对钟鼓楼进行了重建（《大明一统志》）。明以前，钟鼓楼都是左右对峙排列的，而明朝时将钟鼓楼前后放置，钟楼位于鼓楼以北大约100米处，成为全城中轴线最北端的终点。这样安排，可谓是前所未有。

这条气势如虹的中轴线，就像是北京城的脊梁，撑起了整座城市建筑的灵魂。可以说，这是当今世界上最长、最伟大，也最壮丽的城市中轴线。

七、徐达与北京

徐达（1332—1385），字天德，濠州钟离（今安徽凤阳市）人。徐达是公认的明朝建国第一功臣，是明太祖朱元璋手下最为得力的助手，位列明朝开国"六王"之首。他虽然出身寒微，但自小胸怀大志，立志要做一番事业。20多岁时就跟着朱元璋加入红巾军，起兵反元。徐达一直追随朱元璋，跟着他南征北战，立下赫赫战功，直到大明王朝建立，最终青史留名。

徐达为后世津津乐道的事迹主要是他为明朝的建立所做的贡献，实际上徐达对北京的建设和发展也起到了十分重要的作用。元至正二十七年（1367），徐达时任征虏大将军，当时常遇春是他的副将，他们率领25万大军进攻中原地区，先后占领了山东、河南等地。明洪武元年（1368）正月初四，朱元璋登基称帝，加封徐达为右丞相。同年七月，徐达和常遇春领军与元朝军队大战于河西务，击败元军后，随即又攻破通州。元顺帝听闻明军即将攻打元大都，急忙偕嫔妃、皇子、大臣等出城北逃。明军兵至齐化门（后改称朝阳门）下，因大都城无人守卫，徐达指挥军队顺利地攻下大都。攻克大都后，徐达下令，除了不投降的人外，"其余不戮一人"，大都城内"吏民安居，市不易肆"（《明史·徐达传》）。

据《明太祖实录》卷三十四记载，徐达进驻元大都后，"封其府库及图籍宝物等，又封故宫殿门，令指挥张焕以兵千人守之。宫人、妃主，令其宦寺护视，号令士卒无得侵暴，人民皆安堵"。因此，元朝故宫能够得以保存，徐达功不可没。为了加强城防，徐达还对元大都进行了改造，缩小城圈，加固城墙。

为了巩固边关，防止蒙古军队再度入侵，朱元璋命令徐达主持修建了包括古北口、居庸关、喜峰口等北京周边长城。《日下旧闻考·边障》中有关于徐达修长城的记载："居庸关，洪武元年大将军徐达建。"另外，在今北京市朝阳区，有个叫作"将台"的乡。据《帝京景物略》记载："洪武元年闰七月，左丞相（按：应为右丞相）徐达师至通州，距城三十里，筑台驻军。翌日天雾，设伏战，擒其梁王孛罗等。元主闻报，夜开健德门，北如上都。"所以，"将台"这个名称的由来，也是因为徐达。

洪武三年（1370），徐达官拜魏国公。次年，朱元璋命令徐达再次进驻北平。他一边操练兵士，一边继续对北平城进行改造，加固城墙。徐达将留在城内的 32000 余户沙漠遗民迁到城外屯田，还引导山后地区的军民迁移到北平地区开垦荒地。山后指的是太行山和军都山以北地区，也就是现在河北、山西两省的长城内外。徐达先后共计迁移山后居民 35800 户，达 19 万余人。从这个角度看，明朝自徐达起，出现了周边地区大规模向北京移民的情况。在徐达的努力下，共建立了屯田点 254 处，开垦良田 1300 多顷。这些开垦的土地分布在北京周边各个地区，包括海淀、朝阳、丰台、房山等地。徐达的这些措施大大强化了军队的粮草供应保障，促进了北京的经济发展，为明朝军队更好地守卫边关奠定了基础。

徐达自明朝建国以后就和北京城结下了不解之缘，他不仅在洪武年间初修北平城，还推行了移民屯田政策。此外，徐达还派人专门丈量了元朝宫城和金中都旧城的周长，为后人研究北京的建城史提供了非常珍贵的历史资料。徐达曾先后数次驻守北平城，甚至在他去世前一年还在北平。徐达去世后，明太祖朱元璋追封他为中山王，把他列为开国第一功臣。

徐达为北京城的建设和发展做出了十分重要的贡献，在北京的建城史上，徐达的功绩不可被忽视。

八、缁衣宰相姚广孝

姚广孝（1335—1418），字斯道，幼名天僖，法名道衍，长洲（今江苏苏州）人。姚广孝年轻时在苏州妙智庵出家为僧，精通儒、释、道三教。姚广孝白天上朝议政，晚上依旧穿僧服住在寺庙。因为僧服是黑色的，所以姚广孝又被称为"缁衣宰相"。明成祖朱棣对他十分尊敬，很重视他的想法和建议。姚广孝是靖难之役的主要策划者，在他的出谋划策下，朱棣以燕地一隅而攻取全国，最终成功登上皇位。在皇权专制时代，姚广孝用自己的方式过完了一生。姚广孝死后，明成祖为他建塔纪念，明仁宗赐他配享成祖太庙，身为臣子能够得到如此荣誉，不得不说姚广孝的人生是非常成功的。

姚广孝祖上世代行医，他天资聪颖，意不在悬壶济世，而在治国安邦。元至正八年（1348），年仅14岁的姚广孝在苏州妙智庵出家为僧，法号道衍，自称逃虚子。姚广孝不愿终日在寺庙诵经念佛，他到处游历，四海为家。在游历路上，姚广孝去道士席应真处寻访，他发现席应真对五行术数、奇门遁甲无所不知，无所不晓。于是他便拜席应真为师学习阴阳术数。在席应真的指导和影响下，姚广孝逐渐博通儒、释、道三教。他并不贪恋功名利禄，只希望一生所学能有用武之地。

明洪武十五年（1382），朱元璋的结发妻子马皇后病逝。他在全国挑选高僧，陪同诸位皇子，为马皇后诵经祈福。姚广孝幸得僧录司左善世宗泐的推荐，得到了与燕王朱棣接触的机会，二人交谈甚欢，后来他追随朱棣来到北平。姚广孝曾对朱棣说："如果王爷能够让我跟随左右，我就送王爷一顶白帽子。"王上加白，那就是皇字，姚广孝言下之意，是要辅佐朱棣做皇帝。

洪武三十一年（1398），明太祖朱元璋去世，建文帝登基称帝。建文帝即位后，开始大规模削藩，许多王爷相继获罪，这也引起了朱棣的恐慌。姚广孝趁机劝朱棣起兵，但朱棣犹豫不决，始终下不了决心。朱棣担心民心向着朝廷，自己起兵获得不了支持，姚广孝对此只回应了八个字，"臣知天道，何论民心"（《明史·姚广孝传》），足见其胆识与魄力。后来，姚广孝还偷偷安排了相士袁珙在朱棣微服出巡时借机给朱棣相面，袁珙对朱棣说他有天子相，今后一定能够成为皇上，恩泽天下。朱棣逐渐下定决心起兵，暗中招募勇士，训练兵马。

建文元年（1399），燕王府的护卫倪谅向建文帝告发朱棣谋反，朝廷派兵捉拿朱棣。朱棣立即借口诛杀在建文帝身边力主"削藩"的齐泰、黄子澄，以"清君侧，靖国难"为名起兵，发动"靖难之役"。姚广孝则留在北平辅佐世子朱高炽。

在燕军攻打南京前，朱棣本想稍作休整，伺机再战。姚广孝提出，南京守卫力量薄弱，应当迅速前往京师，一定能够攻克。朱棣采纳了他的建议，随即挥师南下，果然大获全胜，攻占了京师南京，取得了靖难之役的胜利。建文四年（1402）六月十七日，朱棣即皇帝位，改元永乐，他就是明成祖。

朱棣即位后，姚广孝拒绝了所有的赏赐，既不还俗，也不求高官厚禄，依然居住在寺庙中，过着清贫的生活。姚广孝辅佐朱棣并非为了功名利禄，只为一展生平所学。朱棣即位后不久，便决定将都城从南京迁往北平。姚广孝全程参与了迁都北京的重大事宜，他既是迁都的倡导者和支持者，也是明代北京城布局的规划者和设计者。姚广孝提出建造紫禁城，并根据"紫微正中"之意，按照堪舆学确定了紫禁城的方位。可以说，姚广孝是名副其实的北京城缔造者。

永乐元年（1403），明成祖下令编修一部综合性类书，初名《文献大成》，由解缙主持编纂。成书后朱棣不甚满意，于永乐三年（1405）命姚广孝担任监修，前后组织朝野上下 2169 人重新编纂，直到永乐五年（1407）正式成书。明成祖阅后大喜，亲自作序并赐名《永乐大典》。《永乐大典》共 22877 卷，其中目录 60 卷，全书共 3.97 亿字，装订为 11095 册，是我国古代最大的一部类书。《永乐大典》编成后藏于南京，永乐迁都时随之迁到北京。后来明世宗于嘉靖四十一年（1562）秋，下令重新抄录一部，直到隆庆元年（1567）副本才抄录完成。现在永乐正本的去向已经不为人知，存世的是嘉靖和隆庆年间重抄的副本。

后来，姚广孝担任了《明太祖实录》的监修官。此外，姚广孝还监制铸造了"永乐大钟"，这口大钟高达 6.75 米，重 46.5 吨，现存北京市大钟寺内。永乐大钟是世界第三大青铜钟，也是我国现存最大的青铜钟，至今完好无损，有"钟王"之称。

永乐十六年（1418），姚广孝病逝于北京庆寿寺，享年 84 岁。朱棣十分悲痛，辍朝两日以表哀悼，下令将姚广孝以

齋　齋名十一

遇齋　宋趙蕃淳熙荣荣周愚卿用荀卿氏之語以遇名齋從余求詩為賦古意一首　世俗爭知靚冶容粉粉墻宧交相從誰知亦有東正邑奉養辛勤供纖春遇期不嫁心不悔饉寒戴夫終德配君不見蘭生林下久含薰得時可以充君佩

存齋　金谿縣象山槐堂書院有堂扁存齋宋來梅養大全集　存齋記　予吏於同安而游於其學嘗私以所聞語其士之與予游者於是得許生升之為人而敬愛之此子之辭史也請與偕歸以共卒其講業焉一日生靖於予曰升之來也吾親與一二昆弟相為蔂壤堵之室於澈廬之左將解嗣逵尊而居為帷夫子為知升之志敢靖所以名之者而章敦之則升之顧也予辭謝不復因念與生相從於今六七年視其學專用心於内而世之所肩一豪不以介於其間嘗竊以為生之學蓋有意于孟氏所謂存其心者於是以存名其齋而告之曰子不敏何足以知吾子然今也以是名于之齋則於

《永乐大典》书影

僧人的礼制安葬在房山东北。朱棣还下令为姚广孝修建墓塔。并亲自撰写神道碑铭。姚广孝墓塔至今仍矗立在北京市房山区常乐寺村北，是一座高达 33 米的八角九级密檐式砖塔，塔前立有明成祖朱棣"敕建姚广孝神道碑"一座。明仁宗朱高炽即位后，赐姚广孝以文臣身份入明祖庙，姚广孝生前辅佐成祖，死后亦陪伴其左右，这应是他作为朱棣谋臣的最大荣誉了。

九、戚继光修长城

戚继光（1528—1588），字元敬，山东蓬莱人（一说祖籍安徽定远）。戚继光是明代杰出的政治家，军事家。他在东南沿海附近抵抗倭寇 10 余年，率领着"戚家军"立下赫赫战功，扫平了山东、浙江、福建沿海等地困扰朝廷多年的倭患，深受百姓的爱戴。实际上，除了为世人熟知的抗倭事迹外，戚继光还组织领导了万里长城北京段的整修工作。

秦始皇时期所筑的秦长城，是此后历代修缮长城的基础。两汉、北朝、隋朝等都曾大修过长城。因为唐朝时期和北方少数民族关系较好，因此唐代并没有对长城进行过大规模修葺。到了两宋时期，由于财政经常处于拮据状态，也没有力量重修长城。一直到明朝建立后，从明太祖朱元璋开始，修缮长城的工程才又重新启动。

明朝修补长城的力度很大，并不是将原来荒芜的长城修修补补，而是真正意义上的重建，许多段落都是完全重新修筑的。明朝对长城的修建持续了很长时间，在明世宗嘉靖年间到明神宗万历年间完成了修建长城的主要工程。明朝十分重视长城一带的防守，沿着长城设置了 9 个防区，称为"九边"，也称"九镇"，蓟州镇就是九镇之一。戚继光在内阁首辅张居正的大力支持下，主持修建了蓟州镇管辖的长城。这段长城东起山海关，西至北京居庸关，紧靠京师北平，全长 1200 多里，气势宏伟，蔚为壮观。

在扫平倭寇后，同为抗倭将领的俞大猷在给戚继光的信中说："丈夫生世，欲与一代豪杰争品色，宜安于东南，欲与千古之豪杰争品色，宜在于西北。"（俞大猷《正气堂集》第十二卷）戚继光当时也想去北方驻防，干出一番事业。隆庆元

慕田峪长城 （摄影 贾冬明）

年（1567），明穆宗朱载垕任命戚继光为神机营副将，北上蓟门守卫边关。

戚继光修建长城主要是为了防范关外少数民族的侵扰，为此他曾专门实地考察了蓟州镇的长城。在考察后，戚继光认为，这段长城既不够高，而且也不够厚，经过长期的风吹日晒，外加年久失修，早已残破不堪。虽然中间也经历过修葺，但只是简单做了一下加固，基本上也没什么太大用处。于是他便上奏朝廷，建议重修长城。

隆庆三年（1569）二月，戚继光任蓟州镇总兵，开始着手准备修建长城。为了保证长城的质量，戚继光亲自监工。他对工事要求非常严格，每个环节都要求做到尽善尽美。在修建过

程中，戚继光除了对长城进行了加高加厚，还组织劳工在东起山海关，西至居庸关的长城沿线修建了1300多座敌台。敌台共分上下3层，高5丈，周长12丈，大都为空心的，又称"空心台"。每个空心敌台能够容纳百余名士兵，在敌台内还可以储备粮草以备战时所需。由于敌台很高，视野更加开阔，可以更快地发现并传递敌情。在经过长达5年的努力后，蓟镇长城终于修建完工。除此之外，戚继光还领导重修了八达岭、古北口、慕田峪、金山岭等处的长城。

戚继光任蓟州镇总兵长达15年之久，在这期间北部边防从未发生过大问题。一方面是由于戚继光的抗倭事迹威名远播，关外少数民族对他很是忌惮；此外，即使在相对和平的时期，戚继光依然整日练兵，未曾有一日懈怠，并且经常进行大规模的军事操练；戚继光主持修建的长城固若金汤，坚不可摧，敌人很难攻破。

万历十年（1582），张居正病逝，给事中张鼎思趁机上书将戚继光调离京师，次年二月，戚继光任广东总兵官。万历十三年（1585），因给事中张希皋的弹劾，戚继光罢职还乡，3年后病逝。

在今北京市密云区的龙泉寺中，仍然留有戚继光诗碑。万历三年（1575），戚继光曾游览密云龙潭，并赋游龙潭七律一首，刻在碑上置于龙泉寺中。

戚继光不仅在抗倭事业中表现出卓绝的军事才能，他在非战争时期主持修建长城，在巩固边防方面同样做出了巨大贡献。戚继光开创的空心敌台，是军事防御工程中一项极具特色的创造，他的事迹至今仍在长城沿线流传。

十、明朝的三厂一卫

皇朝更迭之后首先要做的就是强化当权者的统治，这几乎是每位皇帝即位后都会做的事情，这样做的目的也是为了保证政权的稳定。为了强化中央集权，明朝自明太祖朱元璋开始就设立了特务机构，并不断形成了"厂卫"制度，即"三厂一卫"。"三厂一卫"中的"三厂"包括东厂、西厂和内厂，"一卫"指的是锦衣卫，"三厂一卫"都是侦缉机构。

"三厂一卫"中最早设立的是锦衣卫，地址在五军都督府西南（今天安门广场西南）。洪武十五年（1382），即明朝建立 15 年后，明太祖朱元璋在南京亲自设立了锦衣卫指挥使司，这是明朝的首个特务组织，后来撤销了一段时间，明成祖迁都北京后重新设立。锦衣卫的首领叫作指挥使，一般由皇帝信赖的武将担任，很少由太监负责。锦衣卫的主要工作是在皇帝的授意下，监测朝中官员的动向，掌握官员们的日常活动，严密监视他们的行为，并负责调查官员当中是否存在结党营私、贪污受贿或者密谋反叛的行为。此外，锦衣卫的另一项重要任务是保护皇帝的安全，防止皇帝被人刺杀。相传，最初朱元璋的本意是要将锦衣卫作为仪仗队，但是后来他发现刑部、大理寺、都察院等部门都不能取得他的充分信任，于是他便提升了锦衣卫的地位，成了他的"直属卫队"。再后来，锦衣卫的职能被不断强化，先后添设了法庭与监狱，逐渐成为组织严密的军事特务组织，明朝凡是重要的政治案件均需经过锦衣卫审理。

相传，明朝的开国功臣宋濂在家中宴客，第二天上朝后，朱元璋向他询问昨天吃饭都邀请了谁，吃了什么菜，有没有喝酒，宋濂一一如实作答。朱元璋听完后对宋濂说："你说得很对，没有欺骗我。"接着，朱元璋拿出了一张详细记录着宋濂宴请宾客的座位图，这令宋濂大为恐慌。这件事从侧面体现出明朝对大臣们的监视十分严格，锦衣卫的存在对朝中官员的震慑力是非常大的。

永乐十八年（1420），明成祖朱棣设立了东厂，这是三厂之中最早成立的，地址在东安门以北（今北京市东城区东厂胡同）。东厂归皇帝直接指挥，大太监负责掌管司礼监。"靖难之役"

后朱棣夺得了皇位，但是在他当上皇帝后，不断有流言传出，说建文帝未死；同时，朱棣也知道自己是通过政变取得的帝位，朝中很多大臣内心并不十分支持他，因此他一直担心自己的帝位不稳。于是朱棣便决定成立一个新的机构来巩固自己的统治，东厂因此诞生。东厂主要由太监组成，因为太监都住在宫内，而官员们住在宫外，一旦出现任何风吹草动，太监总将消息第一时间告知皇帝。与锦衣卫相比，东厂监视的对象要更多，上至皇亲国戚和文武百官，下至普通百姓，都在东厂的监视范围之内，但是东厂并没有提审罪犯的权力。经过几十年的发展，东厂的权力甚至超过了锦衣卫。锦衣卫提审犯人时，东厂往往会派人前去全程监督审判环节。

成化十三年（1477），西厂成立，地址在灰厂（今北京市西城区罗贤胡同东）旧址，由大太监汪直直接管理。西厂的设立源于明宪宗时期发生的一起灵异事件。明宪宗成化年间，北京城内发生了"妖狐夜出"的案件。民间道士李子龙借此事蛊惑人心，使用旁门左道之术夸大案情，趁机认识了许多掌权的太监。这些太监经常邀请李子龙入宫，李子龙进入皇宫后装神弄鬼，甚至和宫女通奸。后来，东窗事发，李子龙和他的同党被锦衣卫抓住杀死。明宪宗听说后，想要了解更多的信息，于是就派他身边的太监汪直出宫打探消息。汪直不辱使命，果然给明宪宗带回来很多有用的信息，明宪宗十分满意，命令汪直继续把这个事情做下去，并且专门成立了新的督办机构，西厂就这样出现了。汪直理所当然地成了西厂的首领，后来由于汪直过于无法无天，招致明宪宗的不满。于是西厂仅存在了10多年，皇帝就将汪直赶出了京城，西厂也随之解散。

正德元年（1506），宦官刘瑾专权，为了监视特务活动而设立了内厂，地址在荣府旧仓地。明武宗即位后，太监刘瑾大权独揽，并重新建立了西厂，此时的东厂、西厂都是由刘瑾管理。但是东、西厂之间互相并不买账，彼此明争暗斗不断。为了应对这一情况，刘瑾设法建立了一个直接归他统领的特务机构，即内厂。内厂的监管范围更大，东、西厂和锦衣卫都是内厂监察的对象。正德五年（1510）刘瑾倒台，明武宗下令将西厂和内厂全部撤除。

明朝诸多特务机构的存在令全国上下长期处于战战兢兢的状态，上至文武百官，下至普通百姓，都处于这些特务机构的严密监视之下。虽然这些特务机构的存在对巩固皇权起到了一定的作用，但是这些机构手段残酷，陷害忠良，这其实对明朝的统治也造成了很大影响，明朝的灭亡与这些特务机构的存在不无关系。

十一、土木堡之变与京师保卫战

土木堡之变又称土木之变，指的是在明正统十四年（1449），明英宗率军北伐，兵败被俘的事件。土木堡之变极大地损耗了明朝的军事力量，几十万明军精锐损失殆尽。同时，许多跟随明英宗出征的优秀将领和官员被杀，这导致明朝的人才储备出现了严重危机，事实上加速了明王朝的衰落。土木堡之变主要是受到瓦剌的进犯影响，但是明王朝内部也存在很大问题。

元朝灭亡后，蒙古贵族从北京离开后逃回蒙古。后来，蒙古内部分裂为东蒙古和西蒙古，也就是瓦剌和鞑靼。瓦剌和鞑靼都希望能够统一对方，因而彼此之间争斗不断，大战小战多不胜数。明朝政权逐步稳固后，明成祖朱棣为了征服蒙古，分别派遣使者前往瓦剌和鞑靼，表示希望与他们交好。瓦剌最初是想借助明朝的力量来对付鞑靼，所以当时瓦剌的领袖马哈木便同意了明朝的敕封，向明朝称臣纳贡。在明朝的帮助下，瓦剌在与鞑靼的斗争中逐渐处于上风，鞑靼的力量被不断削弱。

永乐十六年（1418），马哈木的儿子脱欢继承王位，并在很短的时间里打败了鞑靼，完成了统一。正统四年（1439），脱欢之子也先即位。也先担任瓦剌首领后，继续扩充疆域，逐步将漠南全部收复，蒙古草原大半都处在他的统治之下。最初，瓦剌只会派遣 50 人左右向明朝进贡骏马，这些人通常都能获得赏赐。也先贪图奖赏，不断扩增使团的人数，竟然派出号称 3000 人（实际上只有 2000 人），并要求赏赐。当时使者的招待工作由宦官王振负责，一方面由于瓦剌谎报人数，冒领赏赐引起了王振不满；另一方面，王振本身也是贪污腐败，想借此机会捞上一笔。于是，他不仅没有给瓦剌使团更多的赏赐，还在原来的基础上进行了克扣，也先对此大为不满。

在明英宗朱祁镇统治前期，朝政主要由颇具文韬武略的太皇太后张氏把持，此外还有德才兼备的贤士"三杨"（杨士奇、杨荣、杨溥）辅政。后来张太后去世，三杨或被贬，或病死。明英宗逐渐开始掌权，并重用宦官王振。王振仗着英宗的宠信，嚣张跋扈、作威作福。在独揽大权后，更是广结朋党、营私舞弊，陷害了很多与他意见不合的大臣。

正统十四年（1449），瓦剌因为赏赐太少，开始不断地在明朝边境骚扰挑衅，制造事端。同年七月，瓦剌军兵分四路向明朝边境进发，也先亲自率领 3 万人马奔向大同。蒙古骑兵骁勇善战，明朝边关守将接连失利，于是便上奏朝廷请求支援。

求援的消息传到北京，王振觉得天子之威能够不战而屈人之兵，于是他不断蛊惑明英宗御驾亲征。朱祁镇其实自己也有这样的打算，尤其是他当时 20 岁出头，正是血气方刚之时，心怀雄心壮志，想要效仿明太祖和明成祖建立一番事业。虽然当时包括邝埜和于谦等在内的大臣都劝说明英宗不要御驾亲征，但是朱祁镇受王振的挟制，没有任何准备便冒险出征。

正统十四年（1449）七月，明英宗率领 50 万大军从北京出发，王振等 100 多名官员随驾出征，计划从大同北上与瓦剌决战于边境。大军出发后，明英宗让王振掌握军政大权，而实际有能力的武将得不到重用，军中不满情绪开始蔓延。同时，后勤补给出现了问题，大军还未到达大同，辎重粮草便已供应不上，甚至出现了士兵饿死的情况。在行进的路上，明军获知瓦剌已经做好充分的准备。于是，兵部尚书邝埜和户部尚书王佐再次劝谏明英宗班师回朝，王振表示同意，于是明英宗下令班师。王振最初计划从紫荆关返回北京，这样可以路过他的家乡蔚州（今河北省蔚县），显示自己的权势。

但可笑的是，由于退兵仓促，军纪混乱，王振担心大军到达家乡时会践踏粮食，于是他便下令更换回京路线，导致耽误了行军速度，最终被瓦剌军队赶上。两军交战，明军多次被瓦剌军击败。八月十三日，明军行至土木堡（今河北省张家口市怀来县境内）。十六日，瓦剌军发起突袭，明军伤亡惨重，明英宗被瓦剌军俘虏。将军樊忠用铁锤将王振击毙，为天下诛杀贼人。明军的精锐部队大部分都在土木堡被瓦剌军消灭了，剩下的都是一些老弱病残。也先擒获明英宗后，又率军攻破紫荆关，随后长驱直入，向北京扑来。

明英宗被俘后，于谦等大臣为了安定民心，使国家有主，说服皇太后立明英宗的弟弟郕王朱祁钰为帝，他就是明代宗，即景泰皇帝。当时很多朝廷大臣都主张迁都避难，但于谦坚决反对，他自告奋勇，四处召集人马，不断加强京城防御，誓要与瓦剌军队周旋到底，保卫京城，这也就是后来的"京师保卫战"。

于谦（1398—1457），字廷益，汉族，浙江杭州人。于谦是明朝重臣，杰出的政治家、军事家，与岳飞、张煌言并称"西湖三杰"。相传于谦12岁时就写下《石灰吟》："千锤万凿出深山，烈火焚烧若等闲。粉骨碎身浑不怕，要留清白在人间。"于谦刚直不阿，忠心为国，他自己的一生正像是那即使粉身碎骨，也要保持忠诚清白品格的石灰。

瓦剌军队奔向北京的同时，明代宗命令于谦整军备战，于谦先是在京城九门布置了22万军队，后又从辽东和宣府调拨3万人回京，试图对瓦剌军构成前后夹击之势。正统十四年（1449）十月十一日，瓦剌军队列阵于西直门前。此时京城守卫力量全

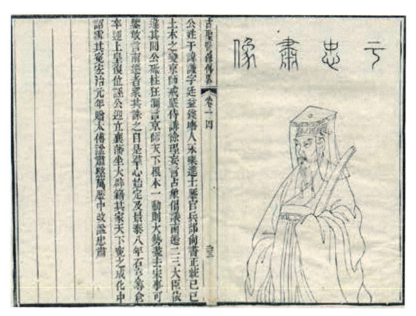

于谦像

部部署完毕，各处军队也已到位。随后，彰义门北都督高礼率军斩杀敌军300，夺回被掠走的千余名百姓。京师保卫战正式打响，于谦身先士卒，亲自披甲上阵，直奔前线。他下令关闭所有城门，三军务必用命，只准前进，不许后退。军令如山，外加于谦的战前动员，将士们瞬间勇气倍增，均表示要拼死守卫京师。

最初，瓦剌军曾想借口归还英宗，迫使明朝投降献城。但是于谦以"社稷为重，君为轻"为由拒绝了瓦剌的要求，粉碎了敌人的阴谋。于是，瓦剌军开始攻城。十月十三日，瓦剌军攻打德胜门，于谦诱敌深入，瓦剌军队在追击明军时遭遇明军神机营的炮轰，1万多瓦剌士兵被火炮轰死。瓦剌的"铁元帅"，也先的弟弟孛罗也死在神机营的炮火之下。瓦剌军见攻打德胜门无果，又先后攻打西直门和彰义门，但均被守门的明军击败。

不久，明朝各路勤王兵马纷纷集结北京，也先看到战局越发不利，于是在十一月初五下令撤兵。在撤离途中，为了泄愤，瓦剌军放火焚毁了朱棣的长陵、朱高炽的献陵和朱瞻基的景陵。十一月初八，瓦剌军队退回关外，历时一个月的京师保卫战获得胜利，京师转危为安。于谦率领军民，坚守北京城，保卫了大明江山，是一位当之无愧的英雄人物。

十二、夺门之变

夺门之变，是指在明代宗朱祁钰景泰时期，明朝将领石亨、太监曹吉祥、政客徐有贞等人，拥护被代宗囚禁在南宫的明英宗朱祁镇复位而发动的政变。因为朱祁镇一直被囚禁在南宫，后来石亨等人率军攻破南宫门，拥明英宗在奉天殿复辟，因此史书中又称夺门之变为"南宫复辟"。

正统十四年（1449）八月，明英宗朱祁镇在率军讨伐瓦剌的过程中兵败被俘，即"土木堡之变"。国不可一日无君，八月二十九日，为巩固政权，稳定朝局，兵部尚书于谦、吏部尚书王文等大臣奏请皇太后立明英宗的弟弟郕王朱祁钰为帝，即明代宗，年号景泰。朱祁钰登基称帝后，尊明英宗为太上皇。在后来的京师保卫战中，于谦率领明军奋勇拒敌，击败了瓦剌军队，保住了明朝的江山。

在战争结束后，双方达成协议，瓦剌领袖也先认为囚禁朱祁镇已经没有用处，于是便于景泰元年（1450）八月，将在土木堡之变中俘虏的明英宗送回了京城。掌权容易，还权难，虽然明英宗被释放回京，但朱祁钰并不打算将帝位还给朱祁镇。在瓦剌送回朱祁镇时，朱祁钰最初本不愿意接他回京。但是在大臣们的不断劝说下，他最终同意迎接朱祁镇回到北京。就这样，明英宗在被俘虏一年后终于回到了北京。英宗返京后，明代宗继续尊奉他为太上皇，并把他安置在皇城东安门内之南的崇质宫（现为欧美同学会所在地），又称南宫。同时命令靖远伯王骥看护，名为看护，实为监视。

虽然英宗是太上皇，但他的生活条件并不好。由于开销被

限制，英宗的伙食很差，尤其是没有任何自由。明代宗时刻警惕监视着明英宗的一举一动，南宫大门被上锁并灌铅，同时还

今日欧美同学会 （摄影　贾冬明）

有锦衣卫严密看守。

　　在明代宗即位时，曾许诺在死后要将帝位还给英宗的儿子。在将英宗软禁后，代宗便一直谋划想要换掉当时的太子、明英宗的长子朱见深。代宗害怕大臣们反对，便采纳了太监王诚和舒良的意见，通过钱财和官职来收买人心。他不断给一些官员加官晋爵，给予赏赐，这样朝中的很多大臣便支持代宗另立太子。

　　此时，广西土司官守备黄𬭸因为杀人而被抓获，有人给他出主意，让他向代宗上表请求更换皇储。代宗看到奏章后十分高兴，不但下旨赦免了黄𬭸的死罪，还给他升了官。后来，代宗将黄𬭸的奏章在大臣们中间传阅，要求他们签名表态，那些受了代宗恩惠的大臣纷纷表示赞同易储，并称"父有天下必传于子，此三代所以享国长久也"（《明英宗睿皇帝实录》卷

二一五）。代宗听后龙颜大悦，于是便将自己的儿子朱见济立为太子，将朱见深降为沂王。

在大臣们拥护代宗更换皇储时，于谦并没有签名，而是内阁首辅陈循替他签的。然而，朱见济在当太子后不久便病故，太子之位再度虚悬。大臣章纶、钟同等上书代宗希望复立原太子朱见深，代宗震怒，将章纶、钟同逮捕入狱，后来钟同被活活打死。于谦曾上书代宗替这二人求情，但被代宗拒绝，于谦对此恼恨不已。

景泰八年（1457）正月初，明代宗突患重病，由于死去的朱见济是代宗独子，皇储问题再度被提。王文等大臣联名上书代宗，请求尽快册立太子，都被代宗驳回。代宗声称自己很快就能痊愈上朝，不必册立太子。但其实代宗的病情已经非常严重，连新年朝贺这样的活动都不得不取消。到了正月十五日，代宗认为祭祀活动不能再取消，于是他便召来武清侯石亨，要求他代为祭祀。

石亨出生于将门世家，他武艺非凡，英勇善战。在代宗即位后，于谦推荐他做了右都督，封武清侯。石亨虽然是武将出身，但机敏过人，他在代宗病榻前，看到代宗已经病重，预感到他将不久于人世。从代宗处出来后，他立刻与前府右都督张軏和宦官曹吉祥等人密谋。石亨对他们说："皇上已经病重，离驾崩之期不远，现在没有皇太子，不如拥立太上皇复位。"石亨心里有着自己的算盘，一旦明英宗复位成功，那他们就是大功臣，其他人均表示支持石亨的想法。但是三人明白这件事风险极大，于是又一同去找副都御史徐有贞商议。徐有贞当即夜观天象，称帝星移位，速速下手。

景泰八年（1457）正月十六日当夜，石亨等人派人打开长安门，派军把守住要害部门。徐有贞担心兵变失败，又派人领军进入紫禁城以防万一。石亨等人趁夜色率兵前往南宫，他们撞毁城墙闯入南宫内。入宫后众人一起跪拜，请英宗复位。英宗一一询问了石亨等人的姓名和官职。众人拥英宗在奉天殿登位，随后高呼万岁。

正月十七日，当大臣们走入奉天门，看到朱祁镇坐在宝座上，顿时错愕不已。徐有贞等人乘势向大臣们宣布已拥立太上皇复位。这时代宗仍躺在病榻之上，听闻钟鼓声后，还以为是于谦谋反。他问近侍发生了什么事情，近侍对他说是太上皇复位了。代宗闻听后十分平静，连声说道："好，好。"或许在他心中，早已经预料到这一天的到来。

英宗复位后，宣布不再沿用正统年号，改年号为天顺。他先是对拥立他复辟的臣子进行了封赏，后来便大规模地展开政治报复，于谦、王文被捕入狱。天顺元年（1457）正月二十二日，于谦在位于西四牌楼的西市被杀。直到成化二年（1466），于谦的冤案才得以平反，万历十八年（1590），明神宗赐于谦谥号"忠肃"。为了纪念于谦，人们在他的生前故宅（今东城区西裱褙胡同23号）建立了于谦祠，至今仍存。

天顺元年（1457）二月初一，英宗以"皇太后诏谕"的名义将代宗废除，并将他迁往西内居住。二月十七日（一作二月十九日），代宗突然死去，死因不明。对他的死有很多传言，有说是病死，有说是被害死。后世认为代宗被害死的可能性很大，原因是英宗担心他可能会像自己一样复辟。代宗死后按照亲王的礼仪葬于北京西山景泰陵，朱祁钰也是自明成祖迁都北京之后，唯一一个没有被葬于明十三陵的皇帝。

明英宗复辟后，朝廷政局变得更加混乱，拥立他复位的官员，如石亨、曹吉祥等人居功自傲，结党营私，许多正直的官员因此遭到贬斥。同时，武将的地位不断下降，朝廷内部的腐败贪污现象持续加剧，明朝的统治愈加衰败。

十三、己巳之变

明万历年间以后，东北地区的女真族日益强大，建立了后金政权，与明朝分庭抗礼。皇太极继承汗位后，准备进一步入关夺取全国政权。皇太极先是控制了明朝的属国朝鲜，然后又领兵进逼内蒙古各部共奉他为可汗，从而解决了后顾之忧。此时，河套以东，直到辽河平原的长城以北地区都在后金的控制之下，从地理上看，后金已经对北京形成半包围之势。

　　崇祯二年（1629）十月，皇太极亲率军数 10 万，绕过宁远、锦州、山海关一带由明军重兵把守的地区，借道内蒙古直扑北京。清军先是奇兵突入长城，紧接着又攻克遵化、三屯营，经过顺义、通州，杀至北京城下。

　　率兵守卫辽东明州、宁远、上海关一带的蓟辽总督袁崇焕在获悉后金军进攻遵化的消息后，便立刻率领 9000 辽东军火速驰援京师，他提出"背捍神京，面拒敌众"的策略，意图在后金军前往北京的路上设法阻敌。袁崇焕在从宁远返回山海关的途中，先是命令山海关总兵赵率教救援遵化，他自己则领兵昼夜兼程赶到通州，与后金军对峙。皇太极见袁崇焕领兵赶到，立刻率兵向京师进犯，袁崇焕也急令部下前往京师，赶在后金军之前陈兵于广渠门外，严阵以待。一场大战即将打响，这就是著名的后金攻明京畿之战，又称"己巳之变"。

　　袁崇焕是明朝末年著名军事家、英雄名将。在京师保卫战之前，他指挥明军数次击退后金，取得了宁远大捷、宁锦大捷。在宁远之战中，努尔哈赤在与袁崇焕交战中被红衣大炮所伤，不久后病亡。此次皇太极没有直接从宁远等地进攻，也是因为有袁崇焕重兵镇守的缘故。

　　清军抵达北京城下后，崇祯皇帝下令宣大总督、宣府总督、应天、凤阳巡抚等各地兵马入京勤王，北京则城门紧闭，重兵驻屯。崇祯二年（1629）十一月二十，皇太极命令多尔衮、多铎等将领率数万精锐直奔广渠门的明朝守军而来。袁崇焕兵分三路，令祖大寿、王承胤分别在广渠门的南、北列阵，他自己亲率兵马在西面守卫，成三角之势。战斗正式打响，虽然双方兵力相差悬殊，但袁崇焕指挥明军奋勇抵抗，先是祖大寿在南面阻击了后金军的前锋，后王承胤又在北面将敌军击退，后金军随即向西面扑来。袁崇焕身先士卒，冲在阵前，奋勇杀敌，他身中数箭，"两肋如猬，赖有重甲不透"。激战持续了3个时辰，明军消灭了1000余名后金兵，皇太极被迫下令退兵至南海子休整。

在多尔衮等人与袁崇焕大战于广渠门时，德胜门的战役也已打响。宣府总兵官侯世禄、大同总兵官满桂率领两镇援军在德胜门与后金军相遇，双方随即展开厮杀，侯世禄军伤亡惨重。此时，城楼上的明军开炮助战，炮弹落入两军阵中，后金军伤亡惨重，满桂军也被炮弹误伤了不少。德胜门守军打开瓮城迎两地勤王军队入城，合兵一处，死守城门。

广渠门之战后，朝中部分大臣上书崇祯皇帝，诬陷袁崇焕故意放后金军入关，诽谤他勾结后金，引起崇祯帝的怀疑。此时，皇太极又使用反间计，故意散布自己与袁崇焕之间有秘密协议的谣言。崇祯听说此事后大为震怒，于崇祯二年（1629）十二月初一下令将袁崇焕押入锦衣卫大牢。袁崇焕为保卫北京立下大功却被如此对待，辽东将士愤愤不平，军心严重受挫。皇太极见状，认为目的已经达到，于是屠良乡、掠蓟州，后又大肆在顺天府诸州县内抢夺。直到崇祯三年（1630）五月，后金军才退出长城，经漠南地区撤回关外。

魏忠贤的旧部为了替他报仇，又向崇祯皇帝进谗，袁崇焕被定为死罪。崇祯三年（1630）八月，袁崇焕在西市被凌迟处死，在抄家时，发现袁崇焕家无余财。不明真相的京城百姓对袁崇焕恨之入骨，甚至买他的肉来吃。袁崇焕死后，他的佘姓仆人偷偷把他的尸体偷出来，然后埋葬在广渠门内广东义园旧址（今北京市东城区东花市斜街），并终生为他守墓，死后也葬在袁崇焕墓旁。袁崇焕被处死成为明朝史上最大的冤案，崇祯错杀了他最得力的将领，这也加速了明朝的灭亡。袁崇焕的冤情直到清乾隆年间撰修《明史》时才被公之于世。

1917 年，后人为了纪念袁崇焕，在广东新义园（今龙潭湖公园）内修建了袁督师庙。2002 年，北京市政府又对袁崇焕祠和墓进行了修缮，并建立了袁崇焕纪念馆，供后世纪念。

十四、明王朝的灭亡

李自成（1606—1645），陕西榆林人，为明末农民起义领袖，原名李鸿基。李自成祖籍陕西米脂县李家站，相传他所在的村落是西夏奠基者李继迁的故里。李自成自称"闯王"，他建立了大顺政权，率领起义军攻入北京，逼死崇祯皇帝，导致了明朝的灭亡。

明熹宗天启年间，陕北地区由于连年干旱，导致灾荒不断，当地百姓的生活十分困苦。李自成从小擅长舞刀弄枪，喜欢研习武艺。因为家境困难，所以他在很小的时候就被送往寺庙做和尚，靠给地主牧羊维持生计。后来，李自成到甘肃甘州（今甘肃省张掖市甘州区）做了驻扎边境的士兵。在明朝末年，军队贪污腐败现象十分严重，军官们克扣军饷、中饱私囊，而士兵们经常吃不饱饭，挨饿受冻。

崇祯二年（1629），后金军队攻打北京，李自成跟随部队一起赶往京师勤王。在进京途中，参将王国克扣军饷引发众怒，李自成便联合其他士兵，在榆中（今甘肃兰州榆中县）将王国和当地的县令杀死，发动兵变。

李自成起义后先是在汉中作战，后来投靠了他的舅父闯王高迎祥。崇祯八年（1635），多路农民军会集在河南荥阳，李自成提出"分兵定向、四路攻占"的方案，建议分路向明朝进攻。崇祯九年（1636），高迎祥兵败被杀，他的残部逃至李自成处，推举李自成为新任闯王。崇祯十六年（1643），李自成以襄阳为襄京，自封为"新顺王"。接着，李自成攻占了西安，并于崇祯十七年（1644）正月，改西安为西京，定国号为"大顺"，建元永昌。然而，李自成并不满足于在西安建立政权，他的目标是攻取北京，彻底推翻明王朝。

　　崇祯十七年（1644）二月，李自成率部向北京进军，兵分两路，对北京形成南北夹击之势。三月中旬，李自成亲率主力，攻破居庸关天险。三月十七日，大顺军包围了北京城。为了减少对城内百姓的伤害，李自成决定先进行劝降。大顺军将劝降书接连不断地射入城里，然而崇祯帝拒不接受。

　　三月十八日，大顺军开始攻城，对外城的广宁门，内城的德胜门、西直门和阜成门展开猛烈攻势。太监曹化淳抵挡不住，被迫打开广宁门，大顺军占领了外城，接着向内城发起猛攻。负责守城的明军看到外城已被攻破，便一触即溃，四散而逃。崇祯帝见大势已去，便强令周皇后自尽，随后又亲手杀死了数名妃嫔和公主，命太子朱慈烺和二位皇子（定王朱慈炯、永王朱慈炤）出宫逃匿。时至半夜，崇祯帝换了衣服，手持三眼枪，带着太监王承恩等数十人，打算从安定门突围出城，然安定门守军一时不明来者何人并未开启城门，崇祯一行无奈又返回宫内。

🔍 袁崇焕像

🔍 李自成像

十九日，天还未亮，崇祯帝急赴紫禁城前殿，亲自鸣钟召集百官，无一人前来。崇祯帝自知难保，便与太监王承恩再次登上万岁山，自缢而亡。据《明实录·崇祯实录》卷十七记载，崇祯帝在衣袍上写有遗诏：朕自登极十七年，内地三陷，逆贼直逼京师，虽朕薄德匪躬，上干天咎，然皆诸臣之误朕也。朕死无面见祖宗于地下，故自去冠冕，以发覆面，任贼分裂，毋伤百姓。又书一行：百官俱赴东宫行在。

是日凌晨，东直门先被攻破，城内乱作一团。随即德胜门、朝阳门、阜成门、宣武门、正阳门同时开启，大顺军进入内城，守城明军纷纷弃戈投降。起义军刘宗敏、李过等率数千人从正阳门入城。中午，李自成率领牛金星、宋献策、黎志升等从德胜门入城。李自成头戴白色毡笠，身穿蓝布箭衣，骑着一匹高大的乌驳马通过承天门，进入紫禁城，登上皇极殿，明王朝至此灭亡。

关于崇祯帝的自缢地点，一直以来众说纷纭。目前一种通行的说法是，崇祯帝自缢于万岁山东麓的歪脖槐树下，现

今景山公园内崇祯自缢处 （摄影 贾冬明）

此处立有碑刻两通，一是"明思宗殉国处"碑，一是"明思宗殉国三百年纪念碑"。实际上，这两通碑刻所标志的崇祯自缢处，只是一种象征意义。崇祯帝究竟死于何处，目前还没有一个准确的结论，现列举几种说法供读者参考。

一说自缢于万岁山的树下。李清的《三垣笔记》中记载道："（崇祯）又唤内官王承恩着靴，带同内官数十人，绕城夺门不得，归，遂同承恩对缢煤山古树下……"赵士锦的《甲申纪事》记载道："二十二日，贼搜得先帝遗弓于煤山松树下，与内监王承恩对面缢焉……"

一说自缢于万岁山的寿皇亭中。《小腆纪年附考》卷第四记载："（崇祯帝）手自鸣钟集百官，无一至者。乃散遣内官，自经于万岁山之寿皇亭。亭新成，所阅内操处也。王承恩对缢。"《明实录·崇祯实录》卷十七中记载："……天且曙，仍回南宫，散遣内员，携王承恩入内苑，登万岁山之寿皇亭。俄而上崩，太监王承恩亦自缢，从死焉。"《明史纪事本末》卷七十九记载："遂仍回南宫，登万岁山之寿皇亭自经。"《甲申朝事小纪》卷六记载："（崇祯）乃回南宫，登万岁山之寿皇亭，自经于北棍……太监王承恩面帝缢殉。"计六奇的《明季北略》记载道："上登万岁山之寿皇亭，即煤山之红阁也……遂自经于亭之海棠树下。太监王承恩，对面缢死。"另外，戴逸、李文海主编的《清通鉴》和李文海主编的《清史编年》均采用"崇祯帝自缢于万岁山的寿皇亭"一说。

一说自缢于巾帽局。此记载见于《甲申传信录》卷一："上怆惧还宫，易袍履，与承恩走万寿山，至巾帽局，自缢。"

一说自缢于西山。《明亡述略》记载："丁未，内城陷，帝崩于西山。"

一说自缢于今北海的白塔山。黄云眉在《明史考证》提到"帝崩于万岁山"。他所说的万岁山指的是元代琼华岛的万岁山，即现在北海的白塔山。

神廟前殿杆挑瑰廠大樹

三月十三日闖賊陷居庸關京師九門俱閉京師十七日午
時城攻城役此燒卻舊雷轟烈十八日攻圣愍皇
聲益怒城外火光四起上同二人登煤山頭經達時同
乾清宫日就晡上魚聚出宮門兩出班返方命酒召后
貴人真婦以下拔按庭翁屬被毀卿者皆至傑毅橇聞
輔末下三刻御所佩卻卽事至此可以死矣泣敷行下
於是皇后先投繯其像咸引決稍頭璺縊手勒刃之時
長平公主被刖同宮人遭城薄門不得歸逆同承恩灣
乾清同內官數十人遭城薄門不得歸逆同承恩灣
煤山古樹下崩畹同宮人小內官粉紛弄出十九日內

祖階下

官達閉門迎賊
闖賊抵彰義門其耳師宋燮子名熏人寀初云此行親兵
賊下卜五年始可破城賊權上怒疑一天虜大罵宋錢
子喜日此一嘗五用也彼京師光可急攻放一大譏而
城列達倒

常熟歸進士啟先奉未闖闒賊入都舊懼懇走溥同里
陳司空必謙孤賊人王必謙從容縋休出閉之大哭日
老癡書生耳城守箇蔵得門事宣有賊入我不知者已
雋者逃至方失色散顏拾謙故是夕無一時舉睬老此
陶巍輔藻德亦以為必無一時舉睬老此
陶眠胥通京師眼鴟百萬上載以兵俪為麋敦百官看

《三垣笔记》书影　嘉业堂丛书本

综合上述各种说法，有关崇祯皇帝之死的过程基本上是一致的，只是自缢地点有所不同。

一、清军入关定鼎燕京

满族的前身是生活在东北地区的女真族，最早可以追溯到 2000 多年以前先秦时期的肃慎人。明朝初期，女真族按照所处地区和社会发展程度的不同，逐渐形成了建州女真、海西女真和东海女真三大部落。为了加强对东北地区的统治，明朝实行了卫所制度，先后设立了建州卫、建州左卫和建州右卫，合称"建州三卫"。其中建州左卫的第一任指挥使猛哥帖木儿，就是后来的清太祖努尔哈赤的六世祖。

努尔哈赤早年在抚顺等地经商，和汉人、蒙古人接触交往很多，加上他天资聪颖，很快便掌握了汉语和蒙古语。努尔哈赤颇有谋略，喜读《三国演义》和《水浒传》。明万历十一年（1583），努尔哈赤的祖父和父亲在战火中被明军误杀，为了给他们报仇，努尔哈赤用祖父和父亲遗留下的十三副甲胄起兵，开启了统一女真各部的大业。

经过 30 多年的征战，女真大部分部落皆被努尔哈赤征服。但是明朝对努尔哈赤的野心和崛起麻木不知，蓟辽总督甚至还称他"唯命是从"。万历四十四年（1616），努尔哈赤在赫图阿拉（今辽宁省抚顺市新宾县）称汗，建立后金政权，建元天命，以赫图阿拉为都城兴京。后金天命三年（明万历四十六年，1618），努尔哈赤颁布与明朝之间的"七大恨"，正式起兵反明，连下抚顺、清河等城，明廷这才察觉到事态的严重。天命四年（明万历四十七年，1619），萨尔浒之战中，后金军以寡敌众，集中兵力大败明军，使辽东地区的战略格局发生了根本性的转变，此后明朝对后金始终处于被动。

后金天命六年（明天启元年，1621），努尔哈赤先后攻占沈阳、辽阳，并将都城从兴京迁至辽阳，称为东京。天命十年（明天启五年，1625）三月，努尔哈赤又迁都沈阳，称为盛京。天命十一年（明天启六年，1626）正月，努尔哈赤攻打宁远，被明军将领袁崇焕用红衣大炮击败。八月，身染毒疽，抑郁而亡。

努尔哈赤去世后，皇八子皇太极被拥戴继承汗位，改次年为天聪元年。皇太极即位后，继续四处征伐，扩展统治疆域，先后统一了漠南、漠北蒙古和整个黑龙江流域，为入关攻明做了充足准备。后金天聪九年（明崇祯八年，1635），皇太极下令废除"诸申"（女真）之名，将族名改为"满洲"。次年五月，皇太极在盛京正式称帝，改国号为"清"，改元崇德。

从清崇德五年（明崇祯十三年，1640）开始，皇太极便集中兵力南下进攻中原地区，发动松锦之战。崇德七年（明崇祯十五年，1642），清军大败明军，并且俘虏了洪承畴、祖大寿等明朝大将。至此，明朝在关外主力尽失，清军入关已成定局。然而，皇太极却未能等到入主中原的那天，崇德八年（明崇祯十六年，1643）八月初九，皇太极在盛京溘然长逝，年仅6岁的皇九子福临继位，改年号为顺治。

清顺治元年（明崇祯十七年，1644）正月，李自成在西安称帝，建立大顺政权。三月，李自成率起义军攻占北京，崇祯帝自缢而死，明朝灭亡。消息传到盛京，大学士范文程

敏锐地察觉到这是一个入关的好机会,于是他上书摄政王多尔衮,建议趁机进取中原。四月,多尔衮和山海关总兵吴三桂联合起来,吴三桂秘密迎清军入关,在山海关内外和李自成军展开激战,最终李自成战败退出北京。五月初二,多尔衮率清军从朝阳门进入北京城,奏请顺治帝从盛京沈阳迁都北京。

其实,在是否要迁都北京这个问题上,清朝内部曾发生过激烈的讨论。以阿济格为首的保守派认为,清军入关速度过快,后续补给难以跟上,而且北京地区汉人众多,难以管理,一旦他们集合起来反抗,清军不一定能够守住胜利果实。所以不如趁机掠夺一番,然后撤回关外,仍都盛京。然而具有远见卓识的多尔衮指出,要想统一全国,巩固统治,必都北京。北京具有优越的地理位置,进可攻退可守,不但可以进一步把控中原地区,遇到紧急情况还能及时退回关外。而且时人称北京"诚万古帝王之都",经过元、明两朝数百年的经营,其发展程度远超关外。多尔衮认为要"宅中图治",不可偏安东北一隅,所以力主迁都北京。

清顺治元年（1644）六月，多尔衮统一了朝廷上下的意见，派辅国公吞齐喀等人去盛京迎接顺治皇帝。九月十九日，顺治帝福临到达北京。十月初一，福临亲至南郊，拜祭天地，行定鼎登基之礼，在紫禁城皇极门昭告天下，宣布"定鼎燕京"，仍称京师。继元、明之后，我国最后一个封建王朝——清朝同样选择了在北京定都，北京再一次成为统一的多民族封建中央集权国家的统治中心。

二、清朝的顺天府、京县和京城

清朝在地方行政制度实行省、府（直隶州、直隶厅）、县（散州、散厅）三级制。具体到北京地区，从外到内可以划分为3个层次，即顺天府（24州县）、京县（大兴、宛平）和京城（内城、外城）。

清朝沿袭明代之制，在京师地区设顺天府。顺天府的辖区多有变化，直到乾隆八年（1743）开始逐渐固定下来，共领5州19县，统称为顺天府24州县。分别是通州、蓟州、涿州、霸州、昌平州5州；大兴、宛平、良乡、房山、东安、固安、永清、保定、大城、文安、武清、香河、宝坻、宁河、三河、平谷、顺义、密云、怀柔19县。康熙二十七年（1688）时，还曾将顺天府辖区划分为东、西、南、北四路厅。

顺天府24州县中，在今北京市境内的有通州、昌平州、大兴、宛平、良乡、房山、顺义、怀柔、密云、平谷等10个州县。另外，宣化府的延庆州、承德府滦平县的西南部和独石口厅的东南部，也在今北京市境内。

京县指的是大兴和宛平两个倚郭县，以北京城的中轴线为界，东半部属于大兴，西半部属于宛平。

京城指北京内城和北京外城。内城划分为8个驻区分别由八旗官兵驻防，外城划分为五城十坊，因此又有"内八旗外五城"之说。其中内城的8个驻区为：正黄旗驻防德胜门内；镶黄旗驻防安定门内；正白旗驻防东直门内；镶白旗驻防朝阳门内；正红旗驻防西直门内；镶红旗驻防阜成门内；正蓝旗驻防崇文门内；镶蓝旗驻防宣武门内。满洲八旗、蒙古八旗和汉军八旗从内向外依次排列。外城的五城分别是中、东、西、南、北五城，但是五城是并排分布的，而不是分布在五个方向。正阳门外最中间的部分是中城，辖中西坊、中东坊；中城的东侧是南城，辖东南坊、正东坊；中城的西侧是北城，辖灵中坊、日南坊；南城再往东是东城，辖朝阳坊、崇南坊；北城再往西是西城，辖宣南坊、关外坊。

三、北京城的改造

据《清一统志》记载，清初"定都京师，宫邑维旧"。也就是说，清朝定都北京后，基本上沿用了明朝时期的建筑和宫殿，没有改变北京城的总体布局。一方面是因为北京城在明清朝代更替之际，没有遭受到大规模的毁坏；另一方面是因为清朝统治者进驻北京城后，看到整座城市布局规整、井井有条，宫殿建筑雕梁画栋、金碧辉煌，内心对汉族文化很是崇尚，于是便全盘接受了明代北京城，只是对城内原有的建筑物做了一些重修和改造，以及局部的扩建，很多宫殿和城门的名字也重新进行了命名，以表示改朝换代了。

在战火中，最先受到冲击也是毁坏程度最严重的就是城墙和城门。因此清代对北京外城、内城的城墙进行了多次修补，所以我们后来看到的墙砖以清代的砖居多。乾隆三十一年（1766），对外城正南的永定门城楼和西墙的广宁门（后来为避道光帝旻宁的名讳，改称广安门）城楼进行了改建，规制有所提高，永定门城楼成为外城城楼中最雄伟壮丽的一个。

皇城"T"字形宫廷广场最南端的大明门，在顺治元年（1644）改称大清门。当时连石匾都没有换，只是将原来刻着"大明门"的石匾翻转过来，在背面重新刻上"大清门"的满文和汉文。

民国元年（1912），将此门改为"中华门"。中华人民共和国成立后，于1958年扩建天安门广场时将中华门拆除，后来于1977年在此修建了毛主席纪念堂。

过了大明门，穿过宫廷广场，便是承天门。承天门在明末时被李自成的大火烧毁，只剩下光秃秃的5个门洞。清顺治八年（1651）时进行了重建，并改名为天安门。为了与天安门相对应，顺治九年（1652）又把皇城北门北安门改名为"地安门"，加上皇城原有的东安门、西安门，四个"安"字体现了"国泰民安"的美好寓意。

午门是紫禁城的正门，顺治四年（1647）时重建，整体沿

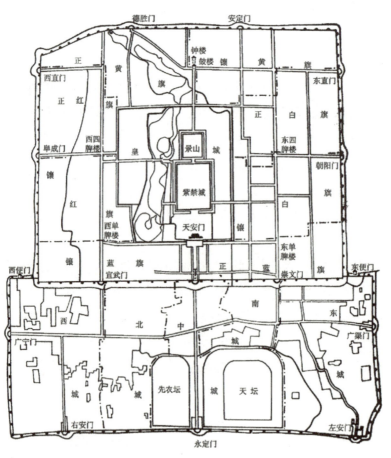

清代北京城平面示意图

袭了明代的形制。午门的城台呈倒"凹"字形,中间开辟有3道方门。实际上,在东、西侧雁翅楼城墙下还各开有一个东西向的门洞,东为左掖门,西为右掖门。两个掖门的出口折而向北,和午门正面三个门洞在北面的出口位于同一平面上。所以从午门的正面看,是三个门洞,从背面看,是五个门洞,这就是"明三暗五"。

外朝三大殿在明代时称为皇极殿、中极殿、建极殿,顺治二年(1645)分别改为太和殿、中和殿、保和殿。相应地,太和殿前的皇极门改为太和门。后来三大殿经过多次重建,现在基本上保持着乾隆三十年(1765)重修后的面貌。明太祖朱元璋自称"敦崇俭朴",因此明代的宫殿以九间开阔为最尊,皇极殿就是面阔九间。清朝时恢复了金、元时期以11间开阔为最尊的规制,康熙八年(1669)时将太和殿改建为面阔11间。

太和殿、中和殿和保和殿,前后排列在一个"工"字形的汉白玉做的台基上。乾清宫、交泰殿和坤宁宫的布局和三大殿一样,也是建立在一个"工"字形台基上。外朝和内廷的分界,便是乾清门。清朝时皇帝在此"御门听政",大臣们上奏重要事宜,皇帝听后做出决定。

乾清宫在清朝时经多次重建,现在基本上保持着嘉庆三年(1798)重建后的面貌。在明朝时乾清宫是皇帝居住的地方,清代雍正之后,皇帝便移居乾清宫西边的养心殿。康熙六十一年(1722)和乾隆五十年(1785),都曾在乾清宫举办"千叟宴"。坤宁宫,在明朝时又称"中宫",是皇后居住的地方。清代雍正之后,皇后随皇帝移居到养心殿东边的体顺堂,坤宁宫便主要用于祭祀神灵。

紫禁城北面的万岁山,于顺治十二年(1655)改名为"景山"。

此外,清朝统治者大力开发西北郊的园林,在这里营建了规模空前、华丽非凡的皇家园林建筑群,最具代表性的就是我们常说的"三山五园",即香山静宜园、玉泉山静明园、万寿山清漪园（光绪十四年，即 1888 年重建后改称颐和园）、畅春园和圆明园。西郊园林清静优雅，自康熙之后，清朝皇帝每年除了去避暑山庄避暑，其余大部分时间都是在这里居住，既能游山览水，又能"避喧听政"，处理政务。

四、冲冠一怒为红颜

吴三桂（1612—1678），字长伯，今辽宁省葫芦岛市绥中县人，祖籍是江苏高邮。吴三桂可谓是明末清初的风云人物，在李自成的农民起义军已经进入北京的情况下，把控着山海关的吴三桂开关引入清兵，一下子扭转了当时的局势。清兵能够顺利地定鼎燕京，吴三桂起到了至关重要的作用。

吴三桂出身于将门世家，他的父亲是锦州总兵吴襄，舅舅是辽东前锋总兵祖大寿。在父亲和舅舅的影响下，吴三桂从小就喜欢舞刀弄枪，练就了一身好武艺。在他还不到 20 岁的时候，就考中了武举，从此开始从军，征战沙场。

明朝末年正是用人之际，加上吴三桂确有军事领导才能，因此升迁很快。吴三桂 20 岁时初任游击，23 岁时被提拔为前锋右营参将，26 岁时就担任副总兵，27 岁时又被提拔为宁远团练总兵。

明崇祯十三年（清崇德五年，1640），皇太极发动松锦之战。吴三桂在杏山（今辽宁凌海市杏山）与清军发生遭遇战，他浴血奋战，身先士卒，展现出了高超的战斗本领。崇祯十五年（清崇德七年，1642），祖大寿献出锦州城，归降清朝。皇太极看中吴三桂的将才，写信劝吴三桂投降。吴三桂的心中虽然有所动摇，但是这一次他并没有投降。在松锦之战中，皇太极获得全胜，明朝在辽东的防御体系全线崩溃，山海关外只剩下吴三桂所在的宁远这座孤城。

崇祯十七年（1644），李自成在西安建立大顺政权，然后从西安过经黄河攻打山西，攻下山西后，又挥师攻打北京。李自成的农民起义军节节胜利，势如破竹，令崇祯皇帝害怕不已。于是崇祯皇帝将所有希望寄托在手握重兵的宁远总兵吴三桂身上，下诏封他为平西伯，命吴三桂即刻带领兵马入京勤王。吴三桂接到圣旨后马上带领军队向北京进发，但军队走了数日也没有到达北京。崇祯皇帝没有等来吴三桂，却等来了李自成，最终被逼得上吊自尽。

此时，吴三桂的兵马还在赶往北京的路上。在听闻李自成攻占北京、崇祯皇帝自尽的消息后，吴三桂不敢贸然行动，于是带着兵马回到了山海关，观望战局发展，以便伺机而动。

李自成多次派人招降吴三桂，吴三桂最初也打算投降同为汉人的大顺政权，他将山海关防务移交后，率军进京拜见李自成。但是在进京途中，吴三桂碰到了从北京逃出来的百姓，听说李自成的部下在攻占北京以后就开始到处抢掠明朝官员家中的财物，他自己在北京的家也被李自成的农民军洗劫一空。被封为"权将军"的刘宗敏甚至把吴三桂的父亲吴襄抓起来严刑拷打，并强占了他的爱妾陈圆圆。吴三桂听后大怒，他立刻率军返回山海关，占领了关城，并写信给多尔衮"泣血求助"，以"报君父之仇"为借口，剃发降清，迎清军入关。这便是著名的"冲冠一怒为红颜"。当然，所谓的吴三桂降清只因"冲冠一怒为红颜"是后人的杜撰而已，《明史》中并没有相关记载。陈圆圆自然不是吴三桂最终投靠清廷的主要理由，但是通过这件事情，吴三桂判断出李自成无法有效控制北京的局势。

清顺治元年（1644）四月十三日，李自成亲率 6 万大军，浩浩荡荡前往山海关。四月二十一日，李自成与吴三桂在一片石展开激战。四月二十二日，清军秘密入关。就在大顺军与吴军杀得疲惫不堪之时，清军突然出现，从侧面对大顺军发起猛攻。由于兵力相差悬殊，大顺军寡不敌众，遭到惨败，李自成遂放弃山海关，于四月二十六日退回北京。四月二十九日，李自成在北京称帝，怒杀吴三桂全家老小共 34 口。次日，李自成放弃北京城，率军返回关中。临走前，大顺军为了泄愤，放火怒烧了宫殿和九门城楼。

有人认为，吴三桂身为汉臣却投降清朝，并将大顺政权赶出北京，是奸佞之人；也有人认为，吴三桂降清是顺应时机之举。吴三桂确实是个极具争议的人物，他的事迹也因此被文人写进了各类演义小说中。明末清初的著名诗人吴伟业就曾写下《圆圆曲》来讽刺吴三桂降清一事："……恸哭六军俱缟素，冲冠一怒为红颜……尝闻倾国与倾城，翻使周郎受重名。妻子岂应关大计，英雄无奈是多情。全家白骨成灰土，一代红妆照汗青……""冲冠一怒为红颜"的说法便是出自此。

五、清初的剃发令、禁关令、圈地令

剃发令

清顺治元年（1644）夏，清军入关后，多尔衮就颁布了"剃发令"，其目的在于通过强制汉人剃发易服，来摧毁他们的反抗心理，从而加强清王朝的统治，防止满族被汉族同化。但是由于这项政策引起了汉人强烈的反抗和不满，无奈之下，多尔衮只得将此令废除。

次年，清军进军江南，先后攻下了江苏、浙江等地。汉臣孙之獬因为受到其他大臣的排挤心怀怨恨，于是便向多尔衮进言，重提"剃发令"。孙之獬是降清的明臣中第一个剃发易服的，当时文武百官上朝分为满、汉两班，满臣说他是汉人，不让他加入满班；汉臣说他是满人打扮，也拒绝他加入汉班。孙之獬一气之下，奏请多尔衮下令，让所有汉人一律剃发。

此时，清军已经占据原来明朝的大半国土，多尔衮也认为时机已经成熟，于是他在顺治二年（1645）夏再次颁布"剃发令"。多尔衮下令张榜发文，要求全国官民必须在10天之内全部剃发，并言明"留头不留发，留发不留头"。在颁布"剃发令"的同时，多尔衮还颁布了"易服令",要求百姓的衣冠穿着也要遵守清朝的制度。

汉族自古以来就十分重视衣冠服饰,更有"身体发肤,受之父母,不敢毁伤,孝之始也"的严训。于是,汉族人民高呼"要发不要头,宁为发而死",坚决抵抗剃发令。清廷对此进行了残酷的镇压,后来发生的"扬州十日"和"嘉定三屠"惨案都与剃发易服令有着直接关系。虽然进行了长期斗争,发生了流血牺牲,但是最终大部分汉族男性还是接受了剃发结辫,穿起了满族的服装。那些始终不肯剃发结辫、更换衣冠的人,不是被杀就是潜逃,或者出家带发修行。

剃发令的标准是,头顶只能留有一钱大的头发,否则就要被处死。此外,辫子要和手指粗细无二,必须要能穿过清铜钱的方孔。因此清代的这种发型被叫作"金钱鼠尾"。满人蓄这种发型也是出于实用的目的,这样可以避免在骑马狩猎时头发被风吹散,遮挡视线。现在电视剧中常见的阴阳半光头式发型,是清末才出现的,放到清初,就是不合格的死罪。

禁关令

清军入关后,多尔衮下令禁止汉人进入"龙兴之地"开垦,即"禁关令"。清朝刚建立的时候,由于连年战争导致东北人口下降、耕地荒芜。同时,由于东北地区是清朝的发祥地,清朝统治者将东北视为"祖宗肇迹兴王之所"。为了保证满族贵族的利益,巩固清朝的统治,清朝统治者提出要保护"参山珠河之利",于是对东北实行了长期的封禁政策。康熙七年(1668),清政府再次下令"辽东招民授官,永著停止",对关东实行封禁政策。关内关外出现长达200年的隔离,相互之间的经济文化交流被禁止。清政府推行禁关令的目的,实际上是想通过阻隔关内、关外民众的接触来保护满族的风俗习惯,防止被汉化,同时也能够避免关内的反叛思想传到关外。

为了严格执行禁关令，从顺治年间开始，清政府耗费巨大的人力物力修筑了长达 1000 多公里的篱笆墙，叫作"柳条边"，直到康熙中期才修筑完成。进入 19 世纪后，黄河下游不断遭遇洪灾，百姓家园被毁，沦为灾民。但清政府依然不为所动，继续禁关。于是成千上万的百姓不顾生命危险，前赴后继地闯入东北，这就是著名的"闯关东"。直到清朝末年，帝国主义列强尤其是沙皇俄国对东北虎视眈眈，不断骚扰黑龙江边境。咸丰十年（1860），咸丰皇帝下令解除禁关令，鼓励移民，以振兴关外，防止俄国乘虚而入。禁关令的实施，是严重的政策失误和战略失误，对东北地区的发展造成了非常严重的负面影响。

圈地令

"圈地令"是指清军入关后，清朝为了笼络八旗兵丁，让他们能够在北京城立足，同时为了保证清廷贵族的生活，于顺治元年（1644）发布的一项掠夺土地的政策。圈地俗称"跑马占地"，据不完全统计，今北京市境内被圈占的土地约占当时原始农民土地的百分之八十。

圈地令发布后，一场大规模的浩劫拉开序幕。清朝建立之前，明朝许多官员、百姓死于战乱之中，因此京城附近出现了很多无主的荒田。最初圈地令的本意是将这些无主的田地，和有主的田地中的一部分拿出来供八旗子弟使用。但圈地令颁布后，许多满洲贵族仗着权大势大，将大量汉族百姓的田地据为己有。对于平民老百姓来说，失去了土地，就等于失去了生活来源，生存难以为继。清朝顺治年间前后发生了 3 次大规模的圈地运动，满洲贵族大发横财，聚敛了不少财富，多尔衮所在的正白旗更是其中的代表。这些满洲贵族圈地之后，其实也并不都是用于农耕，这导致大量的土地闲置荒芜，严重影响了农业生产。

持续的圈地运动让许多汉人百姓流离失所，一无所有，因此引发了一浪高过一浪的反抗运动。清朝统治者在意识到这个问题后，为了维护统治，缓解矛盾，在康熙二十四年（1685）下令废除了圈地令。

六、旗民分治

八旗制度是满洲社会的根本组织形式。努尔哈赤为了将分散的女真各部有机结合起来，先是在明万历二十九年（1601），初置黄、白、红、蓝四旗。万历四十三年（1615），整顿编制，增设镶黄、镶白、镶红、镶蓝四旗，八旗之制正式确立起来。

八旗制度的实行，为满洲军队提供了足够的兵源，大大增强了满洲军队的战斗力和灵活性。八旗壮丁出则为兵，入则为民，耕战二事，未尝偏废；全民皆兵，凡满洲成员皆隶于满洲八旗之下（白寿彝《中国通史》）。后来，皇太极又先后完成了蒙古八旗和汉军八旗的编制，努尔哈赤时期确立的八旗称为满洲八旗。

清军入关前，皇帝亲自统领八旗之中的正黄、镶黄两旗，其他六旗则分别由皇子皇侄以及其他宗室王公统领。清顺治七年（1650）十二月，多尔衮在行猎途中去世，顺治帝亲政。次年，顺治帝为了进一步加强皇权，更好地掌控八旗，下令将原来多尔衮所率的正白旗收归皇帝统领。这样便形成了"上三旗"与"下五旗"之分，由皇帝直接控制的正黄、镶黄、正白三旗，称为上三旗，是皇帝的亲兵，负责皇宫的守卫；由宗室诸王统领的镶白、正红、镶红、正蓝、镶蓝五旗，称为下五旗。

清朝北京地区行政管理制度的最大特点就是"旗民分治"，强迫内城中的汉族和其他少数民族居民迁到外城，内城则由八旗军队分区驻防，环拱在紫禁城和皇城周围。

旗民分治政策的实施，对京畿地区的社会结构和城市布局带产生了深远的影响。清政府给了旗人很多恩惠，如不用参加生产活动，由朝廷统一拨款供养，豁免税赋和徭役等。但同时也施加了诸多限制，如旗人不得擅自离开本旗驻防区域超过40里；不能经商；不能从事手工业；禁止旗民通婚；甚至不能去

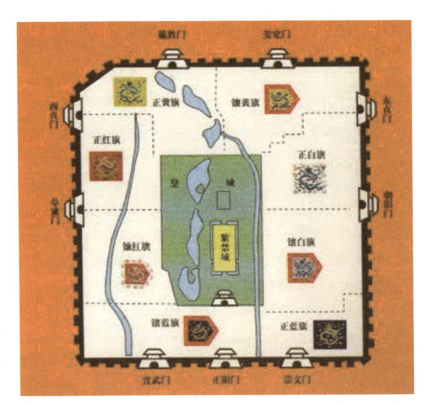

八旗驻防图

外城听戏。实际上，八旗人丁相当于被牢牢关在内城之中，长期生活在一个封闭的社会里，生活腐败颓废，逐渐丧失了生存技能。这也导致清朝中期以后，随着国力衰退，清政府无力供养数量庞大的八旗人丁，而他们也因为缺乏劳动技能，甚至难以维持生计。北京内城实际上成为清朝皇室、宗室贵族和八旗人丁等居住的一个特殊区域，已经丧失了城市的基本功能，不再是真正意义上的城市了。

　　而真正具备城市活力的北京城市发展的主体，是北京外城。外城没有统一的规制，在发展上不受拘束，呈现出多样性的特点。士农工商，三教九流，无所不包。由于大量汉族和其他少数民族居民的迁入，加上各地商人、赶考的读书人也多聚集于此，极大地丰富了这里的社会生活，逐渐发展形成独具特色的"宣南文化"，包括天桥民俗区、大栅栏商业区和琉璃厂文化区等。

七、康乾盛世

"康乾盛世"是中国封建社会的最后一个盛世，是指清王朝在康熙、雍正、乾隆三位皇帝的统治下，综合国力得到极大发展，文化水平不断提高，国家疆域进一步拓宽，人口急速增长，社会相对平稳的时期。康雍乾三朝也是清朝统治的最高峰，前后持续了将近 140 年的时间。但是在盛世的背后，各种衰败的迹象早已开始出现，辉煌和繁荣也抵挡不住落日余晖的降临。尤其在乾隆末年，政治日益腐败，国事愈加艰难，清朝开始逐渐走向衰落。

清朝建立之初，连年的战争给整个社会生产带来了严重破坏，人口持续下降、田地大量荒芜。尤其是清兵入关后，颁布了诸如禁关令、圈地令等政策，百姓生活难以为继，社会矛盾尖锐无比。为了巩固统治，稳定民心，清廷采取了一系列措施来鼓励生产，恢复民生。

康熙皇帝一般被后世认为是清朝最有能力的一位皇帝，他 8 岁登基，14 岁亲政，16 岁时设计智除权臣鳌拜，夺回了军政大权。康熙在位 61 年，是中国历史上在位时间最长的皇帝。他削平三藩、收复台湾、驱逐沙俄、西征漠北，统一了外蒙古诸部，平息了准噶尔叛乱。康熙不仅进一步扩大了清朝的疆域，还为康乾盛世奠定了坚实的基础。康熙皇帝文韬武略，勤政爱民，进一步强化了皇权。康熙亲政后，便下令废止了圈地令，并放宽了开垦荒地的免税年限，引入外来农作物，鼓励普通百姓进行农业生产，避免给他们增加负担。康熙五十一年（1712），清廷颁布"盛世滋生人丁，永不加赋"的政策，此后新增的人丁，不收丁税，只收取田租。这些政策实施后，农民的积极性被极大地调动起来，清朝的农业生产获得了恢复和发展，由于社会稳定，人口数量也不断增加。此外，在康熙皇帝统治时期，黄河数次发生洪灾，他亲自参与黄河治理，亲临工地监督整修堤坝。在康熙三十七年（1698）时，康熙皇帝下令全面整治浑河（今永定河），经过两年的治理，浑河的洪患得到了有效控制，对北京地区的水利产生了积极影响。康熙皇帝还亲自改浑河为永定河，寓意长治久安。康熙皇帝在巡视江南的时候，考察了江南地区的生产民生，积极采取措施鼓励江南手工业的发展。康熙皇帝还曾颁布《圣谕十六条》来规范老百姓的行为，稳定社会秩序。但是在康熙统治晚期，过于实行仁政，刑罚宽松，以致出现了很多吏治腐败的现象，为清朝的发展埋下了隐患。

康熙朝服像

雍正皇帝即位后，为改革康熙晚期留下的弊端，开始大力整饬吏治，严惩腐败。他大力推行新政，在全国范围内推行"摊丁入亩"政策，废除了延续 2000 多年的人头税，是中国封建社会税收制度的一次重大变革。摊丁入亩政策的实施，减轻了无地、少地农民的负担，松绑了农民身上的人身束缚，自由劳动者开始出

《乾隆大阅图》　（清）郎世宁绘

现，极大地促进了社会生产力的发展。雍正还实行了"火耗归公"政策，并建立起"养廉银制度"，打击了地方官吏任意加征钱税的行为，减轻了百姓的额外负担，减少了官员们的贪污腐败行为。雍正皇帝实行"改土归流"政策，稳定了西南地区的局势，还设立驻藏大臣，以加强对西藏地区的管理。在雍正统治时期，朝廷吏治得到整顿，国库收入有所增加，人口开始出现爆炸性增长，在康乾盛世中起到了重要的承上启下的作用。然而雍正对外闭关自守，对内高度独裁，大兴文字狱，君臣关系、社会关系和民族关系再度紧张起来。

乾隆皇帝即位后，清王朝的统治开始走向全盛。南方的纺织业、陶瓷业发展达到顶峰，江南的商人不仅在国内做生意，还不断将茶叶、纺织物等销往欧洲。金融业也取得了发展，在山西等地出现了银号。乾隆时期武功方面的成就突出，在维护多民族国家的统一、平定边疆叛乱方面功绩卓越。他先后进行了两次平定准噶尔之役，一次平定大小和卓之乱，两次金川之役，一次镇压台湾林爽文起义，一次缅甸之役，一次安南之役及两次抗击廓尔喀之役，共计十大武功，乾隆皇帝也因此自诩为"十全老人"。在乾隆统治时期，清朝的统治疆域达到最大，并奠定了近代中国版图的基础。但是乾隆奢侈浪费，挥霍无度，给清朝的经济带来了严重影响，康熙、雍正时期好不容易才充

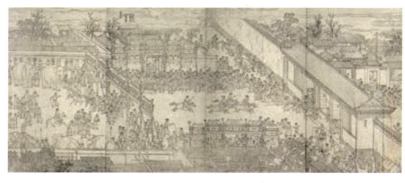

《万寿盛典》（局部）

盈起来的国库又变得空虚。而且在乾隆执政期间，文祸达到顶峰，文字狱的数量占康、雍、乾三朝总数的九成，人民的思想被严重禁锢，整个社会毫无创新的气息。乾隆之治，清王朝达到鼎盛，但也埋下了盛极转衰的种子。

康乾盛世虽然取得了很大成就，但是盛世之下也掩藏着巨大的危机，政治腐败愈演愈烈、社会矛盾不断突出。到了乾隆统治末年，农民起义频发，清朝开始走向衰落。嘉庆皇帝即位后，未能扭转衰败的局面，康乾盛世最终走向了完结。

八、纪晓岚与《四库全书》

纪晓岚，一位在官府与民间、士林与百姓中都有着广泛影响的人物，他是乾隆时期学术界的领袖，有着极高的声誉。在民间，纪晓岚也有很好的口碑。他睿智聪慧，又不乏诙谐幽默，有关他的趣事、逸闻和传说一直在百姓之间广为流传，经久不衰。

纪晓岚（1724—1805），名昀，字晓岚，又字春帆，晚号石云，直隶河间府（今河北省献县）人。纪晓岚出身于书香门第，自幼勤奋好学，四岁的时候就开始读书识字，从此，笔砚卷轴伴随一生。他自己也说"余自四岁至今，无一日离笔砚。"（《槐西杂志》一）他聪慧异常，才思敏捷，读书过目不忘，幼年的纪晓岚便有"神童"之美誉。

在封建社会，通过科举考试进入仕途，实现自己的人生价值，是学子们追求的最高理想。纪晓岚也是如此。乾隆十二年（1747），24岁的纪晓岚应乡试，为乡试第一；乾隆十九年（1754）31岁时中进士，授翰林院庶吉士、编修。乾隆三十三年（1768）七月因牵扯进他的姻亲——两淮盐运使卢见曾的一个案子，被发配乌鲁木齐。乾隆三十五年（1770），纪晓岚被恩命召还，第二年（1771）六月回到京师，继续担任编修。纪晓岚颇受乾隆皇帝的赏识，历任兵部侍郎、左副都御史、礼部尚书、协办大学士等职。与封建社会的大多数文人相比，纪晓岚可以说是"生而逢时"，在科场与仕途上都是一帆风顺。

作为学界领袖、一代宗师，纪晓岚参与了许多重要典籍的编修，先后担任武英殿纂修官、三通馆纂修官、功臣馆总纂官、国史馆总纂官、方略馆总校官、《职官表》总纂官、《八旗通志》总纂官等职。另外，纪晓岚还著有《阅微草堂笔记》二十四卷。纪晓岚曾多次担任科举考试的考官，提携了很多士林学子、优秀人才。乾隆三十八年（1773），乾隆帝下令编《四库全书》，随即开《四库全书》馆。在大学士、军机大臣刘统勋的荐举下，纪晓岚担任四库馆的总纂官，与陆锡熊、孙士毅一道，主持《四库全书》的编纂与审校工作。

《四库全书》是我国古代规模最大的丛书，收录中国古代典籍近3500种。全书共抄写了7部，每部36000余册，按照经、史、子、集四部分类。经部收入儒家经典和文字训诂之学；史部收入纪事之书和考辨类书籍；子部收入儒家、法家、兵家等书籍；集部收录诗文词曲、散篇零拾之作及《楚辞》等。《四库全书》收录了我国清代中期以前的大部分重要典籍，内容涵盖历史、民族、政治制度、宗教、算学、文学艺术、地舆物产等各个方面，保存了丰富的文献资料，是中华民族的珍贵文化遗产，也是全人类共同拥有的精神财富。

《四库全书》的编纂是一项十分浩大的工程，乾隆皇帝对此十分重视。为了保障编纂工作的顺利进行，乾隆帝在四库馆内建立了严密的组织结构，设正总裁16名、副总裁10名、总阅官15名、总纂官3名、总校官1名，还设翰林院提调官等十余种官职，近400名编校官员，集中了当时一大批著名学者，如陆锡熊、戴震、姚鼐、翁方纲、王念孙等，而作为总纂官的纪晓岚，在《四库全书》的纂修过程中始终起着核心主导作用。

纂修《四库全书》分征集底本、审查底本、编订目录、誊录、校勘等几个工作步骤。《四库全书》的底本主要来源于民间献书、内府藏书、清廷官修书、辑佚《永乐大典》等书籍。其中，

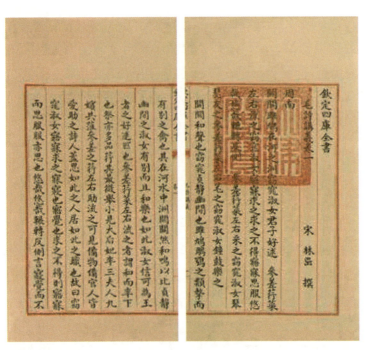

文津阁《四库全书》　中国国家图书馆藏品

民间藏书家献书是一个重要来源。乾隆三十七年（1772），乾隆帝谕旨征集天下图书。为了鼓励藏书家积极献书，朝廷制定了多种奖励办法。如：凡献书500种以上者，赐《古今图书集成》一部；献书100种以上者，赐《佩文韵府》一部，还可以选择精良版本进呈乙览，乾隆皇帝亲自评咏、题识书端；所有进献的书籍，待《四库全书》修成后将全部返还原进献者。在种种奖励政策的激励下，藏书家们积极献书，共征集图书12237种。全国朝野上下献书超过500种以上者有4家，超过100种以上者有9家，但这些献书者绝大多数为江浙人。纪晓岚为北方藏书首富，献书105种。

　　书籍征集上来之后，四库馆臣要对原书进行认真的审查、甄别，并注明每一种书应刊、应抄、存目的处理意见，对那些不利于清朝统治者的书籍要进行删改，或者一律销毁。对确定为四库底本的书籍，还要整理、校勘，改正错字、书写初审意见，然后送呈纂修官复审，纂修官审核后交付总纂官纪晓岚和陆锡熊审阅，决定各书的录存与否，最后送呈乾隆皇帝御览。经过乾隆帝御览没有问题的书，送至武英殿缮书处进行抄录。

《四库全书》全部采用手抄，字体均为楷书，版式统一，朱丝栏，四周双边，每半叶八行，每行二十一字。抄写人员大都是从参加科举考试的落榜生中挑选出来的。由于任务量庞大，先后共选拔录用抄手3826人，从乾隆三十八年（1773）到乾隆五十二年（1787），15年间一直抄写不辍。《四库全书》字迹严整规范，结体略呈方形，用笔严谨、点画精到。抄手们将"馆阁体"的书写发挥到了极致，并对清朝中后期的书法发展产生了深刻的影响。

与《四库全书》编纂同时进行的另一项重要工作是《四库全书总目》的编撰。乾隆皇帝对书目非常重视，从下诏征书那一刻起，就一直督促编辑书目，并确立书目的分类方法。

乾隆三十八年二月十一日谕文："从来四库书目，以经、史、子集为纲领，裒辑分储，实古今不易之法。"（《钦定四库全书总目·卷首》）紧接着，五月一日谕文："……自昔图书之富，于斯为盛，特诏词臣，详为勘蕞，厘其应刊、应抄、应存者，系以提要，辑成《总目》，依经、史、子、集，部分类聚，命为《四库全书》。"（《纪晓岚年谱》）

乾隆帝令皇六子永瑢领衔纂修，但实际工作还是由纪晓岚总其成的。纪晓岚对各纂修官在整理、校阅图书时所写的提要，逐篇进行认真细致的整理，从作者的年代、爵里、生平事迹，到著作的内容要旨、学术流派以及版本源流等等，都在原稿的基础上反复予以考订、修改，或增删内容，或润色行文。经过纪晓岚"笔削考校，一手删定"，各篇提要评论中肯、行文风格统一，集中体现了一代学人的学术水平。《四库全书总目》于乾隆四十六年（1781）二月完成，全书二百卷，其分类体系严谨完善，代表了中国古代目录学的最高水平。

《四库全书总目》编成后，乾隆皇帝觉得其"卷帙甚繁"。为便于使用，乾隆又下诏指示另编一部《四库全书简明目录》，要求《简明目录》"只载某书若干卷，注某朝某人撰，则篇目不繁而检查较易，俾学者由书目而寻提要，由提要而得全书，嘉与海内之士考镜源流，用昭我朝文治之盛。"（《钦定四库全书总目·卷首》）在纪晓岚的努力下，二十卷的《四库全书简明目录》于乾隆四十七年（1782）编纂完成。

《四库全书总目》和《四库全书简明目录》是纪晓岚的重要学术成果，江藩说："《四库全书提要》、《简明目录》，皆出公手。大而经史子集，以及医卜词曲之类，其评论抉奥阐幽，词明理正，识力在王仲宝、阮孝绪之上，可谓通儒矣……公一生精力，粹于《提要》一书。"（《汉学师承记》）

校勘，是《四库全书》编修过程中的另一项重要工作。乾隆皇帝十分重视《四库全书》的校勘，曾随手翻阅缮写完成的书籍，即发现错字二处，于是督促四库馆总裁解决校勘问题。总裁们经过讨论，建议增派复校官，并制定了《功过处分条例》。在校勘过程中，《条例》得到了严格执行。一部抄写完成的书籍，需要经过分校、复校、四库馆总裁抽查等几道严苛的审核。

乾隆四十六年（1781）十二月，在纪晓岚和四库馆馆臣们近十年的不懈努力下，第一部《四库全书》终于抄写完成，贮藏于紫禁城内的文渊阁。此后又陆续抄成了三部，分别贮藏于沈阳的文溯阁、圆明园的文源阁和承德避暑山庄的文津阁，统称"内廷四阁"或"北四阁"。为了方便江浙士子阅览，乾隆帝下令再续抄三部全书。乾隆五十二年（1787），三部《四库全书》同时告成，分别贮藏于扬州的文汇阁、镇江的文宗阁和杭州的文澜阁，统称"江浙三阁"或"南三阁"。

从乾隆三十八年开"四库馆"，到乾隆五十二年七阁《四库全书》全部告成，纪晓岚担任总纂官一职共 14 个年头。七阁全书完成，但纪晓岚的工作并没有结束，各阁书籍的复校和空函书籍的缮录、补写工作随即又全面展开。

乾隆五十二年（1787）三月，乾隆皇帝亲自查出《四库全书》所收李清撰《诸史同异录》有狂悖言语和违碍内容，大为震怒，随即严令搜查销毁该书，并严厉追究四库馆臣的责任，所有办理《四库全书》之皇子、大臣及总纂官纪晓岚、陆锡熊等、总校官陆费墀等交部严加议处。同年五月，乾隆帝驻跸避暑山庄，偶然翻阅文津阁《四库全书》，发现其中违碍、讹谬之处甚多，立即命令随从大臣详加校订，立即改正。由此，乾隆帝又想到京中文渊、文源二阁所贮《四库全书》，其讹舛之处亦定会不少，也当校改。故命皇六子永瑢、军机大臣阿桂总负其责，纪晓岚与彭元瑞总司全书的核校工作，并动员了京中各衙门大小官员二百多人参与校书工作。经过两个多月的努力，文渊、文源二阁全书的复校工作相继完成。

这次校书，发现了大量的问题，四库馆馆臣们都受到了相应的责罚。纪晓岚作为总纂官自然难辞其咎。乾隆帝下令"著将文渊、文源、文津三阁书籍所有应行换写篇页，其装订挖改各工价，均令纪昀、陆锡熊二人一体分赔"（《纪晓岚年谱》），并罚纪晓岚带领原校书人员前往热河校文津阁书，陆锡熊前往盛京校文溯阁书。刚刚完成"北三阁"检校工作的纪晓岚便奉旨带领原校书人员前往避暑山庄校书。十月中旬，纪晓岚到达热河，立即安排检校官员开始了紧张的校书工作。经过数月努力，文津阁全书复校完毕。这次校书"查出誊写错落、字句偏谬各书六十一部，漏写《永乐大典》书三部，坊本抵换者一部，漏写遗书八部，缮写未全者三部，坊本抵换者四部，排架颠倒书四十六部，匣面错刻、漏刻及书签误写者共三十部"。（《纪晓岚年谱》）对这些问题，纪晓岚都予以了妥善处理，所有挖改、重写各书的费用、应换刻匣面费用和书带、书面费用，具由纪晓岚赔付。这次校书，受罚最重的是总校官陆费墀，正在续办的三部贮藏文澜、文汇、文宗三阁的《四库全书》"所有面叶、刻字、装订木匣等项"俱令陆费墀罚赔。这一下就使陆费墀赔出罚资约二万两。乾隆五十三年（1788），年届六十的陆费墀在西湖校阅文澜阁书籍，不堪惊恐劳累之苦，忧郁而终。

乾隆五十七年（1792）二月，陆锡熊赴奉天校文溯阁《四库全书》。当时天气还未转暖，山海关外大雪封山、天寒地冻，59岁的陆锡熊，一路风寒奔波，身患重病，竟于二月二十五日去世，可谓以身殉职。陆锡熊和陆费墀均为办理《四库全书》的骨干。纪晓岚和陆锡熊同为总纂官，两人在一起共事十余年，情谊深厚，乾隆帝曾褒奖"二人学问本优，校书亦极勤勉，甚属可嘉。"

乾隆五十七年（1792）四月，纪晓岚又赴避暑山庄，校文津阁《四库全书》。

为校文津阁书，纪晓岚曾四赴避暑山庄。校书工作紧张、艰苦，但纪晓岚的心境是平和的。他在《槐西杂志》里写道："每泛舟至文津阁，山容水意，皆出天然；树色泉声，都非尘境；阴晴朝暮，千态万状。虽一鸟一花，亦皆入画。"纪晓岚以这种宁静、超然、豁达的心态，化解繁重的校阅工作所带来的种种压力。

从乾隆五十二年到五十七年，纪晓岚带领校书人员，对文渊阁、文源阁、文津阁全书进行了两次全面的复校。对校出的讹误、缺漏等等，都进行了一一的改正补齐，有效改善了《四库全书》的质量。在复校《四库全书》的过程中，空函、待补书籍的续抄、补遗工作也在同时进行着。这项工作也由纪晓岚负责。从乾隆末年开始，续补工作陆陆续续，一直到嘉庆年间。嘉庆八年（1803）四月二日，嘉庆皇帝指示"高宗御制诗文及续办《方略》《纪略》等书应续缮于《四库全书》内。以纪昀系纂办《四库全书》熟手，令详悉具明，开单具奏"。（《纪晓岚年谱》）80岁的纪晓岚很快查清了应办理的书籍，又拟定了十条办理章程，一并上呈嘉庆皇帝。嘉庆九年（1804），《四库全书》空函书籍的续补工作全部结束。

《四库全书》，这项伟大的文化工程，前后经历了三十多年的时间。在这项伟大工程的构建中，纪晓岚倾注了自己大半生的心血，做出了不可磨灭的贡献。在"四库馆"馆臣中，纪晓岚是唯一一位"始终其事而总其成者"。

九、和珅跌倒，嘉庆吃饱

和珅（1750—1799），原名善保，字致斋，钮祜禄氏，满洲正红旗。和珅是清朝乾隆皇帝最为重要的亲信大臣之一，他权倾朝野、富可敌国，在他所处的年代没有其他大臣的地位能够与之匹敌。

乾隆十五年（1750），和珅出生在清朝的一个官宦之家，家境比较殷实，他的父亲常保是一名武将，时任职福建兵马副都统。根据史书记载，和珅相貌英俊，文武双全，四书五经样样精通，并且他还熟练掌握了满、汉、蒙、藏四种语言。

乾隆三十八年（1773），和珅有幸获得在乾隆皇帝面前展示自己的机会。某次朝会上，大臣阿贵上奏称缅甸的要犯逃掉了。乾隆皇帝听后大为恼火，说道："虎兕出于柙。"其实，这句话出自《论语》中的"虎兕出于柙，龟玉毁于椟中，是谁之过与"，意思是坏人逃脱，主管看守的人要负责。但是当时大臣们面面相觑，谁也不知道这句话是什么意思。乾隆皇帝一连说了两遍都无人回应。这时和珅上前说道："典守者不能辞其责耳。"意思是这是守卫的责任。乾隆皇帝听后大为赞赏，让他到仪仗队做了侍从。从此之后，和珅开始了他辉煌的仕途生涯。

和珅早期并不贪婪，他勤奋努力，人际关系也相当不错。受到乾隆皇帝赏识后，和珅可谓是顺风顺水。先后担任管库大臣、御前侍卫等职。乾隆四十一年（1776），先后被任命为户部右侍郎、军机大臣、总管内务府大臣等职，乾隆皇帝还赐他在紫禁城骑马的权利。也是在这一年，和珅花重金修建了他的

恭王府银安殿 （摄影 贾冬明）

恭王府湖心亭 （摄影 贾冬明）

豪华宅第——时称"和第"（在今北京市西城区柳荫街），也就是后来的恭王府。和宅位于什刹海地区的风水宝地，建在除紫禁城外的另一条龙脉——水龙脉之上，占地面积约6万平方米，充分显示出和珅当时的地位和财力。

乾隆四十五年（1780），乾隆皇帝命和珅等人查办云贵总督李侍尧贪污案，和珅办案有方被升为御前大臣。实际上在李侍尧一案中，和珅私吞了李侍尧及其党羽的很大一部分财产，加上乾隆皇帝的赏赐，和珅初尝手握权财的快感。此后他的贪腐之念愈来愈盛。同年五月，乾隆赐名和珅长子为丰绅殷德，并将十公主下嫁与他。一时间，和珅从一个普通的官员，摇身成为皇亲国戚，百官争相巴结。和珅渐渐受不住诱惑，进一步贪污受贿、结党营私，在朝中发展自己的势力。

和珅少年得志，遭到了一部分官员的妒忌和不满，后来他受到文官的弹劾，因此心怀怨恨。和珅掌权之后，便开始对文官展开报复。乾隆四十五年（1780）十月，和珅担任《四库全书》正总裁，随后大兴文字狱，诬陷反对他的文人私藏禁书，意图谋反，许多文官因此下狱。后来，和珅的野心越来越膨胀，朝中近半数的武将也被他陷害。

乾隆四十九年（1784），和珅已经成为朝中最有势力的四大派系之一，分别是以阿桂为首的武官派、以刘墉为首的御史派、以钱沣为首的反对派、以和珅为首的贪官派。他开始向商人们下手，侵吞了很多富商的财产，因此积累了巨额财富。乾隆五十三年（1788），和珅大权独揽，党羽遍布全国各地，朝中大部分反对他的势力都已经被打倒。

嘉庆即位之初，和珅的权力和地位达到顶峰，包括乾隆、嘉庆身边的人都有可能是他的亲信。每天上朝时，和珅就站在太上皇乾隆皇帝和嘉庆皇帝的旁边，位同摄政，时人称他为"二皇帝"。嘉庆皇帝长年受到和珅的监视和控制，对他恨之入骨，但是又不能表现出来，一直隐忍不发。

嘉庆四年（1799）正月初三，乾隆驾崩，和珅奉旨全权负责乾隆的丧事。嘉庆终于迎来了解放，乾隆去世10天后的正月十三日，嘉庆便宣布了和珅的20条大罪，将和珅逮捕入狱，并下旨抄家。在查抄和珅家产时发现，和珅的财富数量相当惊人，据估算折合白银约8亿两，相当于当时清政府15年的税收收入，因此民间就有了"和珅跌倒，嘉庆吃饱"的说法，后世也大都将和珅列为"天下第一贪"。许多大臣建议将和珅凌迟处死，但是固伦和孝公主和刘墉都为和珅求情，嘉庆皇帝考虑到他曾长期侍奉乾隆皇帝有功，因此改为赐死。最终，和珅于嘉庆四年（1799）正月十八日，在家中用白绫上吊自杀。

十、天理教箭射隆宗门

由于清军入关后一直实行民族压迫和阶级压迫政策，各地农民起义事件不断出现。在鸦片战争前，发生在京师的规模最大、影响最深的一次人民反抗斗争就是天理教起义。天理教起义发生在清朝嘉庆年间，暴动的最高潮发生在北京，当时起义军只有200人左右，拿着几十把大刀就杀入了紫禁城，试图篡位夺权，但是很快就被清军镇压下来。

天理教是白莲教的一个支派，按照"八卦"来编排命名，因此又称"八卦教"。天理教起义的主要领导者是京畿地区"坎卦"首领林清，与河南地区"震卦"首领李文成。天理教活动的目的是反清复明，推翻清王朝的统治，他们打着反清的旗号，向教徒收取会费，并承诺一旦起义成功，就会分给教徒们田地，很多贫困百姓纷纷加入。

嘉庆十六年（1811）八月，林清和李文成约定，在两年之后，即嘉庆十八年（1813）的九月十五日发动起义。他们的计划是李文成先在河南滑县起义，然后与山东、河北、直隶等地的教徒一起攻向北京。林清则在北京组织起义军，到时与李文成率领的援军里应外合，一举夺下京城。嘉庆十八年（1813）七月，嘉庆皇帝离开京师前往热河行宫避暑。林清认为，皇帝离京后，京师守卫必然松懈，起义时机已到，于是开始准备行动。

同年八月，李文成手下的教徒在打造兵器时被人举报，李文成被官府抓走。匆忙之下，河南地区的起义军被迫提前行动，占领滑县，救出了李文成。李文成随即率军北上，然而起义军在途中被清兵拦截下来，未能按计划抵达京师。但是林清并不知道这一消息，仍然按计划在北京起兵。

九月十五日上午，林清率领 200 名天理教教徒打扮成小商小贩，暗藏武器混入了北京城。入城后，起义军分成东、西两路，分别进攻东华门和西华门，还有一些教徒在地安门附近准备接应。在部署的过程中，还有几十名教徒临阵脱逃，起义军只剩 100 多人。

东路军在接近东华门时，被守门的清军发现了他们携带的武器，守门士兵马上关闭城门，最终东路军只有 10 余人杀入东华门，并一直攻打到内廷的东门景运门。西路军因为有太监高广福的指引，进展比较顺利，70 余人全部攻入西华门，一直打到内廷的西门隆宗门。

林清进入皇城后到处寻找金銮殿的位置，由于训练有素，没过多久林清就带着起义军冲到了养心殿前，王公贵族被吓得慌忙逃窜，紫禁城内一片混乱。此时，嘉庆皇帝的嫡长子旻宁（即后来的道光皇帝），带着鸟枪腰刀和一众护卫赶到养心殿，举枪射击时发现鸟枪内没有子弹，于是从衣服上抠下两枚铜扣，当作子弹塞入枪内，当场击毙了两名天理教教徒。林清眼见攻不下养心殿，便想纵火。此时，宫内的王公大臣率兵赶到，旻宁指挥兵马与起义军交战。起义军寡不敌众，被全部镇压下去。九月十七日，清军在黄村宋家庄将林清抓获，天理教起义以失败告终。事后，嘉庆皇帝心有余悸，曾在《遇变罪己诏》中称其为"汉唐宋明未有之事"。至今，故宫隆宗门的匾额上还留有一个箭头，相传就是当年天理教攻打皇宫时留下的。后来嘉庆皇帝为了时刻提醒自己，便没有将这个箭头取下。

十一、帝国主义列强攻入北京城

清朝实行的闭关锁国政策严重影响了中国与世界的交流，加大了我国与西方在政治、经济、科技上的差距。第一次鸦片战争中，西方帝国主义用武力敲开了中国的大门。道光二十年（1840），英国政府以林则徐虎门销烟侵犯了英国利益为借口，发动侵华战争。战争以清军失败告终，清政府赔款割地，1842年与英国签订了丧权辱国的《南京条约》。中国开始沦为半殖民地半封建社会，中华民族苦难的近代史正式拉开序幕。

第一次鸦片战争后，帝国主义势力曾先后两次直接攻入北京。他们在北京城内大肆破坏，烧杀抢掠无恶不作，给中华民族带来了深重的灾难。

第二次鸦片战争期间英法联军攻入北京。咸丰八年（1858），英法联军逼迫清政府签订《天津条约》后，要求武装进京换约，被清政府拒绝。英法两国以此为借口，于1860年（咸丰十年）8月，

圆明园海晏堂遗址 （摄影 贾冬明）

组成了 16800 余人的联合军队向清朝发起进攻。英法联军先是攻陷天津，随后直奔北京而来。英法联军所到之处，所有城镇，不分大小，全部劫掠。

9 月 18 日，英法侵略军攻陷通州南部的张家湾，并将张家湾镇洗劫一空。9 月 21 日，清军与英法联军在通州以西 8 里处的八里桥展开激战，主帅僧格林沁和大学士瑞麟畏惧敌人火炮的威力，临阵脱逃，导致军心大乱，八里桥失守。在八里桥之战的第二天，即 9 月 22 日，咸丰皇帝就带着他的妃嫔以及王公大臣等数百人逃往承德避暑山庄。皇帝出逃后，北京城内人心涣散，上至高官富商，下至平民百姓，也开始四散逃亡。

10 月 6 日，英法联军攻入海淀，到处烧杀抢掠。当夜，英法联军杀向圆明园，清朝军队进行了形式上的抵抗，一经交战便溃不成军，四处逃散。英法联军奔至圆明园后，守园的太监进行了顽强的抵抗，但由于实力差距悬殊，最终全部战死，圆明园随即被联军占领。

圆明园被占领后，英法两国还为此召开会议商谈如何分配园内的各种奇珍异宝。10 月 7 日，掠夺行动开始，两国军队对圆明园进行了野蛮的搜掠与破坏，被抢劫的奇珍异宝不计其数，还有许多联军带不走的珍贵文物被砸毁、捣碎。10 月 9 日，法国军队撤离了圆明园。在经过抢夺和破坏后，圆明园已经很难看出原有面貌。

10 月 13 日，留守北京的清朝官员慑于联军的武力，交出安定门，侵略军不费一枪一炮就攻入了北京城，恭亲王奕䜣与英法联军达成停战协议。然而，这个停战协议对于英法联军就像是一张白纸，10 月 18 日，英军头子额尔金声称要惩罚清朝皇帝，下令焚毁圆明三园，以及香山、万寿山、玉泉山等处的皇家园林。英法联军共出动了 3500 余人，他们在园内到处放火，肆意破坏。大火连烧数日，整个北京城都被浓烟所笼罩。这座凝结了中国人民智慧和汗水，具有重要文化价值的园林，就这样被侵略者付之一炬。更加惨无人道的是，当时园内还有宫女太监等共计 300 余人被活活烧死。

火烧圆明园后，英法联军威胁清政府，如果不能满足他们的要求，就要焚毁皇宫。清政府马上同意谈判，并分别与英、法签订了《北京条约》，侵略者这才同意撤离北京。但是随后不久，各国列强以《北京条约》为据，纷纷在东交民巷设立使馆，逐渐形成了东交民巷使馆区。

甲午中日战争后，中华民族与帝国主义的矛盾日益尖锐，此时华北地区的义和团运动日趋活跃，他们高举"扶清灭洋"的口号，焚烧教堂、打杀教民，与外国使馆卫队冲突不断。各国列强要求清政府提供保护，但清政府出于自身利益的考虑，对义和团的行动表示支持，并一度向各国宣战，最终导致了八国联军侵华战争。

1900 年（光绪二十六年）5 月，西方列强认为清政府无法镇压义和团，保护他们的在华利益，决定联合出兵"保护使馆"。8 月 4 日，由英、美、俄、日、法、德、意、奥组成的八国联军从天津出发，向北京进军。12 日，攻占通州。13 日，联军兵临北京城下。14 日，英、美军队攻破广渠门，进入外城，随后从东交民巷以南的水关进入内城。8 月 15 日凌晨，联军开始攻打东华门，慈禧太后和光绪皇帝、皇室贵族、文武大臣等 1000 多人仓皇逃往陕西西安府。

侵略联军攻占北京后，曾公开允许军队抢劫 3 天，但其实直到联军撤军，抢夺行动也没有停止。联军对义和团进行了野蛮的报复，凡是义和团设过坛的房屋，都被焚毁，大量的无辜百姓受到牵连被害。侵略军对紫禁城、三海、颐和园等进行了疯狂掠夺，大量珍贵的文物和奇珍异宝都被抢走，"自元、明以来之积蓄，上自典章文物，下至国宝奇珍，扫地遂尽"。翰林院所藏《永乐大典》，几乎毁灭殆尽，各类珍贵图书大约被毁损了 4 万册。在第二次鸦片战争中被洗劫的圆明园，则又一次遭到了抢夺。

联军占领北京期间，随意进出宫城内苑，很多街道还被以侵略军将领的名字重新命名。更加令人气愤的是，各国军队还在紫禁城内举行了阅兵式。

1901年（光绪二十七年）9月7日，清政府与英、美、俄、日、法、德、意、奥、西、荷、比11个国家签订了丧权辱国的《辛丑条约》，中国完全沦为了半殖民地半封建国家。西方侵略者再次对北京城进行了严重破坏，也给整个国家和人民带来了深重的灾难。

十二、戊戌变法

戊戌变法，清光绪年间由康有为、梁启超等维新派人士发起，是我国近代史上的重大政治事件，这场变法运动就发生在北京。

戊戌变法大力提倡学习西方的先进制度，涉及政治、经济、军事、文化、科技等各个领域，其本质是自上而下的资产阶级改良运动，目的是使清王朝走君主立宪的道路，发展资本主义。但是变法运动遭到了以慈禧太后为首的守旧派势力的镇压，仅仅持续了103天就宣告失败，因此又名"百日维新"。

光绪二十年（1894），中日甲午战争爆发。日本经过明治维新，经济、军事实力不断增强，综合国力日渐强盛，开始积极对外侵略扩张。这一年，清朝的附属国朝鲜爆发东林党起义，清廷派兵支援朝鲜政府，日本也趁机出兵朝鲜，故意挑起事端。7月25日，丰岛海战正式引爆了中日甲午战争。北洋舰队与日本联合舰队先后在黄海、辽东半岛和威海卫展开激战，清军节节败退，北洋舰队全军覆没。1895年（光绪二十一年）4月17日，中日甲午战争失败后，清政府被迫与日本签订了《马关条约》。

当时，会试刚刚结束，各省举子都聚集在京师，等待发榜。清政府签订《马关条约》并割地赔款的消息传来，参加会试的举人群情激愤。4月22日，康有为用了一天两夜的时间，写出了一份 18000 余字的万言书，即"上今上皇帝书"，十八省举子响应，1200 多人联署。4 月 30 日，1500 多名举人在松筠庵（今北京市西城区达智桥胡同 12 号院）集会，商议联名上书朝廷。5 月 2 日，各省举人与数千名市民来到都察院，请求将万言书呈递给光绪皇帝，历史上称这一事件为"公车上书"。但是军机大臣孙毓汶拒绝了他们的要求，公车上书没有成功。

公车上书虽然失败了，但是维新派的脚步却没有就此停止。1895 年（光绪二十一年）8 月，康有为、梁启超等在北京创办了《万国公报》，用来宣传变法思想。11 月中旬，在城南的安徽会馆成立了强学会来组织维新活动。

光绪二十三年（1897）冬，德国强占胶州湾，掀起了列强瓜分中国的狂潮，民族危机空前严峻，要求变法的呼声日渐高涨，康有为再次上书光绪。其实，自甲午战败后，光绪帝就已经意识到清王朝体制中的顽疾难以根除，如果不进行变法，大清江山可能不保。于是他接见了康有为，表示坚决不做亡国之君，命康有为筹划变法事宜。

1898 年（光绪二十四年）6 月 11 日，光绪帝颁布《明定国是诏》，变法正式开始。光绪皇帝先后发布了上百条政令，包括政治、经济、军事、文教等四个方面，并废除了一大批旧有的条令。光绪重用维新派人士，任命康有为到总理衙门专门草拟变法奏折，任命梁启超负责译书局事务，任命谭嗣同、杨锐、刘光第、林旭等四人到军机处和总理衙门协助处理新政事宜。

维新变法引起了慈禧太后的不满，尤其是触动了那些顽固守旧派的利益。随着变法的推行，慈禧太后与光绪皇帝之间的矛盾愈演愈烈，冲突逐渐公开化，朝野上下风声鹤唳，政变一触即发。

1898 年（光绪二十四年）7 月 30 日，光绪皇帝交给杨锐一封密诏，称自己帝位不保，希望维新派设法救援，但是康有为等人束手无策。光绪帝无奈之下，转而向掌握着"新建陆军"

的袁世凯示好，以期借助他的力量与慈禧太后抗衡。9月18日，谭嗣同夜访袁世凯，希望他能够护驾勤王，诛杀荣禄，软禁慈禧。但是袁世凯表面上答应下来，实际上却将谭嗣同等人的计划出卖给了守旧派。9月21日清晨，慈禧太后突然从颐和园回到紫禁城，将光绪软禁在中南海瀛台，然后宣布再次临朝"训政"。戊戌变法宣告失败。

随后，慈禧太后下令搜捕维新派人士。康有为和梁启超一看大事不妙，分别于政变前后逃离京师。梁启超曾劝谭嗣同和自己一起逃走，但是被谭嗣同拒绝了。他对梁启超说："各国变法无不从流血而成，今日中国未闻有因变法而流血者，此国之所以不昌也。有之，请自嗣同始。"9月24日，谭嗣同在浏阳会馆被捕，杨深秀、林旭、杨锐、刘光第、康广仁五人也先后被捕。

9月28日，在未经审讯的情况下，谭嗣同等六人就被安上大逆不道的罪名，被押往菜市口问斩，这六位志士就是历史上有名的"戊戌六君子"。临刑前，谭嗣同高喊："有心杀贼，无力回天；死得其所，快哉快哉！"康广仁也慷慨激昂地说道："若死而中国能强，死亦何妨！"

戊戌变法失败后，所有新政全部被废除，数十位维新派官员被罢免，仅有京师大学堂被保留下来，也就是现在北京大学的前身。

🖼 20 世纪 20 年代正阳门城楼

一、中华民国成立

19 世纪末，由于清王朝的腐败无能和软弱可欺，帝国主义国家在中国肆意横行，中国陷入了严重的民族危机。在中华民族生死存亡的紧要关头，以孙中山为首的资产阶级革命党人积极探索救亡道路。1911 年 10 月 10 日，在湖北武昌发生了一起旨在推翻清朝统治的兵变，即武昌起义。革命党人控制了武汉三镇后，成立了临时的湖北军政府，强推黎元洪为都督，改国号为中华民国。

1912 年 1 月 1 日，中华民国临时政府宣告成立，孙中山在南京就任临时大总统。此时，北方的清王朝依然存在，南京的资产阶级政权和北京的封建主义政权呈现出南北对峙的局面。当时，清朝的皇帝溥仪年仅 6 岁，军政大权实际上完全被袁世凯把控着。为了尽快促成南北统一，孙中山被迫发表声明，称只要袁世凯能够使清帝退位，便立即辞职，将总统之位让给袁世凯。袁世凯见时机已经成熟，他为了获得最高统治权力，在帝国主义的支持下，逼迫溥仪退位。1912年2月12日，溥仪颁布《退位诏书》，清王朝正式终结，存在于中国几千年之久的封建君主专制制度也宣告结束。

在溥仪退位的第二天，袁世凯立刻向南京政府通电表示赞成共和。为了实现国家统一，2月14日，孙中山宣布辞去临时大总统的职务。次日，在临时参议院17省代表的一致同意下，袁世凯被推举为新的中华民国临时大总统，黎元洪为副总统。

当时，孙中山为了牵制袁世凯，维护得来不易的共和制度，在辞职前向袁世凯提了3个条件：一是临时政府的首都必须设在南京；二是袁世凯必须前往南京就职；三是袁世凯必须遵守《临时约法》。前两个条件是为了将袁世凯从他的势力大本营北京调离开，第三个是想用宪法来约束袁世凯。然而，袁世凯岂会乖乖听从临时政府的安排，离开自己经营多年的北京老巢。

清陆军部和海军部旧址 （摄影 贾冬明）

为了能够在北京上任，袁世凯表面上假装同意前往南京，暗地里则安排爪牙曹锟等人在北京城中到处生乱。这样一来，袁世凯便可以借口北京局势不稳，拒绝南下。

3月10日，袁世凯在北京市东城区铁狮子胡同原海军部大楼前正式宣誓就职，辛亥革命的胜利果实就这样被袁世凯窃取了。4月2日，袁世凯就任临时大总统不到一个月，就将临时政府从南京迁到了北京。北京再次成为全国的首都，实际上则是以袁世凯为首的北洋军阀政权的统治中心。

民国时期的地方行政制度，实行的是省、道、县三级制。北京仍称京师，下设顺天府，辖区和清朝时基本一致，共辖24县，归直隶省管辖。1913年，北洋政府改顺天府为"京兆地方"，简称"京兆"。由于京兆是中华民国的首都所在，所以这里是一个直属于中央政府的特别行政区。京兆地方的范围比清朝的顺天府小很多，稍大于现在的北京市。

二、83天的洪宪皇帝

袁世凯其实并不满足于当民主共和国的总统，他一直有当皇帝的打算。袁世凯深谋细算，步步为营，表面上赞成共和，实际上是在不断为自己的"皇帝梦"做准备。

担任临时大总统后，袁世凯开始逐步实施复辟计划。他血腥镇压了"二次革命"，并在1913年10月6日，强迫国会选举他为正式大总统。随后不久，袁世凯宣布解散国会，北洋政府正式形成。1914年5月，袁世凯颁布《中华民国约法》，废除了《中华民国临时约法》，以总统制取代了内阁制，实现了大权独揽。孙中山当时所提的三个条件，都变成了一纸空文。

除了镇压国民党革命派，袁世凯还通过控制民众思想为他的皇帝梦铺路。辛亥革命成功后不久，康有为在上海推动成立了孔教会，并计划要举行祭孔活动。袁世凯认为，想要复辟帝制，不仅需要依靠暴力手段，更重要的是让广大百姓接受封建社会皇权至上的思想，从而将革命的思想彻底扼杀。于是，他想到利用孔子的纲常名教，来宣传封建君臣之义。1913 年 6 月 22 日，袁世凯发布《尊孔令》。同年 12 月 23 日冬至这一天，袁世凯前去天坛举行了"祭天"活动。祭天是封建专制的象征，袁世凯这样做的目的是想让民众认识到神权依然是主宰，而掌握神权的就是天子，即皇帝。1914 年 9 月袁世凯发布了《祭孔令》，公开恢复祭孔典礼。1914 年 9 月 28 日，袁世凯在一大堆侍卫的陪同下，于早上 6 点半到达北京孔庙，他换上绣有四团花的十二章大礼服，头戴平天冠，模仿皇帝的样子祭祀孔子。

　　袁世凯为了更快地实现他当皇帝的美梦，还以接受日本的"二十一条"为条件来获取日本人的支持。1915 年 1 月 18 日，日本驻华公使直接向袁世凯提出了"二十一条"，这是日本企图灭亡中国的条款，其核心内容是要把中国变为日本的附属国。袁世凯最初十分反对日本的无理要求，但是当时中日国力相差悬殊，袁世凯担心自己的大总统之位不稳，为了取得日本帝国主义的支持，最终妥协签下了《中日民四条约》，即修正版的"二十一条"。此后，有了日本人当靠山，袁世凯开始加快复辟帝制的活动。

　　1915 年 12 月 12 日，筹谋已久的袁世凯正式接受帝位，废除共和，下令自 1916 年元旦起，将国号改为"中华帝国"，建元"洪宪"，史称"洪宪帝制"。袁世凯的复辟行径不得人心，激起了全国范围内的反袁运动。先是蔡锷、唐继尧等在云南起兵，发动护国战争。后来袁世凯的亲信、各地军阀将领也纷纷宣布独立，不再听从他的指挥。西方列强感到继续帮助袁氏已经毫无意义，也放弃了对他的支持。袁世凯在众叛亲离、内外交困的境地中，被迫于 1916 年 3 月 22 日宣布废除帝制，恢复共和，前后只做了 83 天皇帝。

　　废除帝制后，袁世凯仍然想要继续做中华民国的大总统，他授予段祺瑞要职，想依靠他来打击南方的起义力量。但是各地的倒袁运动并没有停息的意思，袁世凯心急如焚，愤郁成疾，于 1916 年 6 月 6 日病死在北京，终年 57 岁。

三、府院之争与张勋复辟

1917 年 7 月 1 日，北京城中又上演了一出复辟丑剧。这次复辟由清朝旧臣，辫子军首领张勋一手策划，保皇派首领康有为参与其中，二人共同拥立 12 岁的溥仪登基复辟。这场复辟比袁世凯的洪宪复辟持续的时间更短，仅仅 12 天之后，辫子军就被段祺瑞组织的讨逆军击溃，张勋复辟以失败告终。因为此事发生在丁巳年，所以又被称为"丁巳复辟"。

张勋最初带兵入京的借口是调停黎元洪和段祺瑞之间的府院之争。"府"指的是总统黎元洪领导的总统府，"院"指的是总理段祺瑞领导的国务院。1916 年 6 月，袁世凯去世之后，副总统黎元洪继任大总统一职。但是北洋政府的实际权力被国务总理段祺瑞掌握着，段祺瑞仗着有日本的支持，并不把黎元洪放在眼里。而黎元洪也不甘心受制于段祺瑞，二人在是否参加第一次世界大战对德宣战的问题上产生了分歧，发生"府院之争"。

当时黎元洪的总统府主要听命于美国。美国对德国宣战后，本来是希望中国能与其一同对德宣战，并答应向中国提供军费，黎元洪表示同意。与此同时，日本也支持段祺瑞参战，并且答应借款给段祺瑞帮助他扩充势力。美国认为在这种情况下，中国参战必将有利于日本，于是指使黎元洪反对参战。

1917 年 5 月 1 日，在段祺瑞的唆使下，部分省份的督军组成"督军团"，他们大闹国务会议现场，逼迫国务会议通过对德宣战的决定。5 月 6 日，黎元洪勉强在对德宣战咨文上盖印，并送至国会。但即使这样，段祺瑞仍不满意，5 月 8 日至 9 日，他又唆使督军团大闹国会，终于引发众怒。恰在此时，北京英文《京报》披露了段祺瑞向日本借款 1 亿日元的事情，国内哗然，社会各界纷纷要求段祺瑞下台。5 月 23 日，黎元洪下令免去段祺瑞国务总理职务。段祺瑞被罢免后，离开北京去了天津，他以天津为基地，组织自己的亲信脱离北京政府的统治，声称要另组临时政府。

此时，辫子军统帅张勋宣称有意入京调停，黎元洪内外交困，无计可施，于是向张勋发电"盼即速来京，共商国是"。段祺瑞也有意利用张勋牵制黎元洪，因此对张勋入京表示支持。张勋曾任清朝江南总督，一心想要复辟大清。他和他的部下都不剪辫子，以示对清王朝忠心耿耿，时人称为"辫子军"，张勋又被称为"辫帅"。

6 月 14 日，张勋率领辫子军进入北京，黎元洪盛宴款待了他。但是没想到，张勋入京后便召集清朝遗老遗少，密谋复辟。7 月 1 日，张勋和康有为在紫禁城养心殿拥立溥仪恢复帝位，率领众人行三跪九叩大礼，并宣布将中华民国六年改为"宣统九年"，命令全国悬挂黄龙旗。黎元洪见势不妙，逃至日本使馆区避难。

张勋复辟的消息传开后，遭到了全国人民的强烈反对，北京人民拒绝悬挂黄龙旗。孙山中听闻此事后，立刻召开军事会议，商议征讨张勋。原本支持张勋的段祺瑞看到黎元洪已经下台，便借着全国人民对张勋的反对浪潮，组建了"讨逆军"讨伐张勋。7 月 12 日，讨逆军从广安门攻入北京，与辫子军交战，很快就击溃了辫子军。张勋被迫逃到了荷兰使馆，康有为逃到了美国使馆。溥仪在当了 12 天皇帝后，又被赶下了台，张勋复辟的闹剧宣告破产。

四、新文化运动

1915 年 9 月，陈独秀在上海创立发行《青年杂志》（后来改名为《新青年》），标志着新文化运动的兴起。

1917 年年初，在时任北京大学校长蔡元培的邀请下，陈独秀出任北京大学文科学长，《新青年》编辑部也随之从上海迁到北京。《新青年》凝聚了一大批思想先进的优秀知识分子，李大钊、胡适、鲁迅等都是主要撰稿人。蔡元培十分支持新文化运动，在担任北京大学校长期间，他提倡学术民主，采用"思想自由，兼容并包"的办学方针，培养了众多思想活跃的青年学生。《新青年》杂志和北京大学成为新文化运动的主要阵地。新文化运动的主要内容是提倡民主和科学，提倡个性解放、平等自由和以科学的精神、科学的方法来研究社会。

《新青年》创刊前后，中国文学界还普遍应用文言文。当时的文言文十分僵化，充斥着封建迷信思想的陈词滥调，严重阻碍了新思想在广大青年中的传播。于是新文化运动发起"文学革命"，反对文言文，提倡白话文；反对旧文学，提倡新文学。1918 年 1 月，《新青年》从第四卷第一号起改用白话文和新式标点。同年 5 月，鲁迅在《新青年》上发表《狂人日记》，这是中国现代文学史上第一篇白话小说，奠定了新文化运动的基石。文学革命的兴起是中国文学走向现代的开端，冲击了统治中国 2000 多年的封建主义，解放了民众的思想，促进了新文化运动的发展。

1917 年 11 月 7 日，俄国十月革命爆发，新文化运动的发展进入新阶段，开始宣传马克思主义和社会主义思想。1918 年 11 月，李大钊在《新青年》上发表了著名的《庶民的胜利》和《布尔什维主义的胜利》两篇论文，热烈庆祝俄国社会主义革命的胜利。

新文化运动是中国近代史上一次空前的思想解放运动，彻底动摇了封建主义思想的统治地位，使爱国进步、反帝反封建的思想深入人心，为马克思主义在中国的传播创造了条件，为五四运动的爆发奠定了思想和文化上的基础。

五、五四运动

五四运动是 1919 年 5 月 4 日由青年学生组织的一次伟大的

反帝反封建爱国运动，是中国近代史上一次具有划时代意义的伟大事件。五四运动促进了马克思主义在中国的广泛传播，为中国共产党的成立做了思想和干部上的准备。同时，五四运动也是中国新民主主义革命的开端。

第一次世界大战爆发后，日本为了侵略中国，以1902年缔结的"英日同盟"为借口，于1914年对德国宣战，随即派兵进入中国，攻占了青岛和胶济铁路全线，全盘接管了德国在山东的权益。1917年8月14日，北洋政府对德国宣战，加入到协约国阵营。

1918年11月11日，第一次世界大战结束，协约国一方获胜。1919年1月18日，战胜国在巴黎召开战后和平会议，即"巴黎和会"。北洋政府和广州军政府派出代表团，以战胜国的身份参会，要求取消以往与列强签订的不平等条约，收回山东的权益。但是"弱国无外交"，巴黎和会上，中国外交失败，列强对中国提出的要求不予理睬，甚至还要求德国把在山东的权益全部转让给日本。消息传回国内，引起了中国人民的强烈抗议和不满。

1919年5月3日，以北京大学学生为代表的学生团体召开大会，提出示威计划。5月4日，北京大学、北京高等师范学校（今北京师范大学前身）、中国大学等十几所高校的3000多名学生举行示威游行。他们先是从北大红楼（沙滩）出发，沿着北池子大街、南池子大街到达天安门城楼前，在天安门举行集会和游行示威。他们高呼"誓死力争，还我青岛""外争主权、内惩国贼""废除二十一条""抵制日货"等口号，要求政府拒绝在巴黎和会上签字，并严惩亲日派官僚曹汝霖、陆宗舆和章宗祥。学生的爱国行动遭到了北洋军阀政府的严厉镇压。6月3日北洋军阀政府出动大批军警，逮捕了32名学生代表，两天内共逮捕学生千余名。此后，五四运动的中心由北京转到上海，上海的2万余名工人开始罢工。随着五四运动影响力的逐步扩大，一个以工人阶级为主力，包括城市小资产阶级和民族资产阶级在内的具有广泛群众性的爱国政治运动在全国范围内展开。

北京新文化运动纪念馆（北京大学红楼）外景　（摄影　贾冬明）

迫于全国各界的强大压力，北洋政府于 6 月 10 日释放全部被捕学生，罢免了曹汝霖、陆宗舆、章宗祥的职务。6 月 28 日，中国政府代表没有出席巴黎和约的签字仪式。

六、北平特别市

1912 年 4 月，袁世凯掌握大权，建立起北洋军阀的统治。袁世凯死后，北洋军队中无人能够统领整个北洋政权，北洋军阀内部分裂成皖系、直系和奉系，这三大派系只是在名义上接受北京中央政府的管辖，其实分别掌控着自己的势力范围。皖系军阀头目是段祺瑞，以日本为靠山控制着安徽、浙江、山东、福建、陕西等省；直系军阀头目是冯国璋，以英、美为靠山控制着长江中下游流域以及直隶等省；奉系军阀头目是张作霖，以日本为靠山控制着东北三省。实际上，北洋政府在不同时期由不同派系的北洋军阀所控制，大总统只是傀儡而已。

张勋复辟失败后，黎元洪辞职，副总统冯国璋继任大总统，段祺瑞继续担任国务院总理，北洋政府实际上被以段祺瑞为首的皖系军阀所控制。1920 年 7 月 14 日，直皖战争爆发，结果是段祺瑞下台，直系和奉系共同接管了北洋政府。1922 年 4 月 28 日，第一次直奉战争爆发，奉系张作霖兵败退回关外，直系吴佩孚获得北京地区的控制权。1924 年 9 月，直系和奉系之间再次因为争夺北洋政权而爆发战争，这次直系主力全军覆没，奉系张作霖挥师入京，控制了北洋政府。

北洋军阀之间的连年战争，使社会遭到严重破坏，帝国主义势力不断扩张，人民生活陷于黑暗，民众的反抗情绪越来越高涨。

1926 年 7 月 9 日，中国国民党领导的国民政府成立国民革命军，为了推翻北洋军阀的统治，统一全国，发动北伐战争。1927 年 4 月 12 日，北伐军总司令蒋介石在上海发动叛变，夺取了国民党和中华民国政府的最高领导权，屠杀了大量共产党员和国民党左派，史称"四一二反革命政变"。4月18日，蒋介石在南京成立了南京国民政府。

1928年4月，在英美等国的支持下，蒋介石联合冯玉祥、阎锡山、李宗仁和白崇禧，结成军事联盟，开始"二次北伐"，合力攻击盘踞在北方的张作霖。张作霖面对几路军队的夹击，寡不敌众，于6月4日撤离北京，逃往关外。他乘坐的专列路过沈阳皇姑屯时，被日本关东军预埋的炸药炸毁，张作霖身负重伤，于当日不治身亡。

6月8日，北伐军进入北京，接管了京兆地方。6月28日，南京国民政府宣布废除京兆地方，改北京为北平，设立北平特别市，直隶南京国民政府行政院。原来京兆地方下辖的各县归河北省管辖。北平特别市的辖区包括今西城区、东城区、朝阳区大部、海淀区南半部、石景山区南部和丰台区北半部。12月29日，奉军总司令张学良宣布"东北易帜"，北伐战争结束，国民党在形式上统一了全国。

七、卢沟桥事变

1931年9月18日，日本发动"九一八事变"，东北全境沦陷。占领东北后，日本帝国主义扶植清朝末代皇帝溥仪建立起"伪满洲国"傀儡政权，后来又阴谋策动了"华北五省自治"事件。在这之后，日本的法西斯面目逐步暴露，妄图通过发动战争来占领东亚和西太平洋，最后称霸世界。从1936年开始，日本不断增兵华北，频频挑衅，制造摩擦，北平的东、南、北三面都被日本军队所控制。他们不断在卢沟桥附近进行军事演习，大战一触即发。

1937年7月7日夜，日本军队在卢沟桥附近演习时，借口说有一名日本士兵失踪，要求进入宛平县城搜查，这种无理要求被当时驻扎在宛平县城的国民革命军第29军严词拒绝。日军便以中方不配合为由，向中国守军开枪射击，并发炮攻击宛平

第 29 军士兵在卢沟桥上抗击日军

县城，第 29 军随即奋起反击。这就是历史上震惊中外的"七七事变"，又称"卢沟桥事变"。七七事变是日本帝国主义全面侵华战争的开始，也是中华民族进行全面抗战的起点。

7 月 8 日清晨，日军再次炮轰宛平县城，攻占了永定河沿岸的回龙庙和铁路桥。守城将士在第 219 团团长吉星文和营长金振中的指挥下，与敌人展开激战，最终夺回了回龙庙和铁路桥。7 月 25 日，日军在占据廊坊后，又向广安门发起进攻，守门的 27 旅 679 团团长刘汝珍率兵死守，击退日军。7 月 28 日，日本向南苑发起大规模进攻，南苑失守。29 军副军长佟麟阁、师长赵登禹率军顽强抵抗，苦战不敌，最后壮烈殉国。当日夜，29 军军长宋哲元眼见抵挡不住日军的进攻，带领剩余军队撤退至保定。

7 月 29 日，北平被日军占领，这是继第二次鸦片战争和八国联军侵华战争之后，外国军事力量第三次侵占北平。在之后长达 8 年的时间里，北平都处在日本帝国主义的殖民统治之下。

北平沦陷的第二天，汉奸江朝宗就按照日本侵略者的要求，成立了汉奸组织"北平地方治安维持会"，不久改建为"伪北平政府"，江朝宗任市长，后来又改称"北平市公署"。1937 年 12 月 14 日，日本又扶植大汉奸王克敏，成立伪"中华民国临时政府"，北平名义上是伪政府的首都，其实就是日伪在华北地区的统治中心。1938 年 4 月 7 日，伪临时政府将北平改称北京。1940 年 3 月 30 日，汪精卫等汉奸在南京成立伪"国民政府"，位于北京的伪临时政府改为"华北政务委员会"，隶属于南京的汪伪政权，王克敏担任委员长。7 月 1 日，汪伪政府在北京设置了伪河北省燕京道。随着抗日力量的不断壮大，中国共产党在北京周边不断开辟敌后抗战根据地，和日伪政权进行斗争。

　　1945 年 8 月 15 日，日本宣布无条件投降。10 月 10 日，受降仪式在故宫太和殿举行，第十一战区司令长官孙连仲将军接过日本华北方面军司令官根本博中递交的降书。10 月 18 日，国民党第九十二军军长侯镜如到达北京，并于 10 月 20 日全面接管了北京防务。从 1931 年 9 月 18 日的"九一八事变"算起，中国人民一共经历了 14 年艰苦卓绝的抗日战争。

八、北平和平解放

　　抗日战争胜利后，美帝国主义为了维护其在华利益，妄图将中国变成自己的殖民地，便帮助亲美的国民党政府抢夺抗战胜利果实。日本宣布无条件投降后，美国用飞机将国民党军队从武汉运至北京，后来甚至直接派出海军陆战队，帮助国民党抢占战略要地和重要的铁路交通线。1945 年八九月间，国民党政府要员陆续抵达北京。8 月 21 日孙连仲部接收北京，恢复了北平市的名称，并废除了燕京道的建置。

　　1946 年 6 月，蒋介石发动全面内战，不断派遣部队向共产党解放区发起攻击，人民解放军浴血奋战，顶住了国民党的进攻。经过 8 个月的艰苦作战，人民解放军于 1947 年 7 月开始转入战略反攻。

1948 年 11 月 29 日，人民解放军发动平津战役，这是继辽沈战役、淮海战役之后，解放战争中具有决定意义的三大战役中的最后一个战役。在林彪、罗荣桓、聂荣臻、刘亚楼的指挥下，东北野战军和华北野战军共 100 万大军先后攻克了密云、怀柔、顺义、昌平等地区，随后全面包围了北平城，解放北平就在眼前。

但是北平是一座文化古城，城中不仅有 200 万无辜的人民群众，还有众多的历史文物。为了保护古都北平中众多的文化遗产，和人民的生命财产安全，人民解放军没有贸然发动进攻，而是根据中共中央军委的指示精神，尽最大努力争取用和平的方式解决。

12 月 18 日，解放军带着地图来到清华园，请梁思成在上面标示出北平城内重要古建筑的所在地，以备迫不得已采用武力攻城时，尽量避免破坏这些地区。梁思成对共产党保护文物的行为十分感动，和罗哲文等人一起，向解放军提供了一份《全国重要文物建筑简目》，北京城的全面保护被列为这一名单的第一项第一级，重中之重。

1949 年 1 月 16 日，中央军委再次发出指示："此次攻城必须做出精密计划，力求避免破坏故宫、大学及其他著名而具有重大价值的文化古迹。""你们对于城区各部分要有精密的调查，要使每一部队的首长完全明了，哪些地方可以攻击，哪些地方不能攻击，绘图立说，人手一份，当作一项纪律去执行。"

为了争取和平解放北平，人民解放军和国民党华北"剿总"司令傅作义先后进行了 3 次谈判。经过不懈的努力，傅作义最终下定决心，同意起义并和平交出北平政权。1 月 21 日，傅作义宣布北平城内的国民党守军接受和平改编，并通告全国。1 月 22 日，傅作义在《关于和平解决北平问题的协议书》

上正式签字，驻守北平的国民党部队被整编为人民解放军。1月31日，人民解放军入城接管防务，北平正式宣告和平解放，这座历史文化名城得以免于战火，毫发无损地保留了下来。

1949年2月3日，中国人民解放军举行北平入城式，北平市民夹道欢迎。浩浩荡荡的解放军部队就像一股钢铁洪流，从永定门进城，沿着永定门大街、前门大街向前行进。毛泽东特别指示，部队经过前门后，转而向东穿过东交民巷，要让这个曾经被帝国主义占据的"国中之国"领略人民解放军的威武雄姿。部队沿着崇文门内大街，经过东单、东四、北新桥，然后向西与另一路从西直门入城的部队会合，会合后部队转向南行，最后从广安门出城。

1949年9月27日，中国人民政治协商会议第一届全体会议通过《关于

毛泽东起草的保护北平文物的电报

中华人民共和国国都、纪年、国歌、国旗的决议》，决定将北平更名为北京，并将北京定为新中国的首都。1949年10月1日，毛泽东在天安门城楼上向全世界庄严宣布："中华人民共和国中央人民政府今天成立了！"

《开国大典》